Matthias Blazek

Haarmann und Grans –

Der Fall, die Beteiligten und die Presseberichterstattung

Ja, die [Oberschenkel] habe ich gesehen,
die haben sie mir gezeigt – das sagen sie ja –
das ist jetzt egal,
die lassen sie ruhig dazu schreiben
und wenn es jetzt 100 sind, das ist egal –
wenn die beerdigt werden,
da kommt ein großes Denkmal
mit meinem Namen drauf.

Fritz Haarmann
bei seinen Vernehmungen, 26. August 1924

Matthias Blazek

HAARMANN UND GRANS –

DER FALL, DIE BETEILIGTEN UND DIE PRESSEBERICHTERSTATTUNG

ibidem-Verlag
Stuttgart

Bibliografische Information der Deutschen Nationalbibliothek
Die Deutsche Nationalbibliothek verzeichnet diese Publikation in der Deutschen Nationalbibliografie; detaillierte bibliografische Daten sind im Internet über http://dnb.d-nb.de abrufbar.

Bibliographic information published by the Deutsche Nationalbibliothek
Die Deutsche Nationalbibliothek lists this publication in the Deutsche Nationalbibliografie; detailed bibliographic data are available in the Internet at http://dnb.d-nb.de.

Umschlaggestaltung, Bildbearbeitung und Satz: Matthias Blazek

Abbildungen auf dem Umschlag: Oben links: Fritz Haarmann, daneben sein Gehilfe Hans Grans. Unten: Bett und Tisch in Haarmanns Dachkammer, Rote Reihe 2. Der Abdruck der Fotos in diesem Band geschieht mit freundlicher Genehmigung der Polizeigeschichtlichen Sammlung der Polizeidirektion Hannover.

∞

Gedruckt auf alterungsbeständigem, säurefreien Papier
Printed on acid-free paper

ISBN-10: 3-89821-967-4

ISBN-13: 978-3-89821-967-9

Printed in Germany

Geleitwort

Der Fall Haarmann erregte 1924 überregionale Aufmerksamkeit und rückte Hannover ungewollt ins Rampenlicht der „sensationslüsternen Öffentlichkeit“ (Christian Heppner). In der Stadt, die wie kaum eine andere im Ruf steht, „etwas provinziell“ zu sein, blieb der Name Haarmann auch nach der Urteilsvollstreckung im Gedächtnis und sorgt bis auf den heutigen Tag immer wieder für Schlagzeilen.

Neben verschiedenen zumeist sehr positiv aufgenommenen Publikationen, Filmprojekten, Ausstellungen und Bühnenstücken gab es auch immer wieder Auseinadersetzungen mit dem Thema Haarmann, die von der Mehrheit des Publikums als Ärgernis empfunden und abgelehnt wurden.

So sorgte im Jahr 2007 Hannovers Tourismus-Gesellschaft für viel Pressewirbel mit einem Adventskalender, auf dessen erstem Türchen Haarmann mit Schlachterbeil zu sehen war. Dass ein derartiger Umgang mit einem vielfachen Mörder von breiten Bevölkerungskreisen als unangemessen, geschmacklos und verharmlosend wahrgenommen wurde, hätten die Kalenderverantwortlichen wissen können, denn schon drei Jahre zuvor hatten sich auch die Stadtwerke Hannover gewaltigen Ärger eingehandelt, weil sie in ihrem Kundenmagazin ein „harmloses“ Würfelspiel mit Namen „Haarmann-Schleife“ abgedruckt hatten.

Auseinandersetzungen um ein weiteres Haarmann-Projekt hatte es auch im Vorfeld der Expo 2000 gegeben. Dabei war mit dem Segen des städtischen Kulturamtes die Einrichtung einer „Haarmann-Meile“ geplant worden, in deren Rahmen sich 40 Künstler mit dem „grausigen Mörder“ auseinandersetzen und ihre Werke präsentieren sollten. Als zentrale Anlaufstelle sah das Konzept eine „Haarmann-Kantine“ vor, in der Blutwurst und Sülze gereicht werden sollten. Nicht zuletzt wegen dieser Anspielung auf das nicht abschließend aus der Welt geräumte Gerücht, Haarmann habe das Fleisch seiner Opfer zum Teil zu Wurst verarbeitet und verkauft, hagelte es so heftige Proteste, dass das Projekt nicht umgesetzt wurde.

Ebenfalls zu Protesten war es Anfang der 1990er Jahre gekommen, als die Stadt Hannover den „Haarmann-Fries“ des Bildhauers Alfred Hrdlickas angekauft hatte. Bemerkenswert dabei ist, dass Ausstellungen desselben Künstlers rund um das Thema Haarmann zu Beginn der 1970er Jahre keinerlei ablehnende Resonanzen nach sich gezogen hatten. Aufgrund dieser höchst unterschiedlichen Reaktionen der Öffentlichkeit folgert Kerstin Brückweh in ihrer umfassenden Studie über *Mordlust. Serienmorde, Gewalt und Emotionen im 20. Jahrhundert*, dass das Thema allein nicht automatisch Aufregung erzeuge, sondern dass es auf das „Wie“ ankomme in der die Darstellung erfolge.

Der Grad zwischen aufklärender Auseinandersetzung auf der einen Seite und verklärender Effekthascherei auf der anderen ist beim Thema Haarmann somit vielleicht besonders schmal und man bewegt sich quasi ständig auf der besonders scharfen Schneide eines Schlachtermessers.

Beim Blick auf die recht umfangreiche, vielfältige und anhaltende Beschäftigung mit dem Fall Haarmann kann man sich des Eindrucks nicht erwehren, dass zumindest einige Projekte nicht vorrangig auf einen inneren Erkenntnisgewinn ausgerichtet sind sondern vielmehr das Interesse haben, die Bekanntheit des Namens als aufmerksamkeitsstarken Blickfänger für die jeweils eigenen Zwecke zu benutzen.

Den engen Zusammenhang von „Mord und Mordsgeschäft“ hatte auch schon der durchaus geschäftstüchtige Haarmann erkannt und festgestellt, dass man seinen Fall gut würde vermarkten können. In Bezug auf die den Fall ausschlachtende Unterhaltungsindustrie beschreibt ihn Rainer Marwedel in seiner Einführung der Neuauflage von Theodor Lessings *Haarmann – Die Geschichte eines Werwolfs* denn auch treffend als Mann, „der auf der Höhe der Zeit war“.

Der Fall Haarmann bietet Sex and Crime und hält das Publikum mit seinen verschärfenden Zutaten von Polizeispitzeltätigkeit und vermutetem Kannibalismus seit Jahrzehnten in einem offenbar reizvollen Spannungsfeld zwischen voyeuristischer Neugier und fassungslosem Entsetzen.

Aus Respekt vor den Opfern und angesichts andauernder Sexualmorde und Serienverbrechen darf man sich über die unkritische Distanzlosigkeit, mit der dem Mörder Haarmann und seinen Taten zuweilen begegnet wird, durchaus wundern. Allein mit dem relativ langen, die Erinnerung eintrübenden Zeitraum lässt sich das nicht hinreichend erklären. Ergänzend kommt hier vielleicht die prophetische Vermutung des Philosophen und Prozessbeobachters Theodor Lessing zum tragen, der mutmaßte, dass Zeiten kommen könnten, in denen man Massenmörder vom Kaliber Haarmanns als Stümper belächeln würde.

Und die Zeiten der anderen Kaliber, der Himmlers, Heydrichs und Hitlers mit all ihren Helfershelfern kamen und wie schon bei Haarmann vermutete hinter ihren Jedermanns-Gesichtern zunächst kaum einer die wahren Mörder-Fratzen. Dabei haben ihre Taten den Maßstab für Massenmord in so verbrecherische Höhen verschoben, dass man Haarmann zwar nicht belächelt, ihn aber doch zuweilen wie ein Stück Geschichte aus „der guten alten Zeit“ behandelt.

Diesen verklärenden Schleier gilt es, wo immer möglich, zu lüften. In dem vorliegenden Buch stellt der Autor den Fall Haarmann anhand ausgewählter Artikel der umfangreichen Presseberichterstattung dar und reichert diese mit einer Reihe von Quellenfunden an. Darüber hinaus verfolgt er die Absicht, die neben Haarmann am Fall beteiligten Personen in den Vordergrund zu rücken und näher zu beleuchten. So werden dem Leser Materialien und Fakten unter anderem über Kriminalbeamte, Gutachter und den Scharfrichter präsentiert, die zum Teil weit über den Fall Haarmann hinausgehen. Hervorzuheben ist, dass der Autor auch einige der Opfer näher in den Blick nimmt.

Nicht nur Historiker mögen bedauern, dass sich der Autor bei der Vorstellung seiner fleißigen Materialsammlung mit Bewertungen und Einordnungen so vornehm zurückhält. Demzufolge bietet das Buch neben einer Chronologie des Falles sowie der Präsentation von einigen weniger bekannten Details vor allem Anregungen für weitergehende und vertiefende Betrachtungen.

Dr. Holger Lüning

Vorwort

1924 erregte ein Kriminalfall in Hannover großes Aufsehen in der deutschen Öffentlichkeit. Spielende Kinder entdeckten am 17. Mai 1924 in dem Fluss Leine einen menschlichen Schädel. Drei Tage später folgte ein ebensolcher Fund an gleicher Stelle. Zwei weitere Schädel wurden am 13. Juni aus der Leine geborgen.

Zunächst hatte man noch vermutet, es könnte sich um die Schädel Ertrunkener handeln. Die Vermutung, dass es sich um ein Tötungsdelikt handelte, drängte sich bald auf. Der Verdacht richtete sich gegen den Kaufmann und Polizeispitzel Friedrich „Fritz“ Haarmann, den man schon einige Jahre zuvor, und zwar 1918, mit dem Verschwinden junger Männer in Zusammenhang gebracht hatte. Die vorgenommene Durchsuchung seiner Wohnung, einer Dachkammer im Haus Rote Reihe 2 in der Altstadt von Hannover, brachte die Ermittlungen jedoch kaum voran. Es wurden nur einige Bekleidungsstücke und etwas Wäsche – anscheinend von jungen Leuten – gefunden.

Da Haarmann zusammen mit seinem Freund Hans Grans Altwarenhandel betrieb, reichten die sichergestellten Sachen allein nicht aus, beide des Mordes anzuklagen. Deshalb ließ die Polizei in der Presse eine Aufforderung an die Bevölkerung veröffentlichen, die Schädel aus der Leine und die beschlagnahmte Kleidung zu besichtigen sowie jegliche von Haarmann oder Grans gekaufte Garderobe vorzulegen. Außerdem verhörte die Polizei nach und nach zahlreiche Personen aus dem Bekanntenkreis Haarmanns.

So waren auch am 1. Juli wiederum gleich mehrere Zeugen zur Vernehmung geladen worden. Der Zufall wollte es, dass im Polizeipräsidium die Mutter des seit dem 26. April 1924 verschwundenen 18-jährigen Lehrlings Robert Witzel mit Haarmanns letzter Wirtin, Elisabeth Engel, und deren Stiefsohn zusammentraf. Frau Witzel erkannte in dem Anzug, den der junge Mann trug, mit Bestimmtheit die Bekleidung ihres Sohnes wieder. Auf Befragen gab Elisabeth Engel an, den Anzug von Haarmann gekauft zu haben. Als dem Beschuldigten diese Tatsache vorgehalten wurde, brach er zusammen und gestand die Tötung Witzels und weiterer junger Männer ein.

Im Juli nahm die Polizei eine systematische Suche nach den Überresten der Opfer Haarmanns auf. Er hatte angegeben, die meisten der Getöteten zerstückelt und in die Leine geworfen zu haben. Bei der Suchaktion konnten insgesamt 285 Knochen aus dem Flussbett geborgen werden. Die Untersuchung der Skelettteile ergab, dass sich darunter 22 rechtsseitige Oberschenkelknochen befanden. Sämtliche Knochen stammten, soweit beurteilbar, von jungen Männern. Wie sich später herausstellte, war das jüngste Opfer Haarmanns zehn und das älteste 22 Jahre alt.

Das bekannt werden des Massenmordes gab zu manchen ungeheuerlichen Spekulationen Anlass. Insbesondere ein Gerücht bewegte lange Zeit die Gemüter.

Es unterlag keinem Zweifel, dass Haarmann einen gut gehenden Handel mit billigem Fleisch betrieb. Der Beweis für einen Verkauf von Fleisch seiner Opfer zum menschlichen Verzehr konnte aber nicht erbracht werden. Andererseits ließ sich seine Bezugsquelle ebenso wenig ermitteln.

Das psychiatrische Gutachten, das die Frage der Zurechnungsfähigkeit von Haarmann klären sollte, wurde bei dem Professor Dr. Ernst Schultze in Auftrag gegeben. Am 16. August 1924 begannen die sechswöchigen Untersuchungen in der Provinz-Heil- und Pflegeanstalt Göttingen. Haarmann wurde von Schultze im Gutachten vom 1. Oktober 1924 für zurechnungsfähig erklärt.

Der Prozess gegen Haarmann und Grans fand vom 4. bis 19. Dezember 1924 vor dem Landgericht Hannover statt. Die Staatsanwaltschaft erhob Anklage wegen Mordes in 27 Fällen. Das Gericht gelangte aufgrund der im Prozess vorgelegten Beweismittel zu der Auffassung, dass Haarmann zwischen September 1918 und Juni 1924 mindestens 24 Morde begangen hat. Unklar blieb, auf welche Weise er seine Opfer tötete. Haarmann machte dazu unterschiedliche Aussagen. Zuerst konnte er sich angeblich nicht erinnern, während er später behauptete, er habe seinen Opfern „die Kehle durchgebissen“. Wo das misslang, habe er sie erwürgt.

Merklich erfreute er sich während der Verhandlung an seiner zweifelhaften Berühmtheit. Am 19. Dezember 1924 ging der Prozess zu Ende. Das Gericht verurteilte Haarmann wegen Mordes in 24 Fällen 24-mal zum Tode. Wegen Anstiftung und Beihilfe zum Mord erhielt Hans Grans ebenfalls die Todesstrafe, später umgewandelt in eine lebenslängliche Zuchthausstrafe.

Wie kaum ein Täter seiner Zeit war Haarmann sich seiner Vermarktbarkeit bewusst: „Wenn ich so gestorben wäre, dann wäre ich beerdigt worden und keiner hätte mich gekannt, so aber – Amerika, China, Japan und die Türkei, alles kennt mich.“ Er wollte auf dem Klagesmarkt hingerichtet werden, vor laufenden Kameras, „dann sehen doch alle Leute, dass ich tot bin – in Amerika – da bin ich auch im Kino – ich bin doch ganz berühmt“. Und einen Roman wollte er vorher noch schreiben, „Ja, das mache ich, den verkaufen wir, wir verdienen viel Geld damit, da werden wir Millionär.“ Und ein Denkmal sollte über den Gebeinen der Ermordeten errichtet werden. „Das ist eine Sehenswürdigkeit noch in 1000 Jahren, da kommen sie alle und sehen sich das noch an“, so die Worte Haarmanns am 26. August 1924 im Zuge der Gespräche in Göttingen.

Die Genealogie Haarmanns kann inzwischen recht lückenlos präsentiert werden, ebenso der Werdegang von Hans Grans nach seiner Haftentlassung. Ausgewertet wurden für die vorliegende Arbeit die im Niedersächsischen Landesarchiv -Hauptstaatsarchiv Hannover- archivierten Vernehmungsprotokolle und Zeitungsberichte.

Am Ende liegt hiermit auch ein „Who is who“ des Mordprozesses gegen Haarmann vor.

Der Verfasser

Gliederung

I	**Zum Geleit**	5
II	**Vorwort**	7
III	**Gliederung**	9
IV	**Haarmann**	11
A	**Der Serienmörder Fritz Haarmann (1879-1925)**	11
B	**Hinweise zur Genealogie**	53
C	**Der Aufenthalt im Großen Moor**	59
D	**Die beiden Fälle aus dem Altkreis Burgdorf**	69
E	**Wie ich den Massenmörder Haarmann kennen lernte und ihm entrann**	75
F	**Die Erinnerungen des zuständigen Kriminalinspektors**	77
G	**Ein Blick in die Vernehmungsprotokolle der Kripo**	89
H	**Der Wiederaufnahmeprozess gegen Grans**	91
I	**Hans Grans nach der Freilassung**	101
J	**Das Ende auf dem Schafott**	105
K	**Scharfrichter Carl Gröpler – der rote Richter**	111
L	**Plädoyer von Else Peerenboom-Missong**	123
M	**Ignaz Wrobel: Haarmann**	127
N	**Ein Brief für den Gutachter**	129
O	**Der Gutachter: Ernst Schultze (1865-1938)**	131
P	**Anhang: Theodor Lessing: Hindenburg 1925**	134
V	**Anhang: Göttinger Akten (Auswahl)**	137
VI	**Literatur**	147
VII	**Im Buch verwendete Abkürzungen**	148
VIII	**Literaturhinweis**	149

Friedrich „Fritz“ Haarmann (1879-1925). *Foto vom Foto: Blazek*

Als man ihn wegen dringenden Mordverdachts verhaftete, war er bereits 15-mal vorbestraft gewesen:

Der Serienmörder Fritz Haarmann (1879-1925)

In der deutschen Kriminalgeschichte ist der Fall des Serienmörders Friedrich „Fritz" Haarmann ohne Beispiel: Zwischen 1918 und 1924, in den Wirren der Nachkriegszeit, tötete er 24 junge Männer, indem er ihnen im Liebesrausch die Halsschlagader durchbiss. In aller Munde ist noch immer der Vers „Warte, warte nur ein Weilchen, dann kommt Haarmann auch zu dir, mit dem kleinen Hackebeilchen ..."

Der Mediziner und Psychologe Theodor Lessing beschreibt Hannover in den durch Armut geprägten Jahren nach dem Ersten Weltkrieg als zentral gelegene Durchgangsstadt: „In dieser sogenannten ‚Inflationszeit', anhebend mit dem Zusammenbruch der deutschen Heere im Weltkrieg und den Stürmen der deutschen Revolution, begann die Bedeutung der Stadt Hannover als eines internationalen Durchgangs- und Schiebermarktes plötzlich zu wachsen."

Volkbelebt: Ansichtskarte des Kröpcke-Bereichs aus dem Jahre 1924. Sammlung: Blazek

Tausch- und Transaktionsgeschäfte zogen viel Schieber- und Schmarotzervolk an. „An drei Stellen der Stadt erhob sich ein Gauner-, Hehler- und Prostitutionsmarkt ohnegleichen, dessen die Behörden nicht mehr Herr wurden", schrieb Lessing. Am Hauptbahnhof wurde illegal mit Fleisch und Kartoffeln, aber auch mit Kleidung gehandelt. Um das Café Kröpcke herum tummelten sich männliche Prostituierte. Das dritte Zentrum „alles Luder- und Lasterlebens" (Lessing) bildete die Altstadt mit ihren Gassen, den baufälligen Fachwerkhäusern und vielen unübersichtlichen Winkeln. Sie war ein Ort, der Arme, Verbrecher und Zuhälter anzog und an dem auch Haarmann und Grans gemeinsam lebten.

In der Epoche der Weimarer Republik (1919-1933) war Hannover eine Großstadt in Aufbruchstimmung. Und gerade in dieser Zeit lebte und mordete Fritz

Haarmann in einer kleinen Dachkammer an der Roten Reihe, einem Straßenzug in der Calenberger Neustadt.

Der Bereich an der Brückmühle in Hannover im Jahre 1931. Sammlung: Blazek

Am 17. Mai 1924 fanden Kinder, die an der Wasserkunst nahe dem Schloss Herrenhausen spielten, einen Menschenschädel. Am 20. Mai wurde mitten in der Stadt an der Brückmühle hinterm Leineschloss im Mühlengraben ein Jünglingsschädel angespült. Am 13. Juni wurden zwei weitere Schädel entdeckt. Einer davon wurde bei der Wasserkunst in Herrenhausen gefunden und der andere, der von einem elf- bis dreizehnjährigen Jungen stammte, an der Brückmühle.

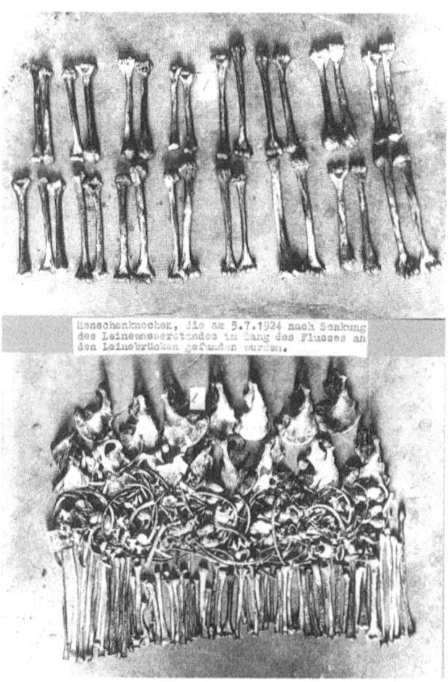

Mit diesen Funden begann die intensive Suche nach einem der berühmtesten Serienmörder der Geschichte, Fritz Haarmann.

Die Schädelfunde wurden als die Sensation Hannovers angesehen: Das Interesse der Bevölkerung an dieser nicht alltäglichen Situation war enorm. Nähere Informationen sickerten nur nach und nach an die Tagespresse durch. Erst am 1. Juli 1924 finden wir unter den Provinznachrichten in der Celleschen Zeitung den Hinweis auf die „Aufdeckung eines Kapitalverbrechens“. Die Nachricht bestand aber nur darin, dass man einen Verdächtigen aus homosexuellen Kreisen an der Neuen Straße in

Hannover festgenommen habe, und zwar einen 35-Jährigen namens „Hamann“. Dieser sei verdächtigt worden, verschiedene vermisste Personen ermordet und deren Fleisch unter dem Preis von Pferdefleisch verkauft zu haben.

Tags darauf war bereits von einer „Schädelfund-Affäre“ die Rede. Ein polizeiamtlich herausgegebener Bericht habe die Angehörigen von Vermissten dringend aufgefordert, sich umgehend bei der Kriminalpolizei zu melden. Die Rede war ferner von den bei dem Verdächtigen aufgefundenen Kleidungs- und Wäschestücken, „die nach seinen Angaben von den Jünglingen herrühren“, und von großen Menschenansammlungen auf der Neuen Straße und in der Leine-Gegend.

Leine-Idylle ... *Sammlung (2): Blazek*

In der Tat gelangte der am 25. Oktober 1879 in Hannover geborene Kaufmann Haarmann am 23. Juni 1924 in Untersuchungshaft und wurde bis zum 16. August im Gerichtsgefängnis an der Leonhardtstraße 1 vernommen. Ab dem 29. Juni gab er schrittweise zu, seit 1918 zahlreiche junge Männer getötet, sie zerstückelt und beseitigt zu haben.

Wie man letztlich überhaupt Haarmann am Ende dingfest machen konnte, musste die Polizei in Hannover am 15. Juli 1924 noch einmal deutlich herausstellen, da die Darstellungen in der Presse mehr und mehr von der Realität abzuweichen begannen. So wurde in den Provinznachrichten der Celleschen Zeitung am 16. Juli 1924 eine „authentische Darstellung der Aufdeckung der Haarmannmorde“ abgedruckt. Da heißt es:

Hannover, 15. Juli. In einem Teil der Presse, namentlich in einigen Berliner Blättern, werden in den letzten Tagen durchaus falsche bezw. auf Kombinationen beruhende Berichte über die Aufdeckung des Falles Haarmann verbreitet. Um diesen irreführenden Pressemitteilungen, die geeignet sind, die Tätigkeit der hannoverschen Polizei in ein gänzlich falsches Licht zu rücken, ein Ende zu machen, gibt der „Hannoversche Landesdienst" der T.=U. auf Grund von Informationen an amtlicher Stelle folgende unbedingt authentische Darstellung der Aufdeckung der Haarmann=Morde bekannt:

Am 17. und 20. Mai wurden in der Leine erstmalig je ein Schädel gefunden, haarlos, fleischlos und ohne Augen. Der Arzt war sich zunächst nicht klar darüber, ob es sich um männliche oder weibliche Schädel handelte. Die Annahme von Morden war seinerzeit noch nicht gegeben. Man brachte die Funde mit der Anatomie in Göttingen, mit der Epidemie in Alfeld und auch mit Friedhofsdiebstählen in Zusammenhang. Die Ermittlungen blieben aber nach jeder Richtung hin ohne Ergebnis. Am 13. Juni wurden dann zwei weitere Schädel gefunden. Von diesem Zeitpunkt ab überwog die Annahme eines Verbrechens. Der Gerichtsarzt wurde sofort ersucht, wenn irgend möglich, festzustellen, welcher Art die Schädel waren. Am 18. Juni kam dieser dann nach nochmaliger eingehender Untersuchung zu der Ueberzeugung, daß es sich um Schädel junger Männer handelte. Darauf wurden sofort die Nachforschungen in homosexuellen Kreisen aufgenommen. Man hatte zunächst vier oder fünf Homosexuelle im Verdacht, in erster Linie Haarmann, da er schon 1918 im Verdacht stand, an dem Verschwinden zweier junger Männer schuldig zu sein. Am 19. Juni ging ein Ausschreiben an sämtliche Polizeiverwaltungen, welches zur Nachforschung in homosexuellen Kreisen aufforderte, da es auch möglich war, daß die Knochen und Schädel von außerhalb nach Hannover gebracht worden waren, um die Spuren zu verwischen. Zu gleicher Zeit erfolgte auch die erste Mitteilung an die Presse, in welcher nach Schilderung des Tatbestandes alle Angehörigen von Vermißten ersucht wurden, sich zu melden. Bereits am 18. Juni setzte eine scharfe Beobachtung Haarmanns ein. Da Haarmann die Kriminalbeamten kannte, wurden Schupobeamte herangezogen, die Haarmann ständig in Zivil beobachteten. Der Zweck war, Haarmann auf frischer Tat zu ertappen.

Durch einen von der Kriminalpolizei damals sehr bedauerten Zufall wurde dieser Zweck durchkreuzt. Am 22. Juni ließ Haarmann am Bahnhof nämlich einen jungen Mann namens Fromme in Schutzhaft nehmen. Fromme, ein etwa 15jähriger Bengel aus Berlin, der schon etwa vor acht Tagen bei Haarmann war, wurde diesem anscheinend lästig, und er wollte ihn auf diese Art los werden. Die Schupobeamten nahmen Fromme mit zur Wache, Haarmann folgte als Zeuge. Zwei Kriminalbeamte, die auf der Bahnhofswache anwesend waren, nahmen Fromme mit zur Kriminalwache und unterzogen ihn dort einem strengen Verhör, aus dem sich ergab, daß Haarmann sich ihm gegenüber gegen den § 175 [1] *vergangen hatte. Aus diesem Grunde wurde auch Haarmann gleich festgehalten. So kam er am 23. Juni morgens zum Polizeipräsidium. Wie bereits er-*

[1] Paragraph 175 des deutschen Strafgesetzbuchs: Unzucht zwischen Männern.

wähnt, kam der Kriminalpolizei dieser Vorgang nicht gelegen, da die geplanten Ermittlungen und die Ueberführung Haarmanns dadurch gestört wurden.

Da er aber nun einmal festgenommen war, wurden die Ermittelungen so fortgesetzt. Fromme wurde eingehend vernommen, konnte aber nicht viel aussagen. Es wurden alle möglichen Leute herangezogen, die mit Haarmann Verbindung hatten. Aber es ließ sich kein Beweis gegen Haarmann führen. Die Wohnung wurde durchsucht, man fand Kleidungsstücke, auch blutbefleckte. Damit war zunächst nicht viel anzufangen, da Haarmann erklärte, er habe zeitweise innere Blutungen. Der Arzt hat das bestätigt. Er hatte solche auch im Gerichtsgefängnis. Ein kleiner Anhalt ergab sich an einem blutbefleckten Hemd, welches Fromme ausgezogen hatte. Haarmann hatte, wie festgestellt wurde, die letzte Blutung vor etwa vier Wochen gehabt. Haarmann war aber zu einem Geständnis nicht zu bewegen. Es folgte dann der Aufruf der Polizei, welcher die Feststellung von Sachen von Vermißten zum Gegenstand hatte. Die Meldungen kamen zunächst sehr spärlich. Haarmann mußte schließlich nach etwa einer Woche dem Gericht zugeführt werden, ohne daß seine Ueberführung vorher möglich gewesen wäre. Der Hinweis auf den dringenden Verdacht veranlaßte trotzdem dann den Erlaß des Haftbefehls. Haarmann kam wieder zurück in das Polizeigefängnis. Zwei Tage nach Erlaß des Haftbefehls kamen dann die bekannten Vorgänge, wo durch einen Zufall Frau Witzel das Jackett ihres Sohnes erkannte. Am selben Abend spät wurde dann Haarmann einem scharfen Kreuzverhör unterzogen, das das Geständnis zur Folge hatte.

Es muß ausdrücklich darauf hingewiesen werden, daß in diesem Zufall keinerlei Verdienst der Familie Witzel liegt. Die Ueberführung wäre auf jeden Fall am nächsten Tage erfolgt, wo in zwei Fällen ebenfalls Kleidungsstücke von Vermißten erkannt wurden. Auch die am 20. oder 21. Juni auf Grund des Aufrufes der Polizei vom 19. Juni erfolgte Erkennung des Schädels durch die Familie Witzel hat keinen Einfluß auf die Ermittlungen der Kriminalpolizei gehabt, da Haarmann ja bereits seit dem 18. Juni wegen dringenden Mordverdachtes beobachtet wurde. Haarmann bestreitet übrigens auch heute noch, daß die gefundenen Schädel von ihm stammen. Er bestreitet den Mord insbesondere im Falle Witzel, trotzdem er zahlreiche andere Morde eingestanden hat. Die Sachen Witzels will er angeblich im Handel erhalten haben.

Auch Kriminalinspektor Hermann Lange,[2] der im Juni den im vierwöchigen Urlaub befindlichen Kriminaldirektor Karl Eggert vertrat,[3] ging auf die damaligen Ereignisse ein. Er erinnerte sich später, wie er nach sechs Tagen ständiger Ob-

[2] Adolf Hermann Lange (1877-1962) wurde nach seiner durch die damalige französische Besatzungsbehörde bewirkten Ausweisung aus Bochum zum 1. Januar 1924 in die frei gewordene Stelle des Kriminalinspektors beim Polizeipräsidium in Hannover eingewiesen und befördert. Am 16. April 1933 wurde Lange von Hannover nach Bielefeld versetzt und ging dann nach Magdeburg, wo er 1937 in Pension ging. Zuletzt lebte Hermann Lange im Altenheim in Regensburg, Rilkestraße 8, wo er 1961 seine Erinnerungen zum Fall Haarmann zu Papier brachte (Nds. HptStA Hann. 87 Hann. Acc. 116/84 Nr. 11, Bl. 15 ff.).

[3] Kriminaldirektor Karl Eggert (1864-1928), wohnhaft in Hannover, Freiligrathstraße 10.

servierung Haarmanns am 22. Juni nachts alarmiert worden sei, nachdem Haarmann den besagten Kurt Fromme aus dem Wartesaal zur Kriminal-Bahnhofswache gebracht habe. Der Halbwüchsige habe angegeben, mehrmals bei Haarmann genächtigt, mit ihm geschlechtlichen Verkehr gehabt zu haben und dabei mit einem Messer bedroht worden zu sein. Und dann, so verlautete an anderer Stelle, sei es der energischen Arbeit des diensttuenden Kommissars der Bahnhofswache namens Hebben zu verdanken gewesen, die endgültige Verhaftung des vorläufig sistierten Haarmann zu erwirken – „z. T. gegen den Widerstand der zuständigen Behörden".[4]

Der später beauftragte Verteidiger Haarmanns, Dr. jur. und Dr. phil. Erich Frey, brachte als einer von Wenigen das große Verdienst des Kriminalkommissars Lyss vom Unzuchts-Dezernat zum Ausdruck: „Eins aber scheint mir festzustehen: Wenn in jener Nacht nicht zufällig Kriminalkommissar Lyss auf der Wache erschienen wäre, hätte man den braven Herrn Haarmann ruhig nach Hause gehen lassen. Denn Lyss war der einzige im Polizeipräsidium, der Haarmann von Anfang an für dringend verdächtig hielt." Überhaupt, so fährt Frey in seinen Erinnerungen fort, hätten Lyss und sein Kollege Kommissar Heinrich Rätz noch acht Tage nach Haarmanns Verhaftung nur mit Mühe verhindern können, dass Haarmann vom Untersuchungsrichter in Freiheit gesetzt wurde.[5]

Stichwort Witzel: Die Eltern des am 26. April 1924 verschwundenen, 18 Jahre alten Robert Witzel, Josephine und Georg Witzel, trugen erheblich dazu bei, dass Haarmann als Mörder entlarvt wurde. Sie und sein Bruder wollten in dem am 20. Mai im Lustgarten angeschwemmten Schädel bestimmt den des Verschwundenen erkannt haben, und zwar an der eigenartigen Zahnbildung (die vorderen Zähne waren abgedacht und geriffelt und ein Backenzahn war einige Zeit vorher ausgebohrt, aber noch nicht mit einer Plombe gefüllt worden).

Über die Ereignisse auf dem Polizeipräsidium am 28. Juni und 1. Juli 1924 berichtete die Cellesche Zeitung am 10. Juli 1924 unter der Überschrift „Wie Haarmann entlarvt wurde". Der Familienname der Betroffenen wurde anonym gehalten:

[4] Brauer, Peter; Linden, Hans, Der Fall des Massenmörders Haarmann in sexualpathologischer Beleuchtung, Hannover 1924, S. 8, unter Berufung auf den Bericht eines Augenzeugen. Die Niedersächsische Arbeiterzeitung berichtete, Fromme habe nach seiner Festnahme vom Schupobeamten verlangt, zum Präsidium geführt zu werden. Dort sei er dann etwa acht Tage im Gefängnis festgehalten worden.

[5] Frey, Erich, Ich beantrage Freispruch – Aus den Erinnerungen des Strafverteidigers Prof. Dr. Dr. Erich Frey, Hamburg 1960, S. 69. Frey hatte Haarmann, als er ihm in der Gefängniszelle gegenübersaß, gefragt: „Haben Sie eigentlich gewusst, dass Sie vor Ihrer Verhaftung bereits von der Kriminalpolizei beschattet wurden?" Haarmann soll darauf den Kopf geschüttelt und „Wer wird denn annehmen, dass die so gemein sind und mir heimlich nachstellen?" geantwortet haben. (a. a. O., S. 66)

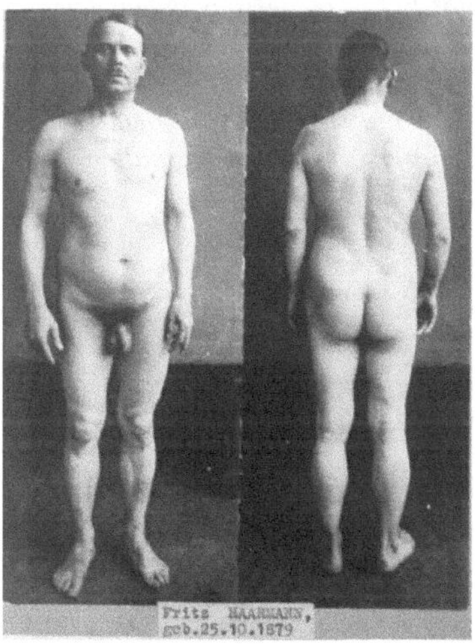

Polizeifotos von Haarmann (oben) und Grans. Sonderbar: Das Duplikat des Fotos von Haarmann zwischen zwei Beamten im Stadtarchiv Hannover zeigt haargenau das gleiche Motiv, allerdings mit einer weiteren Person im Hintergrund. Fotos: Polizeigeschichtliche Sammlung Niedersachsen

Hannover, 9. Juli

Hiesige Blätter veröffentlichen heute abend einen mehrere Spalten umfassenden Bericht der Angehörigen eines der Opfer Haarmanns über dessen Entlarvung. Der Bericht stellte fest, daß die Polizei in der Ermittelung und Ueberführung des Haarmann nicht den Ausschlag gegeben hat. Die Einsender des Berichtes, Georg und Frau W. aus Linden, erklären am Schluß, daß sie bereit sind, ihre Aussagen jederzeit eidlich zu bekräftigen. Wir entnehmen diesem Bericht folgendes:

Der auf den Excelsiorwerken angestellte Werkmeister W. aus Linden vermißte seit dem 26. April seinen 18 Jahre alten Sohn Robert. Dieser hatte sich an jenem Abend mit seinem Freunde K., einem noch nicht 15jährigen Jüngling, zum Zirkus auf dem Klagesmarkt begeben und war nicht wieder zurückgekehrt. Ende Mai und im Juni erschienen dann die Notizen über die Schädelfunde in der Leine in den Zeitungen. Bei einer solchen Notiz ging einem Ingenieur der Excelsior, der Vorgesetzter des Werkmeisters W. ist, plötzlich das Verschwinden dessen Sohnes durch den Kopf. Er verhandelte mit dem technischen Direktor und veranlaßte schließlich, daß der Werkmeister mit dem Sozialbeamten der Excelsior, Herrn M., in Verbindung gebracht wurde. Dieser hat sich dann mit dem Werkmeister ausführlich über seinen Sohn und dessen Verschwinden unterhalten.

Hannoversche Gummiwerke Excelsior AG Hannover-Linden (fusionierte 1928 mit der Continental), 1922. Hier arbeitete der Werkmeister Georg Witzel, Vater des Mordopfers Robert Witzel. Ab 1897 hat sich die Fabrik an der Wunstorfer Straße befunden. Bildquelle: Andreas-Andrew Bornemann – www.postkarten-archiv.de

Die Mitteilung, daß der Freund K. sich wiederholt bei der Familie W. nach Robert erkundigte, machte in Herrn M. den Verdacht rege, daß dieser K. beunruhigt sei und ganz bestimmt von dem Verbleib Roberts etwas wissen müsse. Weitere Angaben des W. bestärkten seinen Verdacht, und er setzte sich sofort telephonisch mit dem ihm persönlich bekannten Chef der Sittenpolizei in Verbin-

dung und bat diesen, unter den Homosexuellen nach dem Sadisten zu forschen, welchen ihm K. sicher angeben könne. Bei einer Vernehmung des K. im Polizeipräsidium am 23. Juni bekannte denn dieser auch, daß er und der junge W. am Abend des 26. April mit einem Kriminalbeamten Haarmann zusammen gewesen seien. Haarmann und der junge W. hätten sich zu diesem Abend verabredet. Am 25. und 26. Juni fand dann durch Herrn und Frau W. eine Besichtigung der in der Leine gefundenen Schädel statt. Infolge einiger zufällig besonderer Merkmale konnten die Eltern einen dieser Schädel als den ihres Sohnes mit Bestimmtheit feststellen.

Am 28. Juni vormittags wurde der Mörder zum ersten Male mit der Mutter des W. in Verbindung gebracht. Diese hat Haarmann eine Stunde lang gebeten und angefleht, ihr zu sagen, wo ihr Sohn wäre. Haarmann fing schließlich an zu weinen und bat, ihn dem Untersuchungsrichter vorzuführen, wo er alles beichten wolle. An demselben Abend nahmen Herr und Frau W. die Hose mit, die zu Jackett und Weste gehörte, die der Junge am 26. April angehabt hatte und baten, daß man nach Jackett und Weste forsche. Es wurde ihnen aber auf dem Präsidium bedeutet, daß man mit der Hose nichts anfangen könne. Haarmann war an diesem Abend unerhört frech und ließ sich auf nichts ein. Am Sonntag, dem 29. Juni, gingen dann Herr und Frau W. selbst mit der Hose nach der Wohnung Haarmanns, um nach Jackett und Weste zu forschen, jedoch ohne Ergebnis.

Am 1. Juli von 5–11 Uhr abends befanden sich Herr und Frau W. wieder auf dem Polizeipräsidium. Gleichzeitig war auch die Quartierwirtin Haarmanns, eine Frau Engel, die in der Roten Reihe unter der Wohnung Haarmanns mit ihrem Manne und unehelichen Sohn Hartmann wohnt, anwesend. Plötzlich erschienen der Ehemann und Hartmann, um Frau Engel abzuholen. Da setzte der Zufall ein, der den Mörder schließlich überführt hat. Frau W. erkannte plötzlich das Jackett ihres Sohnes, das Hartmann trug. Hartmann gab zu, das Jackett von Haarmann erhalten zu haben. Es wurde weiter festgestellt, daß sich in einer Tasche des Jacketts eine Personalkarte der Excilsior (sic!) befunden hatte. Hartmann hat später bei der Vernehmung alles wieder abgestritten. Um dreiviertel 1 Uhr wurde dann der Mörder vorgeführt. Nach zehn Minuten erschien ein Beamter und bat Herrn W. in ein Nebenzimmer zu kommen, um, wenn er sich stark genug fühle, zu hören, wie sein Sohn geendet habe. Der Beamte hat denn Herrn W. eröffnet, Haarmann habe gestanden, dem jungen W. in der homosexuell=sadistischen Erregung den Hals mit den Zähnen zerfleischt zu haben. Anschließend hat Haarmann weitere sechs Morde zugestanden, was dann am nächsten Morgen, also am 2. Juli, bekanntgegeben wurde.

Die genannte Quartierwirtin, Elisabeth Engel, geborene Bräutigam, war dreimal verheiratet gewesen und hatte acht Kinder, von denen aber nur eins, der besagte, Theodor Hartmann, am Leben geblieben war. Mit ihrem Ehemann Wilhelm betrieb sie damals im Parterre des Hauses Rote Reihe 2 eine kleine Schankwirtschaft. Der an dem Fall interessierte Ingenieur der „Excelsior“, Ferdinand Meldau, beschäftigte sich, wie Lessing herausfand („Die Geschichte eines Werwolfs“, S. 107), „aus Liebhaberei gern mit sexualpathologischen Fragen“.

Ein Blick in die Rote Reihe mit der dortigen Weinhandlung im Jahre 1912. Postkarte. Repro: Blazek

Bett und Tisch in Haarmanns Dachkammer, Rote Reihe 2, Hannover. Das Foto entstammt einer 14 Bilder umfassenden „Lichtbildermappe Mordsache Haarmann“, welche 1991 im Landeskriminalamt Nordrhein-Westfalen „aufgetaucht“ war. Repro: MoorVerlag

Haarmanns letztes Mordopfer soll der am 15. Juni getötete Erich de Vries sein.[6] Der letzte Schädel wurde, wie es im Urteil des Schwurgerichts heißt, am 24. Ju-

[6] Erich de Vries, * 17.03.1907, Sohn des Kaufmanns Max de Vries aus Hannover, hatte sich bei seinem Onkel, dem Bäckermeister Bruno Schulze in Celle (Blumlage 31), in der Lehre befunden. Er verschwand am 13. oder 14. Juni 1924. Wie man in Celle erzählt, war de Vries

ni in der Gemarkung Garbsen angetrieben. Am 28. Juni 1924 (und nicht erst am 8. Juli, wie Lessing schreibt, „Die Geschichte eines Werwolfs", S. 110) wurde auch Haarmanns Freund Hans Grans verhaftet.

Haarmann war von jeher der Justiz entgangen. Aber von seinem 26. Lebensjahr an (1905) präsentierte sich eine solche Strafliste, dass in den folgenden 20 Jahren nahezu ein Drittel aller Tage in Untersuchungszellen, Gefängnissen oder Zuchthäusern verbracht wurde. Haarmann wurde zumeist wegen Wäschediebstahls und wegen Hehlerei verurteilt. Er hatte die damals üblichen kurzen Strafen, nicht länger als sechs Monate, erhalten. Wegen Rückfalldiebstahls hatte Haarmann ab März 1913 eine Zuchthausstrafe von fünf Jahren und zwei Monaten in den Strafanstalten Celle, Lüneburg (ab 10. April 1913), Rendsburg (ab 2. Oktober 1916) und zuletzt Rawitsch in der Provinz Posen verbüßt. Am 25. März 1918 wurde Haarmann von Rawitsch nach Hannover entlassen. Haarmann befand sich zwischen 1905 und 1918 insgesamt neun Jahre in Haft.

Repro: Polizeigeschichtliche Sammlung Niedersachsen

Fritz Haarmann war homosexuell, nach seiner Darstellung war er impotent aufgrund von „Krankheit". „Die Beziehung zu subalternen Beamten erleichterte

---

zu dem Zeitpunkt bereits mit der Lehre fertig gewesen. Er habe an der Mestwartstraße in Celle gewohnt und sich noch bei seinem Friseur, Glenewinkel, bei dem er immer die Haare schneiden ließ, verabschiedet. Haarmann gestand, ihn ermordet zu haben.

ihm die perverse Mordtätigkeit“, schreibt Lessing in seinem Artikel „Haarmann und die Polizei“, der im „Prager Tagblatt“ vom 15. Juli 1924 abgedruckt wurde.

Haarmann legte am späten Abend des 1. Juli 1924 angesichts der Beweise und der ihm vorgelegten Leichenteile auf eindringliche Vorhaltungen der Kriminalbeamten ein Geständnis ab. Das Polizeipräsidium gab am folgenden Tag eine Pressnotiz heraus, in der es auf den Ermittlungserfolg hinwies:[7]

Nachdem in den letzten Tagen hier in der Leine noch Knochen von drei bis vier verschiedenen menschlichen Körpern und in der Feldmark Garbsen in einer an der Leine gelegenen Wiese ein fünfter menschlicher Schädel gefunden worden waren, inzwischen auch mit Bestimmtheit ein Fall festgestellt werden konnte, in dem Haarmann Kleidungsstücke eines Vermißten gekauft hatte, legte H. gestern Abends spät (offenbar völlig geknickt) angesichts der Beweise und der ihm vorgezeigten Leichenteile auf eindringliche Vorhaltungen den Kriminalbeamten ein Geständnis ab. Danach schätzt er die Zahl der von ihm seit 1918 in seinen Wohnungen bei ~~homosxue~~ homosexuellem Verkehr getöteten Jünglinge auf etwa sieben, wovon ein ~~Teil~~ Fall auf seine frühere Wohnung Cellerstraße, vier auf die frühere Wohnung Neuestraße und zwei auf die seit einem Jahr innegehabte Wohnung in der Rothen-Reihe entfallen. 1918 bzw. 1919 will er einen jungen Mann mit Vornamen Friedel und zuletzt in diesem Frühjahr den vermißten Lehrling Witzel, dessen Kleidung er auch verkauft hat, umgebracht haben. Die Namen der übrigen Getöteten will er nicht näher angeben können. Angeblich beging er die Untaten in höchster sexueller Befriedigung in seinem Bette, zerstückelte später die Leichen und warf sie zum Teil in der Gegend der Schloßbrücke in die Leine, zum Teil will er sie auch an anderen Stellen (Gewässer, Friedhöfe, Anlagen pp.) weggeworfen bezw. verborgen haben. Die Nachprüfungen dieser Angaben ist (sic!) im Gange.

Von dem Haus Rote Reihe 2 gibt es keine Spuren mehr. Lediglich das Haus links davon, Rote Reihe 5, ist erhalten geblieben. Foto: Blazek

Haarmann bestreitet entgegen den umlaufenden Gerüchten entschieden, menschliche Fleischteile verkauft, verschenkt oder für sich selbst verwendet zu haben. Das von ihm bei seinem bis zum vorigen Jahre betriebenen Fleischhandel umgesetzte Fleisch stammt angeblich von Tieren, auch in dieser Beziehung sind die Ermittelungen noch nicht beendet. Bei dem bisherigen Verhalten des Haarmann ist anzunehmen, daß er noch mehr auf den (sic!) Kerbholz hat, als er jetzt zu-

[7] Nds. HptStA Hann. 155 Göttingen Nr. 864 a Bl. 2.

gibt, weshalb es insbesondere dringend erwünscht ist, daß sich alle Angehörigen von vermißten jungen Männern sowie Personen, die von Haarmann irgend etwas gekauft haben oder sonst Sachdienliches angeben können, umgehend der Kriminalpolizei, Zimmer 185, des Polizei=Präsidium zur Verfügung stellen.

Die Cellesche Zeitung übernahm diese Polizeiinformationen in ihrer Ausgabe vom 3. Juli 1924. Friedel Rothe entpuppte sich alsbald als erstes Mordopfer Haarmanns, das bereits am 25. September 1918 17-jährig verschwunden war. Die genannte Neue Straße, wo Haarmann ab dem 1. Juli 1921 in der Hausnummer 8 gewohnt hatte, gibt es heute nicht mehr. Sie befand sich im Bereich Leibnizufer/Archivstraße.

Die Pressemeldungen in der Celleschen Zeitung überschlugen sich in jenen Tagen. Am 4. Juli 1924 titelte sie: „Bereits 12 Opfer des Massenmörders festgestellt". Nun wurde man auch mehr und mehr von Haarmanns Vorgeschichte gewahr, beispielsweise von seiner kurzen Verweildauer auf der Königlich Preußischen Unteroffiziervorschule Neubreisach im Breisgau (Elsass) und in der Irrenanstalt Hildesheim, wo er nach längerer Beobachtung für unzurechnungsfähig erklärt worden sei. Vorweg hieß es aber: „In der Mordaffäre Haarmann wird vom Polizeipräsidium folgendes bekannt gegeben: Durch Angehörige wurden an der Hand von in der Wohnung des Haarmann bezw. bei anderen Personen beschlagnahmte Kleidungsstücke pp. heute weitere Vermißte festgestellt, die von Haarmann offenbar in gleicher Weise im Laufe des Jahres umgebracht wurden. Die Zahl seiner Opfer steigt damit auf 12. Der Täter macht, nachdem er sein erstes Geständnis abgelegt hat, einen verhältnismäßig gefaßten Eindruck und vermag sich auf die ihm gemachten Vorhaltungen nur allmählich auf die einzelnen Ereignisse zu entsinnen. Die Verhandlungen gestalten sich dadurch äußerst schwierig."

Es verlautete in dem Bericht aber auch, dass Haarmann der Sohn anständiger Eltern gewesen sei. Diese Aussage wird untermauert von dem, was der hannoversche Volksmund über Generationen weiter getragen hat: Die Familie hatte einen guten Ruf.

An anderer Stelle in der Celleschen Zeitung vom 4. Juli 1924, und zwar auf dem Zweiten Blatt, war von Lärmszenen im Rathaus die Rede. Oberbürgermeister Robert Leinert (SPD) hatte in der gemeinschaftlichen Sitzung der städtischen Kollegien am Mittwoch einen Antrag der Kommunisten zur Verlesung gebracht, wonach die sofortige Entlassung des Oberpräsidenten Gustav Noske (SPD)[8] und des Polizeipräsidenten Rudolf von Beckerath gefordert wurde, da sie für die Mordtaten Haarmanns, der Polizeispitzel gewesen sei, verantwortlich zu machen seien. Dieser Antrag wurde von dem Mitglied des rechten Parteiflügels der KPD Josef (Sepp) Miller kurz begründet, seine Behandlung aber von sämtlichen übrigen Parteien abgelehnt.

Die Mordaffäre Haarmann hatte sich zum Politikum entwickelt.

---

[8] Gustav Noske (1868-1946), SPD-Politiker, 1920-1933 Oberpräsident der Preußischen Provinz Hannover.

Auf Weisung des preußischen Innenministers Carl Severing (SPD) wurden drei Tage nach dem ersten Geständnis der Jurist und Chef des Staatsschutzes und der Kriminalpolizei von Berlin, Dr. Bernhard Weiß, Kriminalkommissar Dr. Heinrich Kopp und ein Sachbearbeiter für Homosexuelle nach Hannover beordert, um die Ermittlungsarbeit der dortigen Polizei zu überprüfen und zu unterstützen. Nach den Erinnerungen von Hermann Lange reiste die Delegation noch am gleichen Abend, verbunden mit lobenden Worten für die Arbeit der hannoverschen Kriminalpolizei, wieder ab.[9]

Kriminalkommissar Dr. Heinrich Kopp (1871-1941), Berlin. http://www2.hu-berlin.de/sexology/, Abdruck mit freundlicher Genehmigung von Prof. Dr. Erwin J. Haeberle, Ed.D., MA

Der Jurist und Chef des Staatsschutzes und der Kriminalpolizei von Berlin, Dr. Bernhard Weiß (1880-1951). Zeitschrift „Die Polizei", Jahrgang 1927. Repro: Polizeihistorische Sammlung Berlin

Die Zahl der Haarmanns zugeschriebenen Mordopfer stieg allmählich und besorgniserregend. Am 5. Juli 1924 schrieb die Cellesche Zeitung: „Bereits 15 Opfer Haarmanns. Ein Mittäter überführt. Die Zahl der Opfer Haarmanns hat sich durch Erkennung von Kleidungsstücken seitens der Angehörigen auf 15 erhöht. Der mit festgenommene Freund des Haarmann, der 23jährige Kaufmann Hans Grans, wurde inzwischen überführt, dem Haarmann, mit dem er längere Zeit zusammen wohnte, wiederholt seine Opfer zugeführt zu haben." Angekündigt wurde, dass im Interesse der weiteren Aufklärung am kommenden Sonnabend

[9] Der damals wohlbekannte Kriminalinspektor Dr. Heinrich Kopp (1871-1941) war bis 1926 Leiter der Abteilung „B II 5" (Sexualstraftaten) bei der Berliner Polizei, die Paragraph 175 des Reichsstrafgesetzbuches (Widernatürliche Unzucht) und Straftaten, die mit Homosexuellen in Zusammenhang standen, bearbeitete, also auch Erpressungen an Homosexuellen. Gut befreundet war er mit Dr. Magnus Hirschfeld (1868-1935), dem wichtigsten Pionier der Sexualwissenschaft, mit dem er 1922 verschiedene Vorträge für die städtische Jugendhilfe über Homosexualität gehalten hatte. (Ferdinand, Ursula; Pretzel, Andreas; Seeck, Andreas (Hrsg.), Verqueere Wissenschaft? – Zum Verhältnis von Sexualwissenschaft und Sexualreformbewegung in Geschichte und Gegenwart, Berlin, Hamburg, Münster 1998, S. 336). Kopp wurde 1933 als stellvertretender Kripochef und Oberregierungsrat von den Nazis entlassen.

„in sämtlichen hiesigen Kinos“ die Bilder der beiden Beschuldigten veröffentlicht werden sollten.

Am 7. Juli 1924 teilte die Cellesche Zeitung mit: „Wie der ‚Hannoversche Landesdienst' hört, können jetzt auf Grund der Erkennung von Kleidungsstücken durch Angehörige von Vermißten etwa 22 Opfer Haarmanns als festgestellt angesehen werden. Haarmann behauptet allerdings noch, die Kleidungsstücke selbst nur gekauft zu haben, doch sind diese Angaben wenig glaubwürdig. Den letzten Mord hat Haarmann acht Tage vor seiner Verhaftung verübt.“

Weiter unten heißt es dann, dass laut Bericht des Polizeipräsidiums eine neue Suchaktion an der Leine angestrengt worden sei. Dabei habe man eine größere Anzahl menschlicher Knochen aller Art gefunden, die von mehreren Personen gestammt hätten. An der Schwanenburg seien tags zuvor in der Leine einige menschliche Fleischteile angetrieben worden, die vermutlich ebenfalls auf die Verbrechen Haarmanns zurückzuführen seien. „Haarmann und der seiner Begünstigung verdächtige Grans wurden heute im Interesse der weiteren Aufklärung der Tat von Döhrings-Film-Werke aufgenommen. Die Bilder erscheinen von heute ab in sämtlichen hiesigen Kinos.“[10]

Tags darauf folgte in der Celleschen Zeitung ein ausgesprochen ausführlicher Beitrag unter der Überschrift „Die Aufdeckung der Haarmann-Affäre“. Darin bezog die Kriminalpolizei Stellung zu den in einem Teil der hannoverschen Presse, besonders von dem kommunistischen Blatt, im Zusammenhang mit der Haarmann-Affäre wiederholt gegen sie gerichteten Angriffe. Der Text brachte nicht viel Neues; allerdings räumte die Behörde ein: „Die Polizei kannte Haarmann allerdings, weil gegen ihn wiederholt Strafverfahren wegen Eigentumsvergehen und wegen des Vergehens gegen § 175 StGB. geschwebt haben. Richtig ist es auch, daß Haarmann der Kriminalpolizei durch Zutragen von Nachrichten über Verbrechen Dienste geleistet hat. Solche Spitzel können im Kriminaldienste gar nicht entbehrt werden ...“

Kritisch heißt es dann später: „Jedenfalls ist es weit erstaunlicher, daß das verbrecherische Treiben des Haarmann vor seiner Festnahme keinem seiner Hausgenossen aufgefallen sein sollte, denn es muß ausdrücklich festgestellt werden, daß, abgesehen von Andeutungen über den bereits bekannten homosexuellen Verkehr des Haarmann, der Polizei niemals Mitteilungen über sein

---

[10] Die typischen Bewegungen der „Bestie Haarmann“, so das Göttinger Tageblatt in seiner Ausgabe vom 30. Juli 1924, sollten aufgenommen werden, um das Filmmaterial möglichst weiten Kreisen vorzuführen. Die Döring-Film-Werke, 1919 in Hannover gegründet und als „Döring-Film Werke GmbH, Filme für Handel und Industrie“ ins Hannoversche Handelsregister eingetragen, hatten ihren Sitz in Hannover-Hainholz. Sie waren in der Spätphase der Weimarer Republik eine renommierte Werbefilm-Produktionsfirma. Der Verleger August Madsack beauftragte sie 1926, den Bau seines Anzeiger-Hochhauses zu dokumentieren. 1934 zog die Firma nach Berlin, Lehrter Bahnhof, um und warb unter anderem mit dem Slogan „Deutschlands größtes Spezialwerk für Kultur-, Lehr- und Werbefilme“. Im Herbst 1943 wurde das Firmengelände der Döring-Film-Werke zerstört.

verbrecherisches Treiben zugegangen sind, und daß alle jetzt bekannt gewordenen Einzelheiten erst nach der Festnahme des Haarmann angezeigt wurden."

Dennoch musste auch die Polizei Federn lassen. Am 9. Juli 1924 heißt es in der Celleschen Zeitung: „**Hannover,** 8. Juli. Zum Falle Haarmann erfährt der Amtliche Preußische Pressedienst, daß seitens des Preußischen Ministerium des Innern die Tätigkeit der Hannoverschen Polizei einer Nachprüfung unterzogen wird.

Vermißt wird in Uelzen seit etwa März ds. Js. der 23jährige Eisenbahnarbeiter Bock, Sohn der Witwe Bock aus der Esterholzerstraße. Der junge Mann war zuletzt in Hannover bei der Eisenbahn beschäftigt gewesen und hat dort auch gewohnt. Aus seinem Quartier verschwand er unter Zurücklassung der Sachen im März und seitdem fehlt jedes Lebenszeichen von ihm. Es ist der Verdacht nicht von der Hand zu weisen, daß der junge Bock ebenfalls ein Opfer des hannoverschen Menschenschlächters geworden ist. Entsprechende Untersuchungen sind im Gange. – Auch aus Celle hat der Mörder ein Opfer gefordert. Wie nunmehr als sicher anzusehen ist, ist ein Neffe des Bäckers Schulz aus der Blumlage von Haarmann getötet worden."

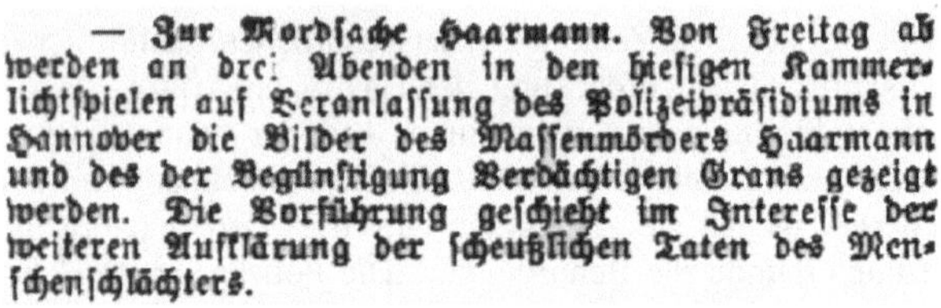
— **Zur Mordsache Haarmann.** Von Freitag ab werden an drei Abenden in den hiesigen Kammerlichtspielen auf Veranlassung des Polizeipräsidiums in Hannover die Bilder des Massenmörders Haarmann und des der Begünstigung Verdächtigen Grans gezeigt werden. Die Vorführung geschieht im Interesse der weiteren Aufklärung der scheußlichen Taten des Menschenschlächters.

Am 10. Juli folgte in der Celleschen Zeitung der Bericht „Wie Haarmann entlarvt wurde", in dem die Eheleute Witzel ihren Beitrag zum Ermittlungserfolg kundtaten. ↑ An anderer Stelle in der Ausgabe wurde darauf hingewiesen, dass, beginnend mit Freitag, dem 13. Juli, an drei Abenden in den Kammerlichtspielen Am Brandplatz in Celle die Bilder von Haarmann und Grans gezeigt würden.

Am 11. Juli wurde das Ergebnis einer Pressekonferenz, zu der der Polizeipräsident von Hannover am Vortag die hannoversche Presse eingeladen hatte, in der Celleschen Zeitung unter der Überschrift „Die Mord-Affäre Haarmann" veröffentlicht. Tenor: „Das Rätsel des ganzen Haarmann-Prozesses ist noch keineswegs gelöst." Haarmann habe „bisher nicht mehr als 14 Morde zugegeben". Es ging auch um den Paragraphen 175 des Strafgesetzbuches (Unzucht zwischen Männern), der vom 1. Januar 1872 bis immerhin zum 11. Juni 1994 (Verschärfung 1935, Reform in der Bundesrepublik Deutschland 1969 und 1973) einschlägige Rechtsnorm gewesen ist: „Mit Recht beschäftigt sich die Öffentlichkeit jetzt mit der Frage, wie dies alles jahrelang unter den Augen der Polizei möglich war. Der Polizei ist durch das Gesetz gegenüber den Homosexuellen große Beschränkung auferlegt. Wie stumpf die Waffe des § 175 ist, ergibt sich aus der interessanten Feststellung, daß in Berlin etwa 50000 Homosexuelle leben, von denen jährlich nicht mehr als 20 bis 30 einer strafbaren Handlung überführt und bestraft werden können. In Hannover werden jährlich etwa 500 bis 600 Vermißte angezeigt. Daneben werden auch noch eine große Anzahl Personen vermißt, die nicht zur Anzeige gelangen, und schließlich verschwinden auch noch eine große Anzahl, die von niemand vermißt werden."[11]

Und es gab einen kleinen Rückblick auf Geschehnisse in der jüngeren Vergangenheit, bei denen Haarmann ins Visier der Ermittler geraten sei. Das waren zunächst die Vermisstensache Friedel Rothe im Jahre 1918, dann die Mietstreitigkeiten mit seiner Hauswirtin Klara Rehbock am 1. März 1922, weiterhin eine Anzeige wegen „verdächtiger Klopfzeichen", die ein gewisser Lammers 1922 aus Haarmanns Wohnung gehört haben wollte, und schließlich die Aussage zweier Mädchen, die eine Zeitlang Fleisch von Haarmann bezogen hatten und 1923 bei ihm „verdächtiges Fleisch" gefunden haben wollten.

Es verlautete aber auch unumwunden: „Haarmann hat als Spitzel sehr gut gearbeitet und hat in verschiedenen Fällen, meist bei Eigentumsdelikten, zur Aufhebung viel beigetragen."

„Eine erfundene Haarmann-Filiale" lautete die Überschrift eines weiteren Berichts zum Haarmann-Fall in der Celleschen Zeitung vom 12. Juli. Es ging um die Richtigstellung einer von der kommunistischen „Niedersächsischen Arbeiterzeitung"[12] verbreiteten angeblichen Zuschrift über eine Haarmann-Filiale in der Steintorfeldstraße (zwischen dem Hauptbahnhof und dem Welfenplatz), wonach dort ebenfalls junge Leute verschwunden seien und in der betreffenden Wohnung auch „eine große Fleischmasse" gesehen worden sei. Dort war es in den Abendstunden zu großen Menschenansammlungen gekommen. „Sämtliche Angaben des Blattes sind aus der Luft gegriffen", hieß es.

Und weiter: „Von einer auswärtigen Korrespondenz wird verbreitet, daß sich die Zahl der Opfer Haarmanns bereits auf 31 erhöht hat. Wie wir auf Grund von Informationen an amtlicher Stelle mitteilen können, trifft diese Meldung nicht zu. Es sind in den letzten Tagen allerdings infolge der Erkennung von Kleidungsstücken einzelne neue Fälle vorgebracht worden, aber als ermittelt können noch nicht mehr als 22 bis 23 Fälle angesehen werden, von denen Haarmann zunächst höchstens 14 zugibt. Es ist weiter festgestellt, daß Haarmann tatsächlich auch Kleidungsstücke angekauft hat, um damit zu handeln, so daß keineswegs mit Bestimmtheit gesagt werden kann, ob die ermittelten 22 oder 23 Fälle wirklich alle Haarmann zuzuschreiben sind."

---

[11] Der Autor Rainer Hoffschildt in Hannover, der die Verfolgung Homosexueller in der NS-Zeit thematisiert, erklärte dem Verfasser gegenüber: „Die Zahl der reichsweiten Verurteilungen aufgrund § 175 StGB stieg von gerade 400 im Vorjahr seiner Verhaftung, 1923, auf über 1000 im Jahr seiner Hinrichtung. Die Denunziationsbereitschaft der Bevölkerung und die Verfolgungsintensität durch Polizei und Justiz nahmen also erheblich zu."

[12] Die kommunistische „Niedersächsische Arbeiter Zeitung" (N.A.Z.), Organ der Vereinigten Kommunistischen Partei Deutschlands (Sektion der 3. Internationale) Wirtschaftsbezirk Niedersachsen (in Hannover), am 2. November 1921 gegründet und 1924 verboten, wurde 1927 von der kommunistischen „Neuen Arbeiter Zeitung" abgelöst. Chefredakteurin war 1924 Helene Overlach.

Am 14. Juli wurde ein weiteres Mordgeständnis veröffentlicht, begangen an einem Berliner. Ein Zusammenhang zu dem verschwundenen Berliner Gymnasiasten Schulenburg ließ sich aber nicht herstellen. Die Pressemitteilung stammte vom Vortag aus Hannover:

Haarmann ließ bei seiner Vernehmung am Freitag durchblicken, daß er, wenn er sich in Ruhe alle Fälle noch einmal durch den Kopf gehen lassen kann, er vielleicht auch noch mehr neue Morde, auf die er sich zurzeit nicht besinnen kann, zugeben wird. Auch hat er gestanden, daß er im Gegensatz zu seinen bisherigen Aussagen doch einen Berliner ermordet habe, den er ebenfalls dem Namen nach nicht kenne, bestreitet aber nach wie vor, daß es sich um den Berliner Gymnasiasten Schulenburg handele. Der Berliner Schulenburg sei in Hannover bei ihm gewesen, habe ihm seine Kleider verkauft; sei aber am nächsten Morgen mit einem anderen Berliner, angeblich einem Kino-Klavierspieler oder Varieteemusiker, nach dem Rheinlande weitergereist. Daraufhin hat sich die Hannoversche Kriminalpolizei heute vormittag sofort mit der Berliner Vermißtenzentrale in Verbindung gesetzt, um vielleicht auf diesem Wege weitere Einzelheiten über die Persönlichkeiten des Berliner Opfers zu erhalten.

Am 15. Juli wurde der Leser der Celleschen Zeitung einiges über den Gehilfen Hans Grans gewahr, so zum Beispiel: „Grans hat dem Haarmann mehrfach Opfer zugeführt mit dem ausdrücklichen Wunsche, die guten Kleidungsstücke dieser jungen Leute zu erwerben, und hat außerdem öfters getragene Kleider von Haarmann gekauft. Man kann ihn als den intellektuellen Mörder, als den eigentlichen Urheber verschiedener Fälle ansehen.“

Eduard Wettengel gab im Kreisblatt der gleichen Ausgabe zum Besten, wie er Haarmann kennen gelernt habe (siehe Seite 75).

Am gleichen Tag (15. Juli 1924) wurde im „Burgdorfer Kreisblatt“ mitgeteilt, dass auch der jugendliche Schlosserlehrling Alfred Hogrefe aus Lehrte unter den Opfern Haarmanns sei. Weitere Mitteilungen zum Fall Haarmann schließen sich auf der Titelseite der besagten Ausgabe an. Auch die nächsten Ausgaben geben bereits auf der vorderen Seite nähere Auskunft, was das besondere Interesse der Öffentlichkeit am „Fall Haarmann“ unterstreicht.

Vielleicht war es eine Antwort auf die Reaktionen auf die Pressemitteilung der Eheleute Witzel, die ja erst vor wenigen Tagen ihren eigenen Fahndungserfolg kundgetan hatten: Am 15. Juli gab der „Hannoversche Landesdienst“ eine „authentische Darstellung der Aufdeckung der Haarmannmorde“ heraus, die tags darauf, am 16. Juli, in der Celleschen Zeitung abgedruckt wurde (siehe oben).

Am 17. Juli wurde der Leser der Celleschen Zeitung gewahr, dass Haarmann nach wiederholten eingehenden Vernehmungen seine bisherigen Geständnisse bei der Kriminalpolizei wesentlich erweitert haben soll, allerdings größtenteils erst nach dem Vorhalten von Beweismitteln. Bisher habe er zwölf (und nicht 14) Morde eingestanden, deren er sich mit Sicherheit erinnere. „Hiervon entfallen vier auf auswärtige junge Männer, die kurz zuvor hierher zugereist waren. Außer einem Berliner Gastwirtssohn, dessen Personalien feststehen, befindet sich darunter auch ein etwa 18- bis 20jähriger Zimmermann von großer Figur, den Grans und Haarmann im Bahnhofs-Wartesaal im Herbst 1923 anlockten. Er führte einen Holzkoffer bei sich, in dem sich unter anderem auch ein Paar Holzschuhe und eine Wasserwaage befanden. Die Breecheshose und der Holzkoffer dieses Ermordeten sind hier beschlagnahmt. Näheres war bisher über ihn nicht festzustellen. Ferner ist dem Haarmann um Pfingsten 1924 herum ein junger Mann zum Opfer gefallen, der etwa 20 Jahre alt war, ziemlich große Figur und hellblondes Haar hatte, ziemlich abgerissene Kleidung trug und rheinische Mundart sprach. Haarmann bezeichnet ihn auch als den ‚Düsseldorfer', ohne daß damit behauptet werden kann, daß der junge Mann aus Düsseldorf stammte."

Und was der Leser noch erfuhr: „Offiziell verlautet ferner, daß die genaue Zahl der Opfer des Haarmann im Hinblick auf sein angeblich schlechtes Erinnerungsvermögen und in Anbetracht der Tatsache, daß er auch mehrfach Kleidungs- und Wäschestücke aufkaufte, schwer feststellbar ist. Jedenfalls können auf Grund des Anerkennens von Habseligkeiten der Vermißten allein sichere Schlüsse auf die Zahl der Opfer nicht gezogen werden. Auf Grund der bisherigen Unterlagen kann aber wohl mit Sicherheit gesagt werden, daß es sich um mindestens 20 Opfer handelt."

An anderer Stelle im Bericht verlautete, dass die Beamten, gegen die bei der Staatsanwaltschaft das von ihnen selbst beantragte Ermittlungsverfahren schwebte, von der Ausübung ihres Dienstes bis zum Abschluss des Verfahrens beurlaubt worden seien.

Wieder einen Tag später, am 18. Juli, gab die Cellesche Zeitung die Information aus Hannover an die Leser weiter, dass es kein Rücktrittsgesuch des Polizeipräsidenten gebe: „Der Telegrafenunion wird von amtlicher Seite mitgeteilt: Die von Berliner Zeitungen gebrachte und neuerdings auch von hannoverschen Blättern selbst übernommene Nachricht, der Polizeipräsident von Hannover, v. Beckerath, habe im Zusammenhang mit der Mordaffäre Haarmann sein Rücktrittsgesuch eingereicht, ist vollständig aus der Luft gegriffen. Polizeipräsident v. Beckerath denkt nicht daran, sein Amt niederzulegen und ein derartiges Rücktrittsgesuch einzureichen."

Drei Tage Luft holen, dann ging es weiter mit der Berichterstattung. Am 21. Juli wurde in der Celleschen Zeitung berichtet: „Auf Antrag der Staatsanwaltschaft ist heute die Voruntersuchung gegen Haarmann und Grans eröffnet. Sie richtet sich gegen Haarmann wegen Mordes in 17 Fällen und gegen Grans wegen Beihilfe in 16 Fällen. Weitere acht Fälle bedürfen noch der polizeilichen Aufklärung, die mit tunlichster Beschleunigung betrieben wird. Vom Polizei-Präsidium wird uns geschrieben: In dem auf Veranlassung des Herrn Ministers des Innern von der Staatsanwaltschaft zur Aufklärung des Verhaltens der Hannoverschen Polizei im Falle Haarmann eingeleiteten Untersuchungsverfahrens hat sich der Verdacht strafbarer Handlungen nicht ergeben. Es ist deshallb (sic!) ein förmliches Disziplinarverfahren gegen Beamte des Polizei-Präsidiums bisher nicht eingeleitet worden. Wegen einzelner in dem Verfahren zu Tage getretener Nachlässigkeiten sind mehrere Beamte bis zur Beendigung des Untersuchungsverfahrens vorläufig von der Ausübung des Dienstes entbunden worden."

Kriminalkommissar Dr. Heinrich Kopp hielt in Berlin vor geladenen Pressevertretern einen Vortrag über das Ergebnis seiner Nachforschungen. Wie die „T.-U." mitteilte, führte Kopp unter anderem Folgendes aus (Bericht in der Celleschen Zeitung vom 22. Juli 1924):

Man muß um ein paar Jahrhunderte zurückgreifen, um einen ähnlichen Fall, wie die Lustmorde Haarmanns, in der Kriminalgeschichte zu finden. Eine Erklärung dafür, daß dieser Fall so lange unaufgeklärt blieb, liegt in der komplizierten Persönlichkeit Haarmanns. Der erste Eindruck, den man von ihm gewinnt, ist nicht ungünstig. Alsbald erkennt man, daß man es mit einem Mann aus der Hefe des Volkes zu tun hat, einem äußerst geriebenen und pfiffigen, wenn auch völlig ungebildeten Burschen. Mit einer fast weiblichen Geschicklichkeit und ungewöhnlichen Verstellungsgabe hat er es verstanden, seine Umgebung über seinen Charakter und sein Treiben zu täuschen. Sogar die Nachbarn haben nichts von seinem furchtbaren, nächtlichen Treiben bemerkt. Nur seine Wirtin hat ihn bei der Polizei wegen der häufigen nächtlichen Besuche von Knaben angezeigt und versucht, ihn mit allen Mitteln loszuwerden. Polizeiliche Haussuchungen ergaben kein belastendes Material, die Wirtin wurde auf den gesetzlich vorgeschriebenen Weg der Privatklage verwiesen.

Fälschlicherweise hat die Oeffentlichkeit die Lustmorde Haarmanns seiner homosexuellen Veranlagung zur Last gelegt. Mit demselben Rechte könnte man die Morde Großmanns den Normalempfindenden in die Schuhe schieben. Das treibende Moment bei Haarmann war der Sadismus. Da Haarmann bis zu seinem 35. Lebensjahre keine Morde begangen hat, erscheint es nicht ausgeschlossen, daß die sexuelle Potenz bei ihm in diesem Alter aufhörte und die noch vorhandene sexuelle Lust in einer anderen Richtung – in sadistischer Betätigung – Entspannung suchte. Haarmann sucht den Sachverhalt persönlich so darzustellen, als ob es sich um einen Zustand der Besinnungslosigkeit gehandelt hätte. Er erzählt, daß er die von ihm mitgenommenen Knaben am Morgen tot in seinem Bett gefunden hätte mit Bißwunden am Halse. Er müsse die Knaben in einem schlafähnlichen Zustande zu Tode gebissen haben. Mit dieser Schilderung sucht Haarmann sehr geschickt den Weg zu beschreiten, auf dem ihn der § 51 von der Strafe befreit. Die hannoversche Polizei steht dagegen auf dem Standpunkt, daß Haarmann seine Opfer nicht gebissen, sondern stranguliert hat.

Eine Hilfe hat Haarmann bei seinen Mordtaten nicht gehabt. Die Beziehungen zu seinem Gehilfen Granz (sic!) sind noch nicht restlos aufgeklärt, doch hat es den Anschein, als ob Granz um die Morde Haarmanns nicht gewußt hat. Er hat erwiesenermaßen mit Fleisch gehandelt. Er nennt auch einen Schlachter Karl, der ihm das Fleisch geliefert haben soll, doch weigert er sich, nähere Angaben über ihn zu machen. Die Untersuchung der Polizei in dieser Richtung ist noch nicht abgeschlossen. 14 Opfer hat Haarmann bisher eingestanden, doch die Befürchtung liegt vor, daß es weit mehr gewesen sind.

Gegen die Polizei ist vielfach der Vorwurf erhoben worden, sie hätte Haarmann wie einen Polizeiagenten benutzt und bezahlt. Haarmann ist tatsächlich Polizeispitzel gewesen, aber keineswegs Angestellter der Polizei. Er war Zuträger für eine Reihe von Kriminalbeamten, die ihre Mitarbeiter naturgemäß in den Kreisen suchen, die mit der Verbrecherwelt in Berührung kommen. Denn anständige Leute wissen meist nichts zu erzählen, was für die Polizei von Wert ist. Den Polizeiausweis hat er von sich selbst ausgestellt, er strotzt von orthographischen Fehlern. Von den ermordeten Knaben ist eine Reihe als vermißt der Polizei gemeldet worden. Da bei den Anzeigen, die von den Eltern gemacht wurden, die Angabe des homosexuellen der Knaben fehlte, so wies nichts auf die Spuren Haarmanns hin, der der Polizei als homosexuell bekannt war.

Dr. Kopp habe seine Ausführungen mit dem Hinweis geschlossen, dass ein Urteil über das Verhalten der hannoverschen Polizei nicht vor Abschluss des schwebenden Verfahrens gefällt werden könne. Bisher seien vier Beamte, ein Kriminalkommissar und drei Assistenten, ihres Dienstes enthoben worden, die sich Nachlässigkeiten im Falle Haarmann hätten zuschulden kommen lassen.

Der im Vortrag genannte Carl Grossmann hatte 1922 wegen drei beweisbaren Morden in Berlin vor Gericht gestanden. Noch vor Ende der Hauptverhandlung hatte sich der 58-Jährige am 5. Juli 1922 in seiner Zelle das Leben genommen.

In einem Atemzug nannte die Cellesche Zeitung dann noch zwei Vermisstenfälle, die möglicherweise ebenfalls mit Haarmann in Verbindung standen: „Der 17 Jahre alte Anstreichergehilfe Alfred Scholl und der ebenso alte Arbeiter Memmer, beide aus Holsterhausen (bei Dorten [sic!, Dorsten-Holsterhausen an der Lippe]) hatten sich Mitte Mai d. Js. aus ihren elterlichen Wohnungen entfernt, ohne daß ihr derzeitiger Aufenthalt bekannt geworden wäre. Auch die Eltern haben sonderbarerweise erst jetzt Anzeige von dem Verschwinden der beiden bei der Polizei erstattet. Die aufgetauchte Ansicht, daß die beiden ebenfalls Opfer Haarmanns geworden sind, ist nicht von der Hand zu weisen, zumal beide am 4. Juni aus Hannover eine Postkarte an ihre Eltern geschickt haben und seitdem ein Lebenszeichen von ihnen bei den Eltern nicht mehr eingegangen ist.“

Am 23. Juli schrieb die Cellesche Zeitung, dass bei der Kriminalpolizei mittlerweile 450 Meldungen vorliegen würden, nach denen sich Eltern oder Geschwister nach vermissten männlichen Angehörigen erkundigt hätten, deren Ausbleiben oder Verschwinden man mit Haarmann in Verbindung bringen würde. Seit Februar 1923 sei, wie der „Hannoversche Landesdienst“ berichtet habe, der etwa 20 Jahre alte Emil Rutkies aus Goldap in Ostpreußen verschwunden, nachdem er aus dem Ruhrgebiet nach Hannover abgereist sei. Acht junge Leute, die mit Rutkies in Hannover Arbeit gesucht hätten, seien verschollen. Es liege der Gedanke nahe, dass die Vermissten Haarmann in die Hände gefallen seien.

Weiterhin habe sich ein ausländischer Journalist namens S. D. Meyer Haarmanns Zimmer in der Wohnung an der Neuen Straße 8 angesehen und über der Tür zu der in Holz eingebauten Kleiderkammer, worin Haarmann die Leichen seiner Opfer aufbewahrt haben soll, ein angenageltes Aluminiumschild vorgefunden, welches einen Totenkopf dargestellt habe, mit den dahinter stehenden Buchstaben „M. W. H."

Schließlich gab die Cellesche Zeitung noch den Inhalt eines Telegramms zur Mordaffäre Haarmann wieder: „Das Berl. Tageblatt meldet aus Düsseldorf: Die Eltern eines 19jährigen Zimmer haben unter den im Besitz des Massenmörders Haarmann gefundenen Kleidern die ihres Sohnes erkannt, der in Hannover spurlos verschwunden war. Als Haarmanns die Photographie des verschwundenen Düsseldorfer jungen Mannes sah, erklärte er den ihm gegenübergestellten Eltern, daß er ihn ermordet habe. In der Empörung wollte der Vater des Ermordeten den Haarmann mit einem Stuhl niederschlagen."

Am 24. Juli verlautete in der Celleschen Zeitung, dass Haarmann tags zuvor wieder einem längeren Verhör durch den Untersuchungsrichter unterzogen worden sei. Bei einer Gegenüberstellung mit Müttern verschwundener Söhne, die aus Berlin beziehungsweise Bremen angereist waren, habe er aber den Verkehr mit den beiden Vermissten geleugnet. „Haarmann, der Gefangenenkleidung trägt, und von einem Gerichtsbeamten ungefesselt vor- und abgeführt wurde, zeigte ein überaus scheues, nervöses Wesen. Seine Augen blicken unstet umher, sobald fremde Personen ihm entgegentreten."

Weiter ging die Zeitung in ihrem Bericht auf die schweren Vorwürfe gegen die Arbeit der hannoverschen Polizei seitens des sozialdemokratischen „Volkswillen" ein. Dieses Blatt habe geäußert: „Nachdem jetzt die Untersuchung des Falles Haarmann durch die Berliner Kommission abgeschlossen ist und bekannt wird, daß bereits vier Beamte wegen erwiesener Nachlässigkeit ihres Dienstes enthoben worden sind, glauben wir, auf den Tatbestand eines polizeilichen Versagens mit gutem Recht schließen zu können." Und an anderer Stelle: „Wir haben in diesen Tagen feststellen müssen, was durch die Ermittelungen der Polizei bisher nicht in die Öffentlichkeit gedrungen ist, nämlich, daß in Hannover eine große Gemeinde Homosexueller besteht, die ihre Werkzeuge, Männer jugendlichen Alters, und teilweise 16- bis 18-jährige Jünglinge, in der Gegend des Café Kröpcke suchen und lange Zeit durch die Vermittlung der Person Haarmanns zugeführt erhalten haben: Uns wird versichert, daß zu den ‚Nutznießern' dieser männlichen Prostitution Leute aus den wohlhabensten Kreisen und feinsten Vierteln der Stadt gehören, und es wäre wissenswert, festzustellen, ob diese Persönlichkeiten mit auf der umfangreichen amtlichen Liste derjenigen stehen, die der Behörde als Anhänger des homosexuellen Verkehrs bekannt sind. (...) Es ist weiter zu berichten, daß Haarmann am Montag nachmittag um 4 Uhr zum gerichtlichen Totenhause gebracht wurde, wo eine Gegenüberstellung mit den Gebeinen seiner Opfer stattfand. Den Anwohnern der Straße beim Totenhause war der Besuch Haarmanns nicht entgangen."

Am 25. Juli wurden sämtliche aufgelistete Kleidungsstücke, die bei Haarmann beschlagnahmt worden waren, aber noch nicht zugeordnet werden konnten, in der Celleschen Zeitung aufgelistet. Die Polizei hoffte auf Unterstützung bei der Klärung der Herkunft beziehungsweise Feststellung der Eigentümer (siehe nächste Seite).

Provinznachrichten.

Zum Falle Haarmann.

Hannover, 24. Juli. In der Untersuchungssache gegen Haarmann ist es für die Aufklärung der von Haarmann begangenen schweren Straftaten von größter Wichtigkeit, die Herkunft bzw. die Eigentümer der bei Haarmann gefundenen Sachen festzustellen. Außer vielen nicht gezeichneten Kleidungsstücken und anderen Gegenständen wurden folgende gezeichnete Sachen beschlagnahmt:

Ein Ueberzieher, schwarzer Stoff, schwarzes Futter, mit gelbgesticktem Monogramm „G. S." oder „S. G.", schwarze Steinnußknöpfe; ein Anzug, dunkelgrüner Stoff, Jakett mit schrägen Seitentaschen, schwarzes Innenfutter, weißes lila-gestreiftes Aermelfutter, Firmenbezeichnung „Ernst Zehn, Hannover", dunkle Steinnußknöpfe, Westeninnenfutter mit kleinen schwarzen und größeren lila Kreisen. Umschlaghose mit schwarzem Bundfutter, eine weiße Normalhose, gezeichnet „O. S.", fünf Paar Herren- und Knabensocken, schwarze Wolle, ein Paar davon rot gezeichnet "H. K."; sechzehn weiße Taschentücher, hiervon einige weiß gezeichnet mit „W. B., M., E. S., C. S. oder S. C. A., L. H. F., andere rot gezeichnet C. S., O. H., H.; 2 weiße Taschentücher mit rot gestreifter Kante weiß gezeichnet L. W., A. B., ein Taschentuch mit rot und blau gestreifter Kante weiß gezeichnet „F. W."; ein leinenes Herrenhemd weiß gezeichnet „A. R."; ein Netzhemd mit rotem Wäschezeichen „A. H. 50"; ein weißes Vorhemd mit eingezeichnetem Tintewäschezeichen „A. S." 106 oder 706 oder 708"; zehn weiße weiche Kragen aus Leinwand, einer gezeichnet „Gmund 37"; einer gezeichnet „14 Burg 5½, 36", einer gezeichnet „Westerland 37", ein weißer weicher Kragen mit grünen Streifen gezeichnet „z. Wäschez. 297"; eine silberne Taschenschlüsseluhr mit Goldrand und Kapsel, arabischen Ziffern, Glas und Ring fehlen, auf der Innenseite des Deckels mit der Nummer „442 939" versehen auf der Rückseite der Kapsel die Bezeichnung „Paul Hoppe, Treptow a. Rh. eingraviert; ein weißes Handtuch, rot gezeichnet „E. S."; eine Schiffermütze, blauer Stoff mit schwarzem gesticktem Stoffrand und schwarzer Kordel, im Schweißleder gezeichnet „H. M.", Größe etwa 53; ein Stück Leinen gezeichnet „E...", der andere Buchstabe ist herausgetrennt; ein Stück von einem Bettlaken gezeichnet „F. C."; Reste von einem Herrenhemd, weißer Perkalstoff mit kleinen lila Kreisen und Punkten, weißer, lila karierter Einsatz, Firmenbezeichnung „Richard Buhtz, Magdeburg"; eine Damenhandtasche, schwarzes Lackleder mit Perlmutterverschluß gezeichnet „L. Z."; ein Doubléring, gezeichnet „A. S." mit weißem und rotem Stein; ein Roman „Von Herz zu Herzen" mit dem Namen „Menger, Jul. Kielring, Ruda"; ein Kriminalroman „Die Tragödie des Fürsten zu Borgstedt mit dem Namen „Frau St. Eugenie Insolt" oder so ähnlich. Ein Buch „Percy Stuart's erste sportliche Niederlage" mit dem Namen „Hermann Reitt oder Reitt"; ein Taschennotizkalender 1923, Juchtenledereinband, darauf in Golddruck: „1923" Emil Hartmann, Buchdruckerei und Verlag G. m. b. H., Berlin S. W. 11, Königgrätzerstraße 40/41" und drei Blumenöldruckbilder, zwei davon mit dem Namen „Martha Pister, Danzig-Langfuhr."

Bisher haben in 22 Fällen Angehörige Vermißter z. T. von auswärts Kleidung und Wäschestücke wiedererkannt. Wer in der Lage ist, über die Herkunft bezw. über die Eigentümer der vorgenannten Sachen irgendwelche sachdienliche Mitteilungen zu machen, wird aufgefordert, sich umgehend bei der Kriminalpolizei zu melden.

Am 26. Juli berichtete die Cellesche Zeitung über die Ermittlungstätigkeiten der Berliner und Hamburger Polizei im Fall Haarmann. So habe sich die Kriminalpolizei Berlin momentan in acht Fällen mit den Verbrechen Haarmanns beschäftigt. In einem Falle erscheine Haarmann dringend verdächtig, den Vermissten, einen Arbeiter und Artisten Friedrich Wilken, der seit März des Jahres verschwunden gewesen sei, beiseite geschafft zu haben. Wilken sei Haarmann begegnet, der sich als Geheimagent ausgegeben habe und ihm eine Stelle als Landarbeiter im Holsteinischen habe beschaffen wollen. Auch in anderen deutschen Städten seien nach Bekanntwerden der ersten Mordtaten Anzeigen über vermisste junge Leute bei den Behörden eingelaufen. Die Feststellungen des zuständigen Hamburger Amtes hätten ergeben, dass aus Hamburg vermisste Leute für den Fall Haarmann nicht infrage gekommen seien. Ein arbeitsloser, obdachloser junger Homosexueller namens Bischof sei zwar im Fadenkreuz der Ermittler gelandet, und er habe auch zugegeben, dass er mit Haarmann zusammen gewesen sei und von ihm auch eine Mütze geschenkt bekommen habe. Am Ende habe er sich aber nur als Zeuge und nicht als Mitschuldiger herauskristallisiert.

Am Schluss heißt es: „Wie die kommunistische ‚Freiheit' mitteilt, wollte die kommunistische Partei in Düsseldorf in einer Versammlung zu der Haarmann-Affäre Stellung nehmen. Die Düsseldorfer Stadtverwaltung hat jedoch die Freigabe des Tonhallenhauses hierzu verweigert." Interessant ist hierbei, dass Haarmann selbst in entfernten Städten Anlass zu Kundgebungen gegeben hatte.

Während in ganz Deutschland der Fall Haarmann diskutiert wurde, führte der Gutachter Ernst Schultze zwischen dem 26. Juli und 9. August an sechs Terminen in Hannover mit Haarmann Gespräche.

Am 28. Juli 1924 erstattete das Polizeipräsidium dem Herrn Regierungspräsidenten in Hannover schriftlich auf sechs Seiten Bericht über den Ermittlungserfolg. Da heißt es gegen Ende: „Haarmann hat seit 1918 mehrfach Fleisch verkauft. Seine Bezugsquellen haben sich noch nicht ermitteln lassen, jedoch darf bereits als erwiesen anzusehen sein, das (sic!) es sich teilweise um Tierfleisch handelte."

Jetzt bereits lieferte Haarmann genügend Stoff für Publikationen. So legten Peter Brauer und Dr. Hans Linden eine Broschüre mit dem Titel „Der Fall des Massenmörders Haarmann in sexual-pathologischer Beleuchtung" auf. Der Beitrag liefert auf insgesamt 31 Seiten zunächst, im ersten Kapitel (Titel: „Die grausigen Tatsachen"), einen Querschnitt durch die aktuelle Presselage, wobei die Verfasser den Fokus auf die „Hannoversche Landeszeitung", die „Niedersächsische Arbeiter-Zeitung" und den „Hannoverschen Kurier" richten. Wertneutral präsentieren sie darüber hinaus einige recht interessante Schriftstücke, zum Beispiel die Briefe, die Haarmann in der Gefangenenarbeitsstelle Jägerheide verfasst hatte. Das zweite Kapitel befasst sich mit dem Fall Haarmann im Licht der Sexual-Pathologie. Von den unterschiedlichen Sexualitäten ist dort ebenfalls die Rede, wie auch von Sadismus und dem „Vampirhaften": „So pflegt der Vampir, wie auch Haarmann, seinem Liebesobjekt im Sexualrausch gewaltsam Blutgefäse (sic!) zu öffnen. Meist wird in einem solchen Falle das Blut aufgesogen und wirkt genossen weiterhin im höchsten Grade aufpeitschend auf alle Instinkte, sodaß im Augenblick der höchsten Raserei nur noch der Tod des Liebesobjektes Befriedigung geben kann." Das dritte und letzte Kapitel befasst sich mit der „kulturpolitischen Fragestellung".

Im Vorwort fragen die Verfasser: „Ist das Verbrechen in der bisher angenommenen Form überhaupt möglich?! Die Presse ist auf diese Frage kaum einmal eingegangen, bringt nach wie vor fast nur Berichte amtlicher Stellen, mit Ausnahme der jetzt verbotenen (kommunistische) Niederdeutschen (sic!) Arbeiterzeitung, die eine sehr radikale Schuldsuche anstellte und der Hannoverschen Landeszeitung, die ihr darin folgt. – Was an den sensationellen Fakten und Gerüchten und an unseren eigenen Orientierungen durch Augenzeugen wahr oder übertrieben oder unrichtig und unwahr ist, muß noch dahingestellt bleiben. Vielleicht wird erst die Verhandlung einige Klarheit darüber schaffen."

Am 29. Juli teilte die Cellesche Zeitung mit, dass seit anderthalb Jahren auch ein Glauchauer Bürger vermisst werde, dessen Spuren in die Nähe von Hannover führen würden. „Es liegt der dringende Verdacht nahe, daß der Betreffende ein Opfer des Massenmörders Haarmann geworden ist. Auch das Verschwinden junger Leute aus Hohenstein, Ernstthal und Umgegend wird mit den Morden Haarmanns in Verbindung gebracht." Weiterhin wurde mitgeteilt, dass die Döring-Filmwerke vom Polizeipräsidium in Hannover die Erlaubnis bekommen haben, „die Bestie Haarmann" in Freiheit zu filmen. Auch den „Spießgesellen" des Mörders habe man auf diese Weise „verewigt". „Die ganze Sache hat den nützlichen Zweck, die Verbrecher in ihren typischen Bewegungen usw. zu zeigen und sie möglichst weiten Kreisen in der Absicht vorzuführen, dem Ermittlungsverfahren zu dienen."

Am 31. Juli gab die Cellesche Zeitung die Meldung eines Telegramms zum Fall Haarmann wieder. Aus neuen Anzeigen, die bei der Berliner Polizei über das Verschwinden junger Männer gemacht worden seien, sei hervorgegangen, „daß das Verschwinden von zwei jungen Leuten möglicherweise mit dem Fall Haarmann in Verbindung steht. Die letzte Nachricht von einem derselben stammt aus Hannover."

Die Geschichten wurden von Tag zu Tag abenteuerlicher. Viele meinten, etwas zu wissen, und immer mehr Fälle von verschwundenen Männern wurden mit Haarmann in Verbindung gebracht. In diese Kategorie fällt gewiss die Meldung der Celleschen Zeitung in ihrer Ausgabe vom 1. August:

Hannover *31. Juli. Zum Falle Haarmann meldet ein Vegesacker Detektivbüro u. a.: Ueber ein Zusammentreffen mit Haarmann berichtete uns der Kesselschmied Paul R. interessante Einzelheiten. R. traf vor zwei Jahren in Hannover einen angeblichen Maurer Haarmann. Dieser lud ihn zu einem Frühstück in seiner Wohnung ein. Erst dort gab H. dem R. sofort Kognak aus einer Medizinflasche und forderte ihn auf, sich schlafen zu legen, danach würde er etwas zu essen erhalten. Plötzlich sprang H. wie ein Wilder auf R. los. Glücklicherweise konnte letzterer aber noch durch die unverschlossene Tür entkommen. – Dieser Tage erkannte R. an den Anschlagsäulen, die das Bild Haarmanns bringen, seinen einstigen Bekannten wieder. Dieser Fall ist der Polizei übermittelt worden.*

Haarmanns Schwester Henny bestellte für ihren Bruder Anfang August 1924 mit Dr. jur. und Dr. phil Erich Frey aus Berlin, Potsdamer Platz, einen Verteidiger, der sich vor Gericht durch eine unheimliche Suggestionskraft und geschickte psychologische Behandlung seiner Prozessgegner auszeichnete und bereits drei Jahre vorher die Serienmörder Friedrich Schumann (1921) und Carl Grossmann (1921) vertreten hatte. Alles, was Haarmann ihm über die zurückliegende Zeit berichtet hatte, brachte Frey später in seinen Erinnerungen zu Papier. Seine Begegnung mit Haarmann hinterließ bleibende Eindrücke:

Eine der merkwürdigsten Eigenschaften, die ich an Friedrich Haarmann feststellen konnte, war seine schauspielerische Begabung. Sowie er auf ein Thema kam, das ihn stärker beschäftigte, geriet er in Bewegung.

Zuerst waren es seine kräftigen, fleischigen Hände, die mit hastigen Bewegungen seinen Worten Eindringlichkeit verliehen. Je mehr ihn das Thema hinriß, um so heftiger trat sein ganzer Körper in Aktion. Er sprang auf, lief hin und her, soweit es ihm seine Ketten gestatteten.

Gespräche, über die er berichtete, gab er nicht inhaltlich wieder, sondern in dramatischer Rede und Gegenrede. Dabei änderte er seinen Standort wie ein Schauspieler, der abwechselnd die verschiedenen Rollen eines Stückes spricht. Er nahm die Haltung des Gesprächspartners an, äffte ihm in Mienen und Gestik nach, ja er sprach sogar mit verschiedenen Stimmen und Dialekten.

In der Nacht, bevor der Verteidiger Haarmann das zweite Mal im Gerichtsgefängnis besucht hatte, habe er bis spät in die Nacht mit seinem Freund, dem Kriminalschriftsteller Hans Hyan, und Theodor Lessing über den Fall diskutiert. Lessing habe den Fall Haarmann bereits „wie kein anderer“ gekannt. Erich Frey habe gefragt: „Können Sie mir auch nur einen einzigen Umstand nennen, den ich in der Verhandlung zu Haarmanns Gunsten vorbringen könnte?“ Lessing habe daraufhin „langsam, jedes Wort abwägend“, gesagt: „Dass dieses Ungeheuer unschädlich gemacht werden muss, steht wohl für jeden fest. Und das wird auch geschehen, verlassen Sie sich darauf. Sie könnten das nicht verhindern, dürften es meiner Meinung nach auch gar nicht ... Aber verhindern müssten Sie, dass die ungeheure Schuld verschwiegen wird, die unsere Gesellschaft an dem Fall Haarmann trifft.“[13]

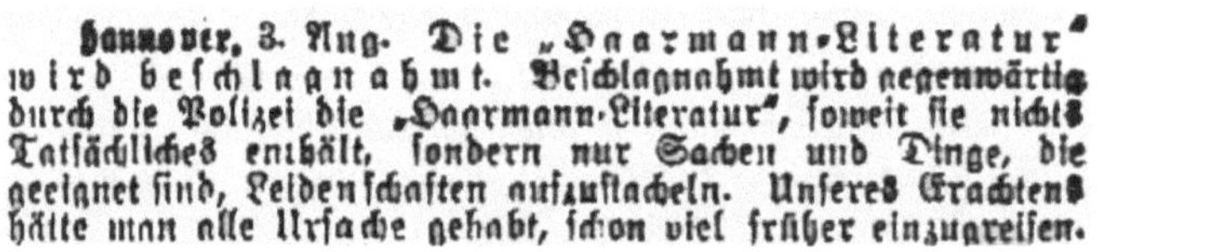
Hannover, 3. Aug. Die „Haarmann-Literatur“ wird beschlagnahmt. Beschlagnahmt wird gegenwärtig durch die Polizei die „Haarmann-Literatur“, soweit sie nichts Tatsächliches enthält, sondern nur Sachen und Dinge, die geeignet sind, Leidenschaften aufzustacheln. Unseres Erachtens hätte man alle Ursache gehabt, schon viel früher einzugreifen.

Am 4. August verlautete in der Celleschen Zeitung: „Hannover, 3. Aug. Die ‚Haarmann-Literatur‘ wird beschlagnahmt. Beschlagnahmt wird gegenwärtig durch die Polizei die ‚Haarmann-Literatur‘, soweit sie nichts Tatsächliches enthält, sondern nur Sachen und Dinge, die geeignet sind, Leidenschaften aufzustacheln. Unseres Erachtens hätte man alle Ursache gehabt, schon viel früher einzugreifen.“

Am 5. August vermeldete die Cellesche Zeitung, dass auch der im März des Jahres verschwundene 16-jährige Hermann Kümmel aus Barmen Haarmann zum Opfer gefallen sei. Der Stiefvater des jungen Mannes habe im Polizeipräsidium in Hannover einen Hut und eine Mütze „als Eigentum seines verstorbenen Stiefsohnes erkannt“. Haarmann hatte aber lediglich die Möglichkeit eingeräumt, dass Kümmel zu seinen Opfern gehört habe. Indes sei, so hieß es weiter, der 23 Jahre alte Hermann Strutz aus Groß Stöckheim bei Braunschweig, Sohn des Mühlenarbeiters Strutz, ins Elternhaus zurückgekehrt. Ihn hatte man schon zu den Opfern Haarmanns gezählt. Selbstkritisch resümierte die Cellesche Zeitung: „Die unrichtige Meldung beweist, wie vorsichtig man die Nachrichten über angebliche Opfer Haarmanns aufnehmen muß.“

[13] Frey, a. a. O., S. 79 f.

Am 7. August titelte die Cellesche Zeitung: „Haarmann ein Mädchenjäger?" Konkret ging es um die Mitteilung eines Zimmerermeisters aus Schöningen. Dessen Tochter sei 1921 Lehrmädchen in der Bahnhofswirtschaft in Oebisfelde gewesen. Ihr sei ein Mann aufgefallen, der sich abwechselnd in den Wartesälen aller Klassen aufgehalten habe und sich ihr näherte, um ihr einen Zettel in die Hand zu drücken. Eines Tages sei er ihr zum Ausgang gefolgt und habe sie zu bewegen versucht, nach Hannover zu kommen. Er habe sich als Geheimagent zu erkennen gegeben und einen Ausweis mit seinem Bild und vielen Stempeln gezeigt. Sie habe seine Aufforderung abgewiesen. Bald darauf habe sie den „Geheimagenten" beobachtet, wie er sich im Wartesaal der 4. Klasse mit jungen Männern zu schaffen gemacht habe. In dem Bericht verlautete ferner, dass die Berliner Kriminalpolizei jetzt auf 20 junge Männer aufmerksam gemacht worden sei, die von Berlin aus verschwunden sein sollten und von denen man vermutete, dass sie Haarmann in die Hände gefallen seien.

Am 8. August folgten weitere Informationen in der Celleschen Zeitung: „Die Hamburger Polizei verhaftete einen 17jährigen Mann namens Benno Möller aus Hannover, der erzählt hatte, daß er mit Haarmann viel verkehrt und ihm auch junge Leute zugeführt hätte. Dem ‚Hannoverschen Landesdienst' wird an zuständiger Stelle mitgeteilt, daß nach den angestellten Ermittelungen sich die Angaben des M. nicht bestätigt haben, daß der M. den Haarmann wohl gekannt aber nicht näher mit ihm verkehrt habe."

Der Leibstuhl ist ein Stuhl mit eingebautem Nachttopf, wie es ihn früher vor allem in besseren Kreisen gab. Allerdings wurde er noch Anfang des 20. Jahrhunderts im Polizeipräsidium genutzt. Einige Exemplare davon befinden sich unter den Asservaten der Polizeigeschichtlichen Sammlung Niedersachsen in Hannover. Auf einem solchen Stuhl nahm auch Fritz Haarmann Platz, als er vorübergehend 1924 im Polizeipräsidium inhaftiert war. Foto: Blazek

Am 11. August berichtete die Cellesche Zeitung über die Gegenüberstellung von Haarmann und Grans mit dem Stiefvater von Hermann Kümmel aus Barmen:

***Hannover**, 10. August. Gegenüberstellung des Massenmörders Haarmann mit Eltern der Ermordeten. Unter den Opfern des Massenmörders Haarmann ist jetzt auch ein gewisser Hermann Kümmel aus Barmen festgestellt worden, der im vorigen Jahre in Hannover verschwand. Der Stiefvater des Ermordeten, der nach Hannover gefahren war, um aus den bei Haarmann aufgefundenen Kleidungsstücken die seines Stiefsohnes herauszusuchen, gibt über seine Reise folgenden Bericht: Auf dem Polizeipräsidium wurden wir vom Präsidenten empfangen. Auf dem Hof befand sich eine 15 Meter lange Halle, in der vier Reihen Tische aufgestellt waren. Auf diesen Tischen lagen die mit Nummern verse-*

henen Kleidungsstücke. Das Präsidium hatte sich an die Bevölkerung mit dem Ersuchen gewandt, alle von Haarmann gekauften Kleidungsstücke zur Aufklärung abzuliefern. Hieraus erklärt sich die Unmenge der auf den Tischen liegenden Kleidungsstücke. Wir fanden einen Hut und eine Mütze, die wir sofort als Eigentum unseres Sohnes erkannten. Diese beiden Kleidungsstücke sind bei Haarmann selbst gefunden worden. Diejenigen Kleidungsstücke, die von den Eltern und Angehörigen wiedererkannt wurden, werden sofort in einen Nebenraum gebracht, da sie von der Staatsanwaltschaft beschlagnahmt werden. Darunter befand sich während unserer Anwesenheit auch ein Kindersweater, ein Zeichen, daß Haarmann sich auch an Kindern vergangen hat. der vorgezeigte Sweater rührt von einem zehnjährigen Knaben her, der auch von dessen Eltern als dem Knaben gehörig erkannt worden war. Als wir uns auf dem Korridor befanden, kamen immer noch weinende Frauen und Angehörige von Vermißten. Auch in diesen Fällen wurde festgestellt, daß die Vermißten Opfer der Bestie Haarmann geworden sind. Um die Mittagsstunde wurden wir in Begleitung eines Polizeikommissars und Kriminalwachtmeisters zum Gefängnis geführt, in dem sich Haarmann befand. Wir wurden in ein Zimmer geleitet, wo der Untersuchungsrichter arbeitet. Darauf wurden Haarmann und sein Komplize Granz (sic!) hereingeführt und hinter die Tische gestellt, damit sie von den Angehörigen seiner Opfer nicht angegriffen werden konnten. Der Untersuchungsrichter zeigte Haarmann die Photographie. Dieser betrachtete sie mit Wohlgefallen und sagte: „Sehr hübscher Junge, schade, wenn er dabei ist." Der Untersuchungsrichter forderte ihn auf, sich doch das Bild nochmals genau anzusehen. Die Eltern seien beunruhigt. Vielleicht könne er sich noch besinnen. Erst als der Landgerichtsrat ihm vorhielt, die Sachen seien doch bei ihm gefunden worden, sagte Haarmann: „das könnte möglich sein." Dann meinte er nochmals: „Schade um den Jungen. Wenn es die Mutter beruhigt, schreiben Sie ihn dabei." Seine Aussage machte Haarmann stets mit lächelnder Miene. Zu Granz bemerkte er dann: „Besinne dich, vielleicht kennst du ihn. Wir waren doch noch an dem Abend zusammen." Granz sagte, das Bild käme ihm sehr bekannt vor. Er wolle sich die Sache ein paar Tage überlegen.

Vom 16. August bis 25. September 1924 befand sich Haarmann zur Untersuchung seines Geisteszustandes in der Provinzial-Heil- und Pflegeanstalt in Göttingen. Hier nahm der schon bekannte Schultze die sechswöchige Untersuchung gemäß Paragraph 81 der Strafprozessordnung (Unterbringung zur Beobachtung) vor.

Das „Göttinger Tageblatt" kündigt Haarmanns Überführung mit dem Auto nach Göttingen etwas verfrüht an, was am 15. August in Hannover so kommentiert wurde: „Die Mitteilung eilt den Tatsachen voraus, denn Haarmann befindet sich heute noch im Untersuchungsgefängnis in Hannover."

Die Cellesche Zeitung berichtete am 16. August:

Ueber die Machenschaften Haarmanns und die Art und Weise, wie er es verstand, seine Opfer einzufangen, geht dem Hannov. Kur. von einem Gewährsmann in Hannover folgender Bericht zu: Ein Schneidermeister aus einem

Orte im Sünteltale befand sich mit seinem etwa 16 bis 18 Jahre alten Sohne eines Tages in Hannover und hatte dort Einkäufe gemacht. Vorsichtig, wie der Landmann ist, begab er sich abends rechtzeitig zum Bahnhof, um den Zug nicht zu versäumen. Als er im Wartesaale mit seinem Sohne, einem hübschen Jüngling, saß, kam ein feingekleideter Mann auf ihn zu und suchte ein Gespräch mit ihm anzuknüpfen. Er fragte, ob der Meister Einkäufe gemacht hätte. Als der Fragesteller aus der Antwort vernahm, daß der Fremde ein Schneidermeister war und Stoffe gekauft hatte, gab er ihm zu verstehen, daß er Stoffe auch bei ihm kaufen könne, auch Manchesterstoffe besonders, woran es dem Meister gelegen war. Der Schneider wurde von dem Fremden zum Glase Bier in einer Wirtschaft eingeladen. Auf die Einwendung, er könnte nicht mehr kaufen, da er kein Geld habe, erwiderte der Fremde, Geld spiele bei ihm keine Rolle; der Meister könne bezahlen, wann er wolle. Das befremdete den Meister, der dann erklärte, er wolle nichts kaufen, was er nicht bezahlen könnte; das hätte er stets so in seinem Leben gehalten. Der Fremde drang immer wieder auf den Schneider ein, den er zu veranlassen suchte, seinen Sohn mitgehen zu lassen, damit dieser ihm Manchester hole. Der Vater gab das nicht zu, mit Rücksicht darauf, daß sein Junge nicht rechtzeitig zum Bahnhof wiederkommen könnte. Aus dem Kauf wurde nichts und der Schneider fuhr mit seinem Sohne ab. Als er sich verabschiedete, ging der Fremde auch aus der Wirtschaft in der Nähe des Bahnhofs und der Meister erinnert sich jetzt, daß ein Gast dem Fremden „Guten Abend, Herr Haarmann" zurief. Nachdem die Zeitung mit dem Bilde Haarmanns erschien, erkannten Vater und Sohn in dem Bilde den Fremden wieder, der ihnen den Manchester verkaufen wollte. Es unterliegt keinem Zweifel, daß es auch in diesem Falle Haarmann nur daran gelegen war, um jeden Preis den jungen Mann einzufangen.

Erich Frey auf dem Weg ins Gericht, Tempo 03.04.1929. Entnommen aus: „Anwalt ohne Recht – Schicksale jüdischer Anwälte in Deutschland nach 1933", Begleitheft zur Wanderausstellung des Deutschen Juristentages und der Bundesrechtsanwaltskammer

Am 18. August wurde folgende Mitteilung des Oberstaatsanwalt in der Celleschen Zeitung kommuniziert: „Durch Beschluß der Strafkammer ist angeordnet worden, daß der Angeschuldigte Haarmann zur Vorbereitung eines Gutachtens über seinen Geisteszustand in die Provinzial-Heil- und Pflegeanstalt Göttingen übergeführt werde." Auch verlautete, dass die gerichtliche Voruntersuchung gegen Haarmann ihren Fortgang nehmen werde und dass auch die Ermittlungen der Staatsanwaltschaft und der Polizei mit Nachdruck fortgesetzt würden.

Nach seiner Unterbringung in Göttingen kam Haarmann wieder ins Gerichtsgefängnis in Hannover zurück, um auch dort noch längere Zeit beobachtet zu werden.

Anfang November 1924 bereits teilte Erich Frey Haarmann aber mit, dass er von dem Mandat zurücktreten müsse, das er ihm erteilt habe. Später sei ihm zugetragen worden, dass Haarmann zunächst betroffen gewesen sei, dann aber geäußert habe: „Dieser Rechtsanwalt aus Berlin ist ein Kommunist. Frey wollte mich nur an die Kommunisten verraten ... Ich brauche überhaupt keinen Anwalt."

Warum Frey sein Mandat niedergelegt hatte, erklärt er leider nicht. Da eine Verteidigung notwendig war und der Angeschuldigte nun keinen Verteidiger hatte, wurde der Justizrat Philipp Benfey III als Offizialverteidiger bestellt.

Am 29. November 1924 verlautete in der Celleschen Zeitung, dass der preußische Minister des Innern einen Erlass unterzeichnet habe, in dem aufgrund des Ergebnisses der Voruntersuchung gegen zwei hannoversche Beamte ein ordentliches Disziplinarverfahren eröffnet werde ohne Rücksicht auf den Beginn des Haarmann-Prozesses und auf die in diesem Prozess auch für die disziplinarische Beurteilung des Falles zu erwartenden weiteren Aufschlüsse.

Für Donnerstag, den 4. Dezember 1924, wurde der Beginn des Haarmann-Prozesses anberaumt. Er sollte im Schwurgerichtssaal des Justizgebäudes hinter dem Hauptbahnhof an der Hallerstraße 1 in Hannover stattfinden. Die Akten umfassten 60 Bände. Es waren 147 Anzeigen eingelaufen. In 38 Fällen war nachgewiesen, dass die Vermissten noch lebten, in 114, dass Haarmann nicht als Täter in Betracht kam. Es blieben also 30 Fälle, von denen aber drei nicht mit zur Anklage gestellt wurden. Hans Grans hingegen sollte sich wegen Anstiftung zum Mord in zwei Fällen verantworten. Eine zweite Anklage wegen gewerbsmäßiger Hehlerei wurde fallengelassen.

Die Cellesche Zeitung stimmte am 3. Dezember ihre Leser auf den Prozess ein:

Am 4. Dezember wird der Massenmörder Haarmann sich vor dem Schwurgericht in Hannover zu verantworten haben. Nicht weniger denn 27 Morde werden ihm zur Last gelegt. Vier dicke Bände umfaßt die Anklageschrift. Man rechnet mit einer Verhandlungsdauer von 14 Tagen, da gegen 200 Zeugen zu vernehmen sein werden. Von den Sachverständigen werden vier ihrer Aemter zu walten haben. Haarmann ist zurzeit 45 Jahre alt, von Beruf ist er Kleiderhändler und bereits mehrfach vorbestraft. In dem beschäftigungslosen Hans Grans, dem anderen Angeklagten, hat er einen Freund gefunden. Grans ist ein Verbrecher gefährlichster Sorte. Er führte seinem Komplicen junge Männer zu, die dieser aus reiner Mordlust hinschlachtete, und deren Leichen er dann zerstückelte. Die einzelnen Körperteile warf er in die Leine. Dem Grans überläßt er für seine Dienste stets die Kleidung seiner Opfer. Schließlich ereilt die beiden Bestien in Menschengestalt das Schicksal; durch einen Zufall wird Haarmann entlarvt. Am Bahnhof in Hannover, wo er sich mit Vorliebe herumzudrücken pflegte, will er einen „Verbrecher" verhaften. Es kommt auf dem Bahnsteig zu einem Streit zwischen den beiden. Der zu Verhaftende erkennt Haarmann als Beamten nicht an, weigert sich, ihm zu folgen, schlägt auf Haarmann ein. Ein Schutzpolizist von der Bahnhofswache ergreift beide und liefert sie der Kriminalpolizei ab.

Inzwischen sucht Grans ein neues Opfer in seine Schlingen zu ziehen. Während seiner Haft im Polizeigefängnis droht Haarmann mit Hungerstreik und will sich beim Oberpräsidenten beschweren. Da kommt mit einemmal Licht in die dunkle Sache. Die Eltern eines zerstückelt aufgefundenen Knaben treffen im Polizeipräsidium einen anderen Zeugen, der die Joppe ihres toten Kindes trägt.

„Wo haben Sie die Joppe her?"

„Von Haarmann!"

Auf Grund dieses Beweises gesteht er alles ein, und auch Grans wird nunmehr verhaftet.

Theodor Lessing, damals Mediziner und Dozent für Philosophie an der Technischen Hochschule Hannover, hatte sich als Prozessbeobachter ein genaues Bild von den zahlreichen, mitunter recht prominenten Prozessbesuchern gemacht. Er schrieb:

Theodor Lessing, 1925.
Foto: Prof. Dr. Peter Gorny

„Das Gerichtsgebäude in Hannover, um 1880 im schlechten Geschmack einer falschen Renaissance gebaut, hat einen altmodischen, etwa hundertfünfzig Personen fassenden Saal. Er ist überdeckt mit einem Glasdach, das die Gesichter in mattes Geisterlicht taucht. Am Nordende sitzt das Publikum, an jedem Tage achtzig Personen, zumeist Angehörige der Gerichtsherren oder Neugierige, die ihre Zutrittskarten mühsam nach stundenlangem Stehen erbeten oder sich teuer gekauft haben. Vor der Schranke, die das Publikum abscheidet, stehen einige Bänke für die Zeugen und bevorzugte Sitze für Vertreter der Behörden; den Oberpräsidenten Noske, den Regierungspräsidenten v. Velsen, den Polizeipräsidenten v. Beckerath, den Vertreter des Justizministeriums Dr. Weiß, einige Vertreter der Jugendfürsorge, der Ärzteschaft, der Polizei. Am Südende des Saales auf erhöhter Empore thront das Gericht. In der Mitte des langen Tisches der Präsident, Landgerichtsdirektor Dr. Bökelmann (sic!), am rechten Ende des langen Tisches der Oberstaatsanwalt Dr. Wilde. Daneben der zweite Staatsanwalt Robert Wagenschieffer. Dann zwei beisitzende Richter, Landgerichtsräte Harten und Kleineberg. Am linken Ende sitzt der Ersatzstaatsanwalt Jasching und der Protokollführer Hoßfeld. Eingerahmt von diesen Justizpersonen sitzen hinter dem grünen Tische sechs Geschworene und zwei Ergänzungsgeschworene. Die Geschworenen sind: Landwirt Wesche aus Hüpede, Zimmermann Harse aus Bodenwerder, Schneider Untorf aus Pyrmont, Schmied Heise aus Engelbostel, Postassistent Ahrens aus

Holzhausen, Korbmacher Ackmann aus Kreiensen. Links an der Fensterseite des Saales ist die Anklagebank. Neben und zwischen den beiden Angeklagten sitzen zwei Sicherheitspolizisten und ein Kriminalassistent. Vor der Anklagebank haben ihren Platz die zwei Offizial-Verteidiger: Justizrat Benfey für Haarmann, Rechtsanwalt Lotze für Grans.[14] Neben ihnen fünf Sachverständige, zwei Gerichtschemiker namens Lochte und Feise aus Göttingen, sowie als psychologische Gutachter: Geheimrat Schultze aus Göttingen, Gerichtsmedizinalrat und Polizeiarzt Schackwitz und der Gefängnisarzt: Gerichtsmedizinalrat Brandt. Gegenüber an der Türseite des Saales sitzen 21 ‚Herren von der Presse', neun als Vertreter der in Hannover erscheinenden Lokalblätter, fünf als Vertreter von Telegraphenbüros, ferner drei Berichterstatter von außerhannoverschen Zeitungen, ein amerikanischer und ein französischer Berichterstatter, dazu vier Zeichner."

Aus Celle kamen Oberlandesgerichtspräsident Dr. Otto Meyer und Generalstaatsanwalt Dr. Wilhelm Storp. Aufgrund einer Weisung des Justizministeriums hatte man auch zwei unabhängigen Schriftstellern den Zutritt gestattet, nämlich dem Nervenarzt und Sexualforscher Magnus Hirschfeld und dem Kriminalforscher Hans Hyan. Unter den 21 Pressevertretern waren neben Theodor Lessing und Hans Hyan auch der bekannte Gerichtsreporter Paul Schlesinger und der kommunistische Reichstagsabgeordnete Iwan Katz für die „Niedersächsische Arbeiter-Zeitung". Der Maler Otto Pankok aus Düsseldorf besuchte den Prozess als Pressezeichner.

Eröffnet wurde die Verhandlung von Landgerichtsdirektor Dr. Otto Böckelmann. Die Anklage warf Haarmann zu Prozessbeginn noch „die vorsätzliche Tötung und die Tötung mit Überlegung" in 27 Fällen vor, die im verlesenen Eröffnungsbeschluss alle beim Namen genannt wurden:

1. Etwa September 1918 den Schüler Friedel Rothe,
2. Etwa Februar 1923 den Lehrling Fritz Franke,
3. Etwa März 1923 den Lehrling Wilhelm Schulze,
4. Etwa Mai 1923 den Schüler Roland Huch,
5. Etwa Mai 1923 den Arbeiter Hans Sonnenfeld,
6. Etwa Juni 1923 den Schüler Ernst Ehrenberg,
7. Etwa August 1923 den Bürogehilfen Heinrich Struß,
8. Etwa September 1923 den Lehrling Paul Bronischewski,
9. Etwa Oktober 1923 den Arbeiter Richard Gräf,
10. Etwa Oktober 1923 den Lehrling Wilhelm Erdner,
11. Etwa Oktober 1923 den Arbeiter Hermann Wolf,
12. Etwa Oktober 1923 den Schüler Heinz Brinkmann,
13. Etwa November 1923 den Zimmermann Adolf Hannappel,
14. Etwa Dezember 1923 den Arbeiter Adolf Hennies,
15. Etwa Januar 1924 den Schlosser Ernst Spiecker,
16. Etwa Januar 1924 den Arbeiter Heinrich Koch,

[14] Grans Verteidiger Albrecht H. Lotze war ein Enkelsohn des Philosophen Rudolf Hermann Lotze (1817-1881).

17. Etwa Februar 1924 den Arbeiter Willi Senger,
18. Etwa Februar 1924 den Lehrling Hermann Speichert,
19. Etwa April 1924 den Lehrling Alfred Hogrefe,
20. Etwa April 1924 den Arbeiter Hermann Bock,
21. April 1924 den Lehrling Wilhelm Apel,
22. Ende April 1924 den Lehrling Robert Witzel,
23. Mai 1924 den Lehrling Heinz Martin,
24. Etwa Mai 1924 den Reisenden Fritz Wittig,
25. Etwa Mai 1924 den Schüler Friedrich Abeling,
26. Etwa Juni 1924 den Lehrling Friedrich Koch,
27. Juni 1924 den Bäckergesellen Erich de Vries.

Am ersten Verhandlungstag schilderte Haarmann seinen Lebenslauf, beginnend mit der Schulentlassung im Jahre 1895. Bereits am ersten Verhandlungstag fiel Haarmanns Äußerung „Ich will geköpft werden, dann bin ich meine Qualen los!“ Auch berichtete er über „die Spitzeldienste, die er der Polizei geleistet hat“.

Von Gerichts wegen hatte man Fritz Haarmann mit Justizrat Philipp Benfey III einen Offizialverteidiger gestellt, und damit „einen alten, versierten Anwalt aus Hannover“ (Frey).[15]

Das Interesse der Presse an diesem Fall war außerordentlich groß. Davon zeugt die umfangreiche Überlieferung von Presseberichten insbesondere des Jahres 1924, die im Niedersächsischen Landesarchiv eingesehen werden kann.

Der „Hannoversche Anzeiger“[16] berichtete vom Auftakt des Haarmann-Prozesses.

Die „Niedersächsische Arbeiter-Zeitung“ nutzte den Prozess sogar, um Wahlkampf zu betreiben. So hieß es in ihrer Ausgabe vom 6. Dezember 1924:

Werktätige Hannovers!

(...)

Denkt daran, ihr Hinterbliebenen, daß man eure Jungens, die dem Massenmörder zum Opfer fielen, als verwahrlost hinstellte.

„Todesstrafe war ohnehin sicher. Ob ein Mörder zwanzigmal oder zehnmal zum Tode verurteilt wird, kann gleichgültig sein. Man mußte sich von vornherein eingestehen, daß eine gleichsam das Weltgewissen befriedigende Auflösung des ungeheuren Falles nicht möglich war.“ (Theodor Lessing, Haarmann – Die Geschichte eines Werwolfs, 1925, Nachdruck, S. 116)

Am zweiten Verhandlungstag wurden die Vernehmungen fortgesetzt. Im Mittelpunkt standen Haarmanns Spitzeltätigkeit, sein Lebensunterhalt und der Beginn der Erörterung der Einzelfälle.

[15] Theodor Lessing hatte sich an Justizrat Benfey gewandt und ihn beschworen, die besten psychologischen Gutachter für diesen Fall zu berufen. Die Antwort hatte gelautet: „Ich wüsste nicht, was man Psychologisches fragen sollte.“ (Frey, a. a. O., S. 81)

[16] Vom 05.12.1924, zu finden in: Nds. HptStA Hann. 155 Göttingen Nr. 864 a.

Obwohl der Haarmann-Prozess ausuferte – allein aufgrund der 30 zur Anklage gebrachten Tötungen – ließ das Gericht eine andere Schuldfrage als die des Angeklagten und die der Mittäterschaft seines Freundes Hans Grans nicht zu. Richter Böckelmann erklärte, dass der Mordprozess nicht den Rahmen darstelle, in dem beispielsweise über die Versäumnisse der Polizei entschieden werden könne.[17]

Szenenwechsel. Während des Schwurgerichtsprozesses schrieb Fritz Haarmann einen Brief an seine Freundin Dora Mrutzek. Es ist einer von wenigen bekannten Briefen Haarmanns. Haarmann schrieb:

Hannover im Gefängnis
am 13. Dezember 1924

Liebes Dörchen!

Die Leute fragen mich immer, warum ich das denn alles gemacht hätte das mit dem totmachen. Du weißt doch daß ich sie alle sehr gern hatte, ich war richtig zärtlich mit ihnen. Bis ich dann beißen mußte wie ein Wolf. Und wenn dann das Blut kam ... Du hast es geahnt! Dabei wollte ich das doch nur wegen dem Franz und wegen einem schönen Lebensabend. Das ist wahr.

Jetzt gebe ich mein Blut zur Sühne in Gottes Arme und Gerechtigkeit. Es können 30 gewesen sein oder 40, aber die die sie meinen waren es nicht. Es waren die schönsten die ich besaß.

Vergiß nie
Deinen Fritz Haarmann

Dora Mrutzek war eine der Prostituierten, die es sich in Haarmanns Abwesenheit in der Wohnung an der Neuen Straße 8 gut gehen ließen, und die (neben Elfriede Zwingmann) mit Hans Grans „poussierte". Von ihrem Ehemann lebte die energische und resolute Frau, „trotz Lues und Luderleben immer noch schön und wohlansehnlich" (Lessing), getrennt. „Dörchen wußte", hatte Haarmann gegenüber Gutachter Schultze am 2. September 1924 in Göttingen geäußert, „daß ich Jungens umbrachte, Emmi Schulz (das war eine der Dirnen, die bei Haarmann verkehrten) nicht. Dörchen hat einmal den einen toten jungen Mann bei mir im Schrank gesehen – das war vielleicht der Berliner."

Statt auf die Sachverständigen-Bank wurde der Prozessbeobachter Theodor Lessing auf die Presse-Bank verwiesen. Am 16. Dezember wurde er durch den Gerichtsvorsitzenden mit den Worten angefahren: „Sie sind hier als Reporter zugelassen, nicht als Schriftsteller. Wir können hier keinen Herren dulden, der Psychologie treibt." Auf Lessings Antwort hin wurde er aus dem Saal hinausgewie-

---

[17] Volkswille (sozialdemokratische Parteizeitung, am 1. Oktober 1890 erstmals erschienen, die rasch zum Sprachrohr der hannoverschen und Lindener SPD geworden war) vom 13. Dezember 1924, Nr. 292; entnommen aus: Hoffmeister, Maren, „Autopoiesis und Lustmord – Materialität des Rechts im Spannungsfeld zwischen dem Rechtssystem und populären Ideen", in: Diehl, Paula (Hrsg.): Performanz des Rechts – Inszenierung und Diskurs, Berlin 2006, S. 105.

sen.[18] Als Erich Frey die Aussage des Gerichtsvorsitzenden in der Zeitung las, war er der Meinung, „daß ich mit der Rückgabe des Falles Haarmann einen großen Irrtum begangen hatte".

Dass Lessing kurz vor Ende des Prozesses von der Prozessbeobachtung ausgeschlossen wurde, und zwar weil man seine gelegentlich ironischen Schilderungen („Zeuge: ‚Ich kenne Herrn Haarmann nur flüchtig. Ich habe nur ein paarmal mit ihm geschlafen.'") als unrichtige Wiedergabe von Fakten missverstanden hatte, verstärkte sicherlich im Endeffekt seine kritische Haltung gegenüber dem Gericht und der Prozessführung. Aber umgekehrt gilt natürlich auch, dass seine Kritik an der Prozessführung wohl die eigentliche Ursache seines Ausschlusses war.[19]

Fotografieren streng verboten: ein heimlicher Schnappschuss aus dem Haarmann-Prozess. Im Hintergrund die Lageskizze der letzten Wohnung von Fritz Haarmann, darunter, mit verschränkten Armen, der Serienmörder. Rainer Marwedel und Friedhelm Werremeier zeigen übrigens ein anderes Foto. Foto: Polizeigeschichtliche Sammlung Niedersachsen

Am 16. Dezember 1924 gaben die Sachverständigen vor Gericht ihre Gutachten ab. Medizinalrat Dr. Brandt wurde als erster gehört und berichtete davon, dass er Haarmann schon einmal, 1911 anlässlich einer Anklage wegen Rückfalldiebstahls und Sachbeschädigung, auf seinen Geisteszustand zu untersuchen gehabt

[18] Lessing wurde zunächst verwarnt („Volkswille" vom 16. Dezember 1924, Nr. 295), und schließlich wurde ihm die Pressekarte entzogen („Hannoverscher Kurier" vom 16. Dezember 1924, Nr. 590, „Volkswille" vom 17. Dezember 1924, Nr. 295).

[19] Vgl. Kotowski, Elke-Vera (Hrsg.), „Sinngebung des Sinnlosen" – Zum Leben und Werk des Kulturkritikers Theodor Lessing (1872-1933), Hildesheim 2006, S. 97 f.

habe. Er kam zu dem Schluss, dass Haarmann zwar „sittlich verwahrlost“, aber nicht unzurechnungsfähig sei.

Die Zeitung „Hamburger Echo“ gab die Aussagen von Gerichtsmedizinalrat Dr. Alex Schackwitz, Hannover (er war derjenige, der im Februar 1924 das ihm zugetragene vermeintliche Menschenfleisch untersucht hatte), folgendermaßen wieder: „Ein schlechter Einfluß ist durch die Familie und besonders durch die spätere Umgebung Haarmanns auf ihn ausgeübt worden. (...) Dazu kommt die Tatsache, daß er 12 Jahre seines Lebens in Gefängnissen und Zuchthäusern zugebracht habe.“[20]

Dr. Schackwitz verneinte in seinem Gutachten einen Zustand der Bewusstlosigkeit oder der krankhaften Geistesstörung nach Paragraph 51 des Strafgesetzbuches. Haarmann sei ein „Mensch von erheblicher moralischer Minderwertigkeit“, eine Formulierung, die in allen Zeitungen wörtlich und zum Teil auch abgesetzt kommuniziert wurde. Er sei „nicht geisteskrank“, so war der Gutachter in der Beilage zur „Niedersächsischen Arbeiter-Zeitung“ vom 19. Dezember 1924 zitiert, wohl aber „moralisch stumpf“ bei einer „gewissen erblichen Belastung“. Ausführlich kommunizierte die „Freie Meinung“ vom 20. Dezember 1924 die zentralen Punkte des Gutachtens, und in seiner Aufklärungsschrift fasste der Autor Schneider das Gutachten dahingehend zusammen, dass Haarmann ein Mensch mit „ausgesprochen intellektuellen Schwächen“ sei. Die „Freie Meinung“ schrieb zudem, Haarmann habe aus „Lust, Habgier, Angst vor Entdeckung, Überdruß an jungen Menschen gemordet“.[21]

Professor Dr. Ernst Schultze präsentierte dem Gericht eine gekürzte Version seines Gutachtens vom 1. Oktober 1924. Er äußerte den Verdacht, dass Haarmann eine Geistesschwäche nur vortäusche, um sich der drohenden Todesstrafe zu entziehen. Eine psychische Störung oder eine organische Gehirnerkrankung schloss Schultze aus.

Und damit, so die „BZ am Mittag“ vom 18. Dezember 1924, könne das Urteil über Haarmann nicht fraglich sein: Es sei schon getroffen, als die Gutachter die Zurechnungsfähigkeit Haarmanns bejahten.[22]

Nach den Aussagen der Gutachter plädierten die Staatsanwälte. Zweiter Ankläger Wagenschieffer war sich sicher, aufgrund der Ergebnisse aus den über 200 Zeugenbefragungen ein klares Bild gewonnen zu haben. Es gebe drei Gruppen der angeklagten 27 Fälle. Dazu verlautete tags darauf im „Hannoverschen Kurier“: „(...) 1920 war Haarmann neun Monate in Strafhaft. In der ersten Hälfte des Jahres 1920 hat er in verschiedenen Wirtschaften gewohnt, wo er auch keine Gelegenheit zu Mordtaten hatte. Dann war er wieder mehrere Monate in Straf-

[20] Hamburger Echo, 18. Dezember 1924, S. 9.

[21] Ebenda, S. 353 f., Schneider, Der Haarmann-Prozeß – Ausführlicher Bericht vom ersten Tage bis zur Urteilsverkündung. Hannover [1925], S. 62.

[22] Vgl. Kailer, Thomas, „Werwölfe, Triebtäter, minderwertige Psychopathen – Bedingungen von Wissenspopularisierung: Der Fall Haarmann“, in: Carsten Kretschmann (Hrsg.): Wissenspopularisierung – Konzepte der Wissensverbreitung im Wandel, Berlin 2003, S. 353.

haft, bis er im März 1922 nach der Neuen Straße zog. Auch für dieses Jahr hat ihm nichts nachgewiesen werden können. Man kann bei Haarmann, so grausam es klingen mag, verschiedene Serien von Mordtaten unterscheiden. In 9 von den 27 Fällen gibt er die Taten ohne weiteres zu. Die zweite Gruppe umfaßt 12 ihm zur Last gelegte Taten, von denen er sagt, er nimmt an, die jungen Leute getötet zu haben. Die dritte Gruppe umfaßt 6 Fälle, die er entschieden bestreitet. Es sind dies die Fälle Sonnenfeld, Wolff, Senger, Bock, Abeling und Henjes."

Chefankläger Oberstaatsanwalt Leopold Wilde erwähnte zunächst die besondere Aufregung der Hannoveraner Bevölkerung über Haarmanns angeblichen Handel mit Menschenfleisch. Daher fordere die Bevölkerung gerechte Sühne, nämlich die Todesstrafe für den Angeklagten. Weiterhin führte Wilde aus, dass Haarmann überlegt und vorsätzlich gehandelt habe. Zum Verdecken der Morde habe Haarmann die Leichen zerstückelt und beseitigt. Dies wies nach Wilde ebenfalls darauf hin, dass sich Haarmann des Verbotenen seiner Taten bewusst gewesen sei. Haarmann habe nur wegen der genauen Planung seiner Verbrechen so lange unbehelligt morden können. All dies sollte zeigen, dass Haarmann nicht verrückt, sondern vielmehr geschickt, überlegt, kaltblütig und intelligent vorgegangen sei.[23] Wilde forderte daher, Haarmann wegen 27-fachen Mordes zum Tode zu verurteilen.[24]

Anschließend gab Haarmanns Verteidiger, Philipp Benfey, sein Schlusswort ab. Er schloss seine Verteidigung mit den Worten, dass er von der Schuld seines Mandanten überzeugt sei, aus moralischen Gründen nicht auf Totschlag plädieren könne und aus berufsethischen Prinzipien nicht auf Mord plädieren dürfe.[25]

In seiner Verteidigungsrede sagte Haarmann unter anderem: „Ich selbst gehe zum Schafott! Aber kein Unschuldiger soll hingerichtet werden. Ich habe offen bekannt, denn ich werde bald vor Gottes Thron stehen, wo die Wahrheit doch an den Tag kommt. Auch Grans soll aufrichtig sein und seine Sünden bekennen und sagen: ‚Herr vergib mir!' Ich habe auf den Knien zu Gott gebetet. Ich wurde von meiner Umgebung ausgebeutet und bin ein Opfer meiner unerklärlichen Triebe. Grans ist kein Engel. Ich will ihn nicht belasten; früher war ich Wachs in seinen Händen. Ich musste einen Menschen um mich haben, der mich vom Morden abhalten sollte. Das Grauenhafteste würde mir auch wieder passieren, wenn ich frei würde. Macht es kurz! Ich habe nur einen Freund gehabt, das war Grans."[26]

Theodor Lessing stellte bezüglich der gehaltenen Plädoyers fest: „Das des Oberstaatsanwalts: klar und maßvoll; alles Wesentliche zusammenfassend; das des Haarmannverteidigers: unsachlich, wichtigtuerisch und kenntnislos; das des Gransverteidigers: sachlicher, aber recht ungeschickt und unbedeutend."

[23] Hamburger Echo, 18. Dezember 1924, S. 9.

[24] Kompisch, Kathrin, „Der Fall Fritz Haarmann (1924)", Aufsatz in: Hannoversche Geschichtsblätter, Neue Folge Band 55/56, Hannover 2001/2002, S. 108.

[25] Ebenda.

[26] Entnommen aus: „Die neue Zeitung", 20. Dezember 1924, S. 6.

Der Prozess gegen Fritz Haarmann endete mit der Urteilsverkündung des Schwurgerichts Hannover am 19. Dezember 1924, morgens um zehn Uhr. Aufgrund zahlreicher Beweise und seiner Geständnisse wurde Haarmann wegen Mordes in 24 Fällen 24 Mal zum Tode verurteilt. Das Gericht erachtete es als erwiesen, dass Haarmann nicht nur die von ihm gestandenen 21 Morde begangen hatte, sondern auch in den von ihm bestrittenen Fällen Hans Sonnenfeld, Willi Senger und Friedrich Abeling schuldig sei. Aus Mangel an Beweisen musste jedoch in drei Fällen auf Freispruch erkannt werden. Die Tötungen von Hermann Wolf, Adolf Hennies und Hermann Bock konnten dem Angeklagten nicht nachgewiesen werden. Hans Grans wurde wegen Anstiftung zum Morde (im Fall Hannappel) zum Tode und wegen Beihilfe zum Morde (im Fall Wittig) zu zwölf Jahren Zuchthaus verurteilt. Haarmann nahm das Urteil an. Grans Anwalt kündigte Revision an.[27]

In der Mitte Fritz Haarmann, der zum Tode verurteilt wurde, nach dem Urteilsspruch. Polizeibeamte führen ihn ab. Die Herkunft des Fotos ist nicht mehr nachvollziehbar. Es diente zur Ankündigung einer Fernsehproduktion von Gisela Marx, die am 8. Oktober 1990 im ZDF ausgestrahlt wurde. Auch war es bereits 1959 im Zuge des Vorabdrucks von Freys Erinnerungen in Illustrierten zu sehen. Eines der letzten Fotos Haarmanns beim Abführen aus dem Schwurgericht ist ebenfalls zu sehen bei Friedhelm Werremeier („Haarmann", 1996) im Bildteil vor Seite 161 und auch bei Pozsár, Farin, a. a. O., S. 480. Repro: Haase

Tendenz und Haltung der Anklage erschienen wenige Tage später in der Presse, als der Redakteur des „Hannoverschen Anzeigers" am 20. Dezember 1924 zu Haarmanns Erinnerungslücken behauptete: „Wir können aber seine Angaben widerlegen": „Selbst wenn eine solche Bewußtlosigkeit, wie Haarmann vorgibt, vorliegen sollte, so steht ihm doch nicht der § 51 des Strafgesetzbuches zur Sei-

[27] Der gesamte Urteilswortlaut ist abgedruckt in: Pozsár, Christine; Farin, Michael (Hrsg.), Die Haarmann-Protokolle, Hamburg 1995, S. 481 ff.

te; denn Haarmann sagte ja u. a.: ‚Wenn ich junge Leute mitnahm, wußte ich, was passierte'. Das Verbrechen beginnt aber in dem Momente, wo Haarmann die Leute anredet und mit nach Hause nimmt."[28]

Der Psychologe und Sanatoriumsgründer Prof. Dr. Adolf Friedländer, Frankfurt a. Main, resümierte: „Die Annahme, daß H. in erster Linie zur Befriedigung seiner krankhaften Triebe Massenmörder wurde, ist unwiderleglich. Die Frage geht nur dahin, ob er bei und das Auftauchen des Triebes unfähig war (im Zustande der Bewußtlosigkeit, wie der gesetzliche Ausdruck lautet), dem Trieb Widerstand zu leisten." Den Bereicherungsvorwurf bezüglich der Kleidung hielt er jedoch für abwegig: „Kein zurechnungsfähiger Mensch ermordet (auf diese Weise) etwa 25-30 Menschen, um sich mit den getragenen Kleidern zu bereichern."[29]

Noch während des Prozesses, laut behördlichem Sichtvermerk am 15. Dezember 1924, gab die Polizei zur eigenen Rechtfertigung eine Pressemitteilung heraus. Da heißt es:[30]

In der Schwurgerichtsverhandlung gegen Haarmann sind mehrere Anschuldigungen gegen die Polizei vorgebracht worden, die eine volle Aufklärung nicht erfahren haben. Zur Orientierung der Presse werden hierüber folgende Mitteilungen gemacht:

I. Die gegen einzelne Polizeibeamte erhobenen Beschuldigungen waren aus dem Vorverfahren bekannt und bilden den Gegenstand einer Disziplinaruntersuchung, deren Abschluss mit Rücksicht auf den Prozess gegen Haarmann aufgeschoben worden ist. Die Untersuchung erstreckt sich auf folgende Beamte.

1. Ein Kriminal-Kommissar hat die Anzeigen der Frauen Mrozek und Schulz, die bei dem Mordfall Franke verhandelt worden sind, bearbeitet. Im Disziplinarverfahren wird nachgeprüft werden, ob dieser Beamte pflichtgemäss gehandelt hat.

2. Ein Kriminalassistent ist beschuldigt, bei Aufnahme der Anzeige des Apothekers Huch über das Verschwinden seines Sohnes nicht das pflichtmässige Entgegenkommen gezeigt und ausserdem unangemessene Aeusserungen getan zu haben.

3. Ein Kriminalassistent ist beschuldigt, von Haarmann, den er als Vigilant kannte, dessen Vorleben ihm aber angeblich unbekannt war, einen Hut angenommen zu haben.

4. Ein Kriminalassistent wird beschuldigt, die Anzeige über das Verschwinden des jungen Witzel nachlässig bearbeitet und damit seine Dienstpflicht verletzt zu haben.

---

[28] Kailer, a. a. O., S. 352.

[29] Friedländer, Adolf, „Der Massenmörder Haarmann – Psychologische Bedenken und Erwägungen", in: Die Umschau – Illustrierte Wochenschrift über die Fortschritte in Wissenschaft und Technik, 29. Jahrgang (Frankfurt am Main 1925), Heft 3, S. 46 ff.

[30] Nds. HptStA Hann. 87 Hann. Acc. 116/84 Nr. 11, Bl. 35 f.

5. Ein Kriminal-Kommissar wird beschuldigt, in derselben Sache bei der ihm obliegenden Aufsicht über die Tätigkeit des Beamten die nötige Sorgfalt versäumt zu haben.

II. Zu einigen der gegen die Behörde allgemein erhobenen Beschuldigungen; besonders zu der Behauptung der kommunistischen Presse, die Polizei begünstige Haarmann, weil dieser Mitwisser polizeilicher Geheimnisse sei, werden als Ergebnis der bisherigen Ermittlungen folgende Feststellungen mitgeteilt:

1. Haarmann hat niemals in einem Dienstverhältnis zum Polizei-Präsidium gestanden und ist nur einem kleinen Teil der Kriminalbeamten bekannt gewesen.
2. Haarmann ist nie als politischer Agent verwandt worden und keinem Beamten des politischen Nachrichtendienstes bekannt.
3. Haarmann hat niemals einen Polizeiausweis, d. h. ein Papier, das ihn als Polizeigehilfen legitimiert, und auch keines der anderen jedem Bürger zugänglichen Legitimationspapiere erhalten. Die Möglichkeit besteht allerdings, dass Haarmann ein derartiges Papier gefälscht hat. Er selbst bestreitet es und behauptet, nur den selbstverfertigten Ausweis des Detektivinstituts Lasso geführt zu haben.
4. In der Hannoverschen Polizei werden Zuträger aus Verbrecherkreisen (Vigilanten, im Volksmund " Spitzel ") nur in dem in allen Grossstädten üblichen und tatsächlich unentbehrlichen Umfang verwendet. Die Vigilanten stehen in keinem Dienst- oder Auftragsverhältnis zur Behörde, sie verkehren nur mit den einzelnen Beamten. Bei dem dienstlichen Verkehr der Kriminalbeamten mit den Vigilanten, der sich in Lokalen abspielt, in denen auch Verbrecher verkehren, ist es nicht zu vermeiden, dass die Beamten gelegentlich mit diesen zusammensitzen. Die Untersuchung hat nichts dafür ergeben, dass der Verkehr der Kriminalbeamten mit Haarmann über das unvermeidliche und notwendige Mass hinausgegangen ist.

Am 20. Dezember 1924 versammelten sich die Eltern und sonstigen Angehörigen der Mordopfer Haarmanns fast vollzählig in Hannover und protestierten „gegen die Art, wie der Haarmann-Prozeß geführt ist, indem nichts getan wurde, um die Frage der Schuld der Behörden zu klären, und fordern deshalb, daß nunmehr das Disziplinarverfahren gegen die schuldigen Polizeibeamten in aller Oeffentlichkeit und unter Hinzuziehung der Eltern stattfindet".

In der folgenden Zeit, datiert auf den 5. Februar 1925, legte Fritz Haarmann in einem vier Seiten langen Brief ein Geständnis ab. Der Bote Lüters fand den mit der Bezeichnung „Wertbrief" versehenen und mit einer in Meran abgestempelten Marke beklebten Briefumschlag, adressiert an den Buchhändler Albert Grans, den Vater des zum Tode verurteilten Hans Grans, auf der Straße. In dem Brief wurde Hans Grans entlastet. „Grans hatte überhaupt keine Ahnung das ich mordete hat nie etwas gesehen", hatte Haarmann geschrieben.

Genau drei Tage vorher, am 2. Februar 1925, hatte das Reichsgericht in Leipzig die Revision von Hans Grans verworfen.

Der Mediziner und Psychologe Theodor Lessing hatte bereits die Arbeiten zu seinem Buch „Haarmann – Die Geschichte eines Werwolfs“ abgeschlossen mit den Worten „Unser aller Schuld!“ Das Buch war aus den vor allem im „Prager Tagblatt“ veröffentlichten Artikeln Lessings zum Haarmann-Prozess entstanden, erklärte der Theodor-Lessing-Forscher Rainer Marwedel 1989 in seinen Erläuterungen zu den nachgedruckten Gerichtsreportagen. Das Ereignis vom 5. Februar 1925 brachte Lessing dann noch in einem Nachwort unter, und zwar am 8. Februar, ehe kurz darauf in der Reportagereihe „Außenseiter der Gesellschaft – Die Verbrechen der Gegenwart“, Band 6, herausgegeben von Rudolf Leonhard, sein Buch erschien.

Zahlreiche Publikationen waren Lessings Buch vorausgegangen, so unter anderem „Warum Haarmann mordete“ von Magnus Hirschfeld (Neuer Berliner Zeitung 1924), „Massenmörder Haarmann“ von Hans Hyan (Berlin 1924), „Der Angeklagte – Gericht über den Massenmörder Haarmann“ von Paul Schlesinger (unter dem Pseudonym Sling, Vossische Zeitung, Berlin 1924) und „Zum Fall Haarmann“ von Iwan Katz (allerdings anonym, Hannover 1924).

Obwohl Fritz Haarmann sein Urteil angenommen hatte, wurde sein Fall dem Justizminister und den Referenten der Strafabteilung zur Prüfung vorgelegt, wie dies bei allen Todesurteilen der Weimarer Republik üblich war. In den meisten Fällen nahm der Justizminister eine Begnadigung zu lebenslanger Haft vor. In Haarmanns Fall wurde jedoch keine Milderung erwogen. Der Generalstaatsanwalt in Celle äußerte sich am 13. Februar 1925 dementsprechend:

Bei der glücklicher Weise nur seltenen ganz aussergewöhnlichen Scheusslichkeit, mit der Haarmann zu Werke gegangen ist, und bei der grossen Zahl seiner Opfer, die er in roher und fein ausgeklügelter Weise in ihrem jugendlichen Lebensalter hingemordet hat, erscheint eine Begnadigung des Haarmann von vornherein nicht am Platze. (...) Nicht nur die beklagenswerten Eltern der Hingemordeten, sondern auch fast alle Kreise der Bevölkerung würden auch kein Verständnis dafür haben, wenn im Falle Haarmann der Gerechtigkeit nicht freier Lauf gelassen würde.[31]

Medizinalrat Dr. Schackwitz, der zweite Sachverständige neben Geheimrat Ernst Schultze, hatte von Juni 1924 bis 15. April 1925, dem Tag der Hinrichtung, Fritz Haarmann vollständig in seinen Händen. Nach seiner Bekundung war Haarmann „vergleichbar mit einem dressierten Tier, welches man mit jeder Schmerzandrohung leicht einschüchtert und durch Kaffee, Käse oder Zigarren sofort versöhnt“. Pflege und Behandlung Haarmanns lag vor allem im Bereich dreier Angehörigen der Kriminalbehörde: Alex Schackwitz, Kommissar Heinrich Rätz und ein gewisser Kriminalassistent Reich. Diese hätten, wie Lessing schrieb, ihre intime Verbindung mit Haarmann bis zum Moment des Todes bezeugt.[32]

[31] Nds. HptStA Hann. 173a Acc. 111/79, Nr. 443.

[32] Lessing, Theodor, Haarmann – Die Geschichte eines Werwolfs, eingeleitet von Rainer Marwedel, Frankfurt am Main 1989, 2. Auflage: 1996, S. 209 f.

37

Abschrift.

Der Oberstaatsanwalt Hannover, den 19. Dezember 1924

Persönlich !

Ew. Hochwohlgeboren !

Nach Beendigung der Hauptverhandlung gegen Haarmann u.Gen. ist es mir ein besonderes Bedürfnis, den beteiligten Beamten des Pol. Präsidiums Hannover für ihre Tätigkeit bei der Aufklarung der Straftaten der beiden Angeklagten meinen Dank und meine volle Anerkennung auszusprechen. Die eingehende unermüdliche und sachgemässe Arbeit der in Frage kommenden Beamten hat zu einem erheblichen Teile dazu beigetragen, dass es möglich gewesen ist, trotz der ausserordentlichen Schwierigkeit der Ermittelungen den ungewöhnlichen grossen Stoff in einer so kurzen Zeit zusammenzutragen und damit die Hauptverhandlung in einer so verhaltnismässig kurzen Zeit nach Entdeckung der Straftaten der beiden Angeklagten stattfinden zu lassen.

Mein Dank gebührt auch den Beamten der Kriminal- und Schutzpolizei für ihe erfolgreiche und schwierige Tätigkeit bei der Sicherung der Hauptverhandlung im Schwurgerichtssaal und ausserhalb desselben.

Euer Hochwohlgeboren darf ich es überlassen, diesen meinen Dank den beteiligten Beamten, insbesondere den Herren Krim. Ob. Inspektor Lange und Krim. Kommisar Rätz zu übermitteln, welche die polizeilichen Ermittelungen mit besonderer Hingabe und mit grossem Verständnis durchgeführt, und die sich auch bei der Hauptverhandlung, beim Sistieren von Zeugen, verdient gemacht haben.

gez. Dr. Wilde

An

den Polizeipräsidenten

Herrn von Beckerath

Hannover.

Am 19. Dezember 1924 sprach das Schwurgericht Fritz Haarmann in drei Fällen frei und verurteilte ihn 24-mal zum Tode. Noch am gleichen Tag sprach Oberstaatsanwalt Dr. Leopold Wilde dem Polizeipräsidenten, Rudolf von Beckerath, seinen Dank aus. Nds. HptStA Hann. 155 Göttingen Nr. 864 a

Widersprüchliche Informationen –
verfügbare Literatur lässt Fragen offen

Hinweise zur Genealogie

Die verfügbare Literatur im Falle des Serienmörders von Hannover beschränkt sich auf insgesamt drei Bücher, und zwar „Die Geschichte eines Werwolfs“ von Theodor Lessing, „Haarmann“ von Friedhelm Werremeier und „Die Haarmann-Protokolle“ von Christine Pozsár und Michael Farin.

Der Leser erfährt viel über die sozialen Zusammenhänge und über das Krankheitsbild Haarmanns. Über die Eltern und insbesondere über die Geschwister erhält der Betrachter widersprüchliche Informationen. In dem Werk von Christine Pozsár und Michael Farin, welches als Grundlage für den deutschen Film „Der Totmacher“ diente, ist eine von Herbert Schulte aus Iserlohn erstellte Ahnenliste abgedruckt, die von Verfasser und Herausgeber nicht kommentiert wurde und auch einige Fragen offen lässt. Auch sind die Namen der Geschwister fast durchweg fehlerhaft angegeben, wie aus den Vernehmungsprotokollen zu ersehen ist.

Es wird am Ende wieder ein Versuch bleiben, das Ganze noch weiter aufzuhellen. Hier soll es vor allem um die Eltern und Geschwister gehen.

Der Kaufmann Friedrich Heinrich Karl Haarmann aus Hannover wurde am 25. Oktober 1879 in der väterlichen Wohnung Werderstraße 17 zu Hannover geboren und am 15. April 1925 im Gerichtsgefängnis zu Hannover hingerichtet. Er war 24 Mal zum Tode verurteilt und verlor seinen Kopf unter dem Fallbeil.

Die Geburtsurkunde von Fritz Haarmann mit der laufenden Nummer 3584, datierend vom 28. Oktober 1879, befindet sich im Niedersächsischen Hauptstaatsarchiv unter der Signatur Kl. Erw. A 40 (abgebildet bei: Pozsár, Farin, S. 48). Laut nachgetragenem Zusatz musste der Vater mittels standesamtlicher Strafverfügung erneut zur Behörde zitiert werden, um den Geburtsnamen, der offensichtlich anfangs noch nicht ausgewählt worden war, nachzureichen. Dem kam der Lokomotivheizer Harmann am 31. Dezember 1879 nach.

Haarmanns Großeltern väterlicherseits: die Eheleute Melchior Diedrich Haarmann und Elisabeth, geb. Wilke, eine Fabrikarbeiterfamilie in Apricke im Kirchspiel Deilinghofen im Märkischen Kreis (heute Ortsteil der nordrhein-westfälischen Stadt Hemer). Die Familie wohnte unweit des Alten Dorfteichs. In den Deilinghofer Kirchenakten taucht der Name des Schlossers Melchior Diedrich Haarmann mehrfach auf: einmal aus der Schulzeit, ferner auf einer Liste, wo Apricker auf die ihnen gehörenden Kirchensitze verzichteten, und einmal, als ihm gestattet wurde, Vormund in der verwandten Familie Düings zu werden.

Haarmanns Großeltern mütterlicherseits: Als Elternteil seiner Mutter wurde bei deren Trauung 1868 in Göttingen nur „die unverehelichte Hanne Caroline Wisch“ genannt, die aber bereits am 17. Februar 1844 im jungen Alter von 33 Jahren in Willershausen verstorben war.

Seine Eltern:

Friedrich Carl Harmann, der „olle Haarmann" (Würdigung durch seinen Sohn Fritz), * 4. September 1844 zu Apricke, getauft von Pastor August Limborg, Taufpaten: die Verwandte Henriette Harmann, ferner Fritz Gessinger und Friedrich Berkenhoff, wuchs in Apricke auf im Kreise mehrerer Geschwister, darunter Johanna Julie als eine der jüngsten, am Palmsonntag, den 25. März 1860 Konfirmation in der Deilinghofer Stephanuskirche (ebenfalls seine fünf Tage jüngere Cousine Friederike, die unehelich aufgewachsen war und inzwischen auch die Mutter verloren hatte). (Quelle: Deilinghofer Kirchenbücher)

Johanne Auguste Charlotte Harmann, geb. Claudius, * 16. Januar 1837 als uneheliches Kind von Hanne Caroline Wisch zu Willershausen, jetzt Gemeinde Kalefeld, Landkreis Northeim, † Hannover 5. April 1901, Asternstr. 45, Erbbegräbnis auf dem Kirchhof.

Beide hatten am 13. Dezember 1868 in Göttingen geheiratet (St. Johanniskirche). Der Traupastor war Pastor Beer. Die Eheleute schrieben sich nicht mit doppeltem „a". Bei der Trauung wurde die Ehefrau mit dem Familiennamen Wisch in das Kirchenbuch eingetragen.

Im Verzeichnis der Geburten, Getrauten, Begrabenen der ev.-luth. Kirchengemeinde St. Johannis zu Göttingen, Jahrg. 1868, S. 106, Nr. 31 (archiviert beim Ev.-luth. Kirchenbuchamt Göttingen), lautet der Name der Ehefrau Hanne:

Harmanns Wohnhaus an der Asternstraße 45 in Hannover. Foto: Blazek

Laufende Nr. 31, Des Bräutigams voller Namen, Stand und Wohnort: Harmann, Friedrich Carl, unverehelicht, Schlosser in Göttingen, Geburtstag und -Ort: 4. September 1844 in Apricke, Eltern nach Namen und Stand: Fabrikarbeiter Melchior Diederich Harmann und Ehefrau Catharine Elisabeth Wilke. Der Braut voller Namen, Stand und Wohnort: Wisch, Hanne Auguste Charlotte, unverehelicht in Göttingen, Geburtstag und -Ort: 16. Januar 1837 in Willershausen, Eltern nach Namen und Stand: die unverehelichte Hanne Caroline Wisch. Angeblicher künftiger Wohnort: Göttingen, Tage und Orte des Aufgebots: 6. und 13. Dezember 1868 in Göttingen, Tag und Ort der Trauung: der dreizehnte Dezember 1868 in Göttingen, Bemerkungen: Trauung durch Pastor Beer, Namen des Kirchenbuchführers nebst Datum: Batroll 14. Dezember 1868.

Nach kurzen Zwischenaufenthalten in Northeim (1875) und Nordstemster (Nordstemmen??, 1877/78) zogen die Eheleute Harmann um 1878/79 nach Hannover. Friedrich Harmann war bis 1886 als Lokomotivheizer beschäftigt, dann eröffnete er in Hannover auf den Namen seiner Ehefrau eine kleine Zigarrenmanufaktur mit ca. zehn Beschäftigten.

Friedrich Carl Harmann starb am 25. Dezember 1921 in Hannover, Asternstraße 45.

Haarmanns Geschwister:

Carl Claudius, der uneheliche Sohn der Mutter. Nach den Aussagen Haarmanns soll dieser 1856 oder später geboren worden sein. Haarmann beschuldigte in den Vernehmungen seinen Vater, Carl Claudius erschlagen zu haben. In der Gastwirtschaft von Albert Ehring, Engelbosteler Damm 85 in Hannover, habe Carl viel getrunken und sei dann zur Klippmühle gegangen. Dort habe man ihn dann aus der Leine gefischt. Haarmann bezichtigte seinen Vater auch der Vergiftung seiner an Asthma leidenden bettlägerigen Mutter. Als am 2. Juli 1902 ein militärärztliches Gutachten über den inzwischen beim Jägerbataillon 10 dienenden Fritz Haarmann erstellt wurde, nannte er seinen Halbbruder nicht.

Rechts unten in diesem Haus hatte die Familie des Bruders Adolf Haarmann gelebt. Foto: Blazek

Adolf Heinrich Dietrich Haarmann, * 30. Juli 1869 zu Göttingen, † Hannover 24. September 1944. Er war von Beruf Buchhalter und als Kaufmann, später Werkmeister und Abteilungschef, in der Gummifabrik Continental in Hannover

(„bei der Continental Kautschuk und Guttapercha-Compagnie“; sein Wortlaut 1903) beschäftigt, ordentlicher Philister (Lessing) und Familienvater. Er heiratete am 21. Oktober 1890 in Hannover die Fuhrmannstochter Dora (Sophie) Fortmüller (* Hannover 10. April 1869, † nach 1944). Die Eheleute lebten in der Asternstraße 16 in Hannover, im Erdgeschoss, rechts, und hatten fünf oder sechs Kinder (u. a. Adolf jun., der die Oberrealschule an der Lutherkirche zu Hannover besuchte, von der er 1910 ohne Reifevermerk abging). Adolf Haarmann wurde am 4. Juli 1901 als Eigentümer des Wohnhauses im Grundbuch eingetragen. Er war auch seit dem 9. Juli 1898 als Eigentümer des Mehrfamilienhauses Asternstr. 45, in dem sein Vater lebte, eingetragen. Im Adressbuch von 1912 steht neben seinem Namen der Hinweis, dass er „Buchhalter (in 16)“ gewesen sei.

Die Schwiegermutter, Wilhelmine Forthmüller, 1903 bereits verwitwet (Protokoll, Bl. 925), lebte im Haus Heisenstraße 13 in der Nordstadt Hannovers (bei der Lutherkirche), und zwar neben Buchhalter Bernhard Forthmüller, Arbeiter August Forthmüller und (1911) Dora Haarmann, geb. Forthmüller (Adressbuch 1912). Der Familienname war seit dem 23. September 1895 als Eigentümer im Grundbuch eingetragen. Später (Adressbuch 1939) wurde das Eigentum abgegeben und die Familienteile zogen in andere Häuser in Hannover.

Wilhelm Heinrich Friedrich („Willy“) Haarmann, Göttingen 17. April 1871, † Hannover 18. März 1932. Er war von Beruf Elektromonteur und heiratete am 17. September 1896 in Hannover Adolfine (Marie) Specht (* Hannover 28. August 1870, † nach 1943). Die Eheleute lebten 1903 im Engelbosteler Damm 104 in Hannover, 1911 aber in der Marschnerstr. 13, im zweiten Geschoss, und zwar neben dem Wohnungseigentümer (seit dem 22.05.1902) Rentner Wilhelm Fischer.

Minna, * Göttingen 28. August 1872, † 21. August 1918. Sie heiratete am 18. Oktober 1898 Andreas Karl Wilhelm Rüdiger (* Stolberg/Harz 11. November 1875). Er hatte in der Stadt Stolberg (Südharz) einen Gasthof mit 30 Fremdenbetten. Die Ehe wurde durch Urteil des Landgerichts Hamburg am 14. Juni 1915 rechtskräftig geschieden. Rüdiger lebte 1924 bereits in Frankfurt. Aus der Ehe ging der Sohn Fritz hervor. Nach Aussage von Fritz Haarmann vom 26. Juli 1924 war Fritz geistig behindert („der ist doch verrückt“).

Henny (Minna Johanne Elise), * Northeim 19. Februar 1875, † angeblich nach 1945. Sie heiratete am 9. Mai 1896 den Buchdruckerei-Faktor August Erfurdt in Hannover, Robertstr. 19 (1911). Die Ehe wurde geschieden. Kinder (nach der Erinnerung von Fritz Haarmann): Bernhard, Hanny, August und Adolf.

Emma, * 28. November 1877, † 26. Februar 1964. Sie heiratete einen Herrn namens Burschel (den Lehrer Karl B. oder den Kontorist Josef B.) und zog mit ihm in die Spittastraße 31 (später umbenannt in Grabbestr. 31) in Hannover-Vahrenwald. Fritz Haarmann erinnerte sich bei seinen Vernehmungen 1924 über seinen Schwager: „Der ist doch am Continental. Der muss Sekretär bei Seligmann sein, so was ist er. Hat eine gute Stellung, hat viel Geld von Haus. Vater war Bürgermeister von Witzenhausen, der hatte große Mühle." (Der Stadtarchivar von Witzenhausen kann die Aussage mit dem Bürgermeister übrigens nicht belegen. Vermutlich hatte sich Haarmann schlichtweg verhört. Die besagte große Mühle war vermutlich die „Ritzmühle", eine Bäckermühle im Landkreis Werra-Meißner-Kreis.) Aus dieser (ebenfalls geschiedenen) Ehe stammten die Kinder Gertrud und „Bertchen, Emmas Jüngste" (Lessing). Zu seiner Schwester Emma hatte Fritz Haarmann ein recht gutes Verhältnis. Bei ihr lebte er im März 1918 einige Wochen. Sie führte spätestens seit 1919 eine Zigarrenhandlung in der Vahrenwalder Straße 112. Nach dem Zweiten Weltkrieg eröffnete sie ihr Geschäft neu in der Ferdinand-Wallbrecht-Straße 37 in Hannover. Das Adressbuch von 1960 präsentiert sie als Witwe in der Ferdinand-Wallbrecht-Straße 68.

Hannover-Nordstadt mit dem Engelbosteler Damm. Diese Postkarte ist gelaufen am 22. Januar 1916. Bildquelle: Andreas-Andrew Bornemann – www.postkarten-archiv.de

Hiernach folgte die Geburt des Verbrechers im Jahre 1879. Fritz Haarmann war ledig. Er besuchte von 1885 bis Ostern 1894 die siebenstufige Bürgerschule IV (später 7) am Engelbosteler Damm 120 in Hannover (zweimal, 1888 und 1890, „sitzen geblieben", nur Knabenklassen) und wurde direkt anschließend, als Schüler der 3. Klasse, von Pastor Karl Hardeland, damals noch Hilfsprediger („Pastor collaborator"), in der Christuskirche konfirmiert (Lessing 1925/1989; Zeugnisbuch). Aus den Erzählungen der Geschwister war zu erfahren, dass Fritz Haarmann in seiner frühesten Jugend „von der immer kränklichen Mutter sehr verhätschelt wurde" (Lessing).

Auch in der Urteilsbegründung des Schwurgerichts in Hannover vom 19. Dezember 1924 ist von dem Halbbruder Carl nicht die Rede: „Von seinen 5 Geschwistern leben noch 2 Brüder und 2 Schwestern, 1 Schwester ist 1918 gestorben. Alle 3 Schwestern waren verheiratet; alle sind geschieden infolge eigenen Verschuldens."

Die Christuskirche Hannover, eine Stiftung Georgs V., des erblindeten Königs von Hannover, wurde in den Jahren 1859 bis 1864 vom Begründer der Hannoverschen Architekturschule, Baurat Conrad Wilhelm Hase (1818-1902), errichtet (Zeitschrift des Architekten- und Ingenieur-Vereins 1864, S. 408). Infolge Bombeneinwirkung wurde die Kirche 1943 zu 70 Prozent zerstört. Der Wiederaufbau begann erst 1951 und wurde 1958 abgeschlossen. In dieser Kirche wurde Fritz Haarmann 1894 konfirmiert. Foto: Blazek

Den Brüdern Adolf und Wilhelm ist 1925 eine Änderung des Familiennamens genehmigt worden. Adolf blieb dann allerdings, den Angaben im Adressbuch von 1927/28 nach, unter dem Namen Adolf Hartmuth in seinem Haus wohnen. Wilhelm Haarmann blieb offensichtlich unter dem Namen Wilhelm Hillmar im Haus Marschnerstr. 13 wohnen. Adolf Hartmuth wurde noch 1939 (und 1941) als Hauseigentümer aufgeführt, allerdings nunmehr als Pensionär und mit dem Zusatz „sen.“. Neben anderen wurde 1939 im gleichen Haus auch der Rentner Adolf Hartmuth aufgeführt (1941 nicht mehr). In der Marschnerstr. 13 finden wir im Adressbuch für 1939 noch, neben anderen, die Witwe A. Hillmar (1941 aber nicht mehr).

Das Adressbuch für Hannover von 1950 führt neben dem Geschäft von Emma Burschel an der Ferdinand-Wallbrecht-Straße 37 noch den Handlungsbevollmächtigten Adolf Hartmuth, Borglingstr. 30, und den Schlossermeister Willy Hillmar, Siegmundstr. 8A, auf.

Willy Hillmars Sohn Günther, der im elterlichen Hause an der Siegmundstr. 8A lebte und in frühen Jahren an Tuberkulose starb, machte keinen Hehl daraus, Großneffe von Haarmann gewesen zu sein. Die Verwandtschaft zu Haarmann war in der Familie bekannt gewesen. „Das war der, der im Schullandheim in Bredenbeck mit Buttersäure hantiert hat“, erinnert sich sein damaliger Klassenkamerad und frühere Filialleiter der Dresdner Bank Hans Ortmann, der mit Günther Hillmar 1946/47 auf dem Gymnasium Lutherschule Hannover in Hannover-Nordstadt die Schulbank gedrückt hatte.

Burschels, Hartmuths und Hillmars sind bereits seit vielen Jahren aus dem hannoverschen Telefonbuch verschwunden.

Der Serienmörder Fritz Haarmann wurde 1921 in die Gefangenenarbeitsstelle Jägerheide überführt

Der Aufenthalt im Großen Moor

Das Vorstrafenregister des Serienmörders Fritz Haarmann ist riesig. Eine von vielen Strafen verbüßte er in den Jahren 1921 und 1922 im Moor südlich von Celle.

Nur gelegentlich ist erwähnt, dass Haarmann in der Gefangenenarbeitsstelle Jägerheide (Jägerheide, Haus 2) eine Strafe abgesessen hat. Er war am 25. April 1921 zu drei Wochen Haft wegen Bettelns und am 24. Oktober 1921 wegen Wäschediebstahls zu fünf Monaten Gefängnis verurteilt worden. Letztgenannte Straftat verübte Haarmann am 31. August 1921, er wurde noch am gleichen Tag festgenommen: „Der Angeklagte hat am 31. August 1921 zu Hannover nachm. vom Hofe des Hauses Bödekerstr. 67 Wäschestücke der Frau Ferdinand Salberg, die zum Trocknen aufgehängt waren, nämlich 3 Oberhemden, 2 Damenhemden, 1 Kissenbezug entwendet. Bei seiner Festnahme fanden sich noch 2 Damenhemden in seinem Besitz. Der Angeklagte gibt unwiderlegt an, daß er diese 2 Hemden gleichzeitig mit der Wäsche der Frau Salberg gestohlen habe; diese Stücke hätten auf dem Nachbargrundstück, das von dem Hofe des Hauses 67 nur durch ein niedriges Staket getrennt sei, gehangen, so daß er sie in derselben Wegnahmehandlung sich habe zueignen können ... Wegen der Dreistigkeit, mit der der Angeklagte vorgegangen ist, erschien eine Gefängnisstrafe von 5 Monaten angemessen.“[33]

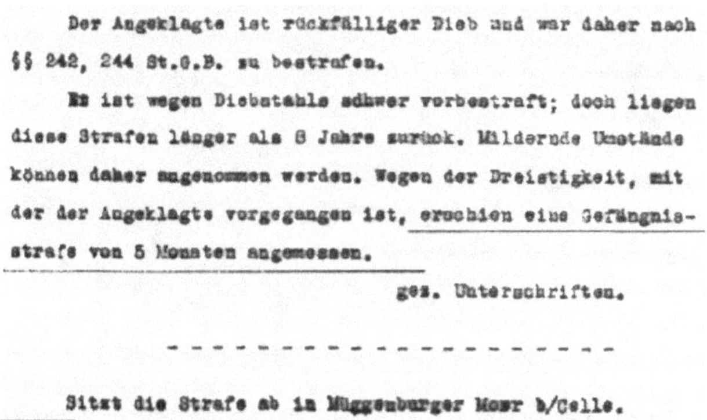

Der Angeklagte ist rückfälliger Dieb und war daher nach §§ 242, 244 St.G.B. zu bestrafen.

Er ist wegen Diebstahls schwer vorbestraft; doch liegen diese Strafen länger als 8 Jahre zurück. Mildernde Umstände können daher angenommen werden. Wegen der Dreistigkeit, mit der der Angeklagte vorgegangen ist, erschien eine Gefängnisstrafe von 5 Monaten angemessen.

ges. Unterschriften.

- - - - - - - - - - - - - - - - - -

Sitzt die Strafe ab in Müggenburger Moor b/Celle.

„Sitzt die Strafe ab im Müggenburger Moor b/Celle“ – Aus dem „Auszug aus der Strafakte des Amtsger. Hannover gegen Haarmann wegen Diebstahls i.R.“, Hannover, den 27. September 1921 (Aktenzeichen: 30 D. L. 788/21)

[33] Pozsár, Christine (1959-2001, ab 1992 leitende Oberärztin an der Abteilung Forensische Psychiatrie des Landeskrankenhauses Göttingen); Farin, Michael (Hrsg.), Die Haarmann-Protokolle, Hamburg 1995, S. 109 (Hinweis auf die Krankenakte Haarmanns, Blatt 894-895); das Buch zum Film „Der Totmacher“ (Darstellerpreis Venedig 95 für Götz George). Der „Hannoversche Anzeiger“ berichtete in seiner Ausgabe vom 19. Dezember 1924: „Im April 1921 erhält der Angeklagte Haarmann seine 14. Strafe wegen Bettelei, die ihm 3 Wochen Haft einbrachte. Diese Bestrafung hat dann dazu geführt, daß Haarmann von dieser Betätigung abließ. Er schilderte uns, daß Grans ihn überredet habe, jetzt auf Diebstahl auszugehen, und er hat ja dann auf den Höfen dort aufgehangene Wäsche gestohlen. Das ging gut, bis er am 31. August 1921 festgenommen wurde.“

Letztere Strafe wurde sofort vollstreckt bis zum 8. Februar 1922 und im Anschluss daran die wegen Bettelns festgesetzte Haftstrafe. Wie aus der Anklageschrift vom 27. September 1921 hervorgeht, befand sich Haarmann zu dem Zeitpunkt noch in Untersuchungshaft in Hannover.

Er wurde dann in ein Außenkommando der Celler Strafanstalt am Rand des Großen oder Müggenburger Moores nördlich von Ehlershausen verlegt, wo er bis zum 1. März 1922 inhaftiert blieb.

Sicherlich war Haarmann der prominenteste Gefangene in diesem Außenkommando der Celler Strafanstalt, in dem über einen Zeitraum von annähernd zehn Jahren zunächst – ab 1918 – nur Strafgefangene aus Hannover und später Zuchthausgefangene aus Celle untergebracht waren. Es wurde am 1. April 1927 aufgelöst, und das Haus, in dem Haarmann damals einsaß, wurde zur Schule umgebaut. Seit 1970 befindet sich dort der Kindergarten von Großmoor.

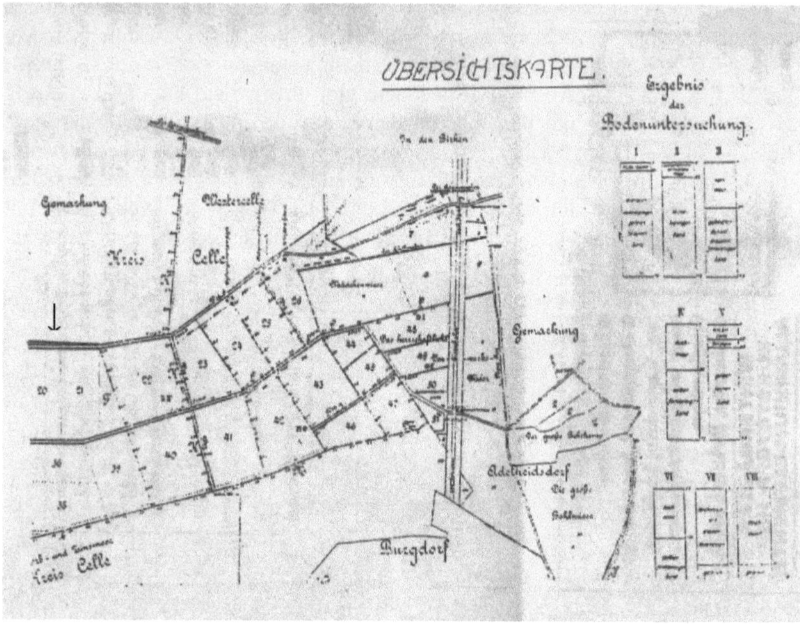

Auf dieser Übersichtskarte von 1920 ist das Quartier der Zuchthäusler als „Gefangenengehöft“ eingezeichnet. Es ist neben der staatlichen Administration (Mooradministration) Müggenburg und der Schmiede, beide rechts davon, als erstes massives Haus Großmoors 1915 in niedersächsischer Bauweise hergestellt worden.[34] *Dass die Gefangenenarbeitsstelle „Jägerheide“ hieß, liegt darin begründet, dass der gesamte Bereich südlich der Hauptstraße „Jägerheide“ (Gutsbezirk Großmoor; Eigentum des Preußischen Staates) hieß. Der heutige Straßenzug gleichen Namens war noch nicht fertiggestellt. Laut Helene Makel*[35] *waren*

[34] Abgebildet im „Wathlinger Boten“ vom 12. Juni 1996 zum Bericht „Vor 75 Jahren war in Großmoor der ‚Werwolf von Hannover‘ inhaftiert“.

[35] Helene Makel, Nienhorst, Interview vom 29.05.1990.

Daniel Seewald (gest. 1933), Richard Strauch und Ludwig Panitz zunächst als Aufseher der Gefangenenarbeitsstelle Jägerheide beschäftigt.[36]

Anita Lippold war 1919 in die heutige Großmoorer Gegend gekommen, lebte zunächst in einer Baracke des ehemaligen Kriegsgefangenenlagers und arbeitete in der staatlichen Administration. Sie schilderte am 21. September 1992 in einem Gespräch mit dem Autor folgendes Erlebnis in Bezug auf die Jägerheide:[37]

„Im Zuchthaus (Außenstelle des Celler Zuchthauses in Großmoor) saß über einen Zeitraum von 5 Jahren ein Gefangener aus Bad Pyrmont, der angeblich im Alter von 19 Jahren einen Tresor geknackt hatte. Er kümmerte sich um den Garten im Zuchthaus. Er war nett und von feiner Art. Wenn ich ungesehen zu ihm ging, gab ich ihm Beeren. Hinter den ersten Häusern war alles Heide. Als der Gefangene frei wurde und zu Hause nicht mehr angenommen wurde, hängte er sich auf.

Ich ließ mir damals einen Bubikopf schneiden. Es waren insgesamt etwa 100 Zuchthäusler, die mit Hacke und Spaten Land urbar machten. Auf 10 Zuchthäusler kam jeweils ein Aufseher. Sonntagmorgens hatten sie Freilauf und durften in den Garten, wo sie mit einer Teufelsgeige (Waschbrett und Dosen) Musik machten."

Haarmann musste seinen nahenden 42. Geburtstag in Gefangenschaft feiern. Kriminalbuchautor Friedhelm Werremeier in Bad Bevensen schrieb über den Aufenthalt des späteren Serienmörders in der Jägerheide:[38] „Eigentlich sei Jägerheide ein ganz manierlicher Knast, hatte ihm einer in Hannover gesagt, der schon mal da war. (...) Wo die Strafgefangenen arbeiten, wußte jeder, und wo Fritze mit seinem Beitrag zur Trockenlegung des Müggenburger Moores abmüht, sagten ihm zwei, die momentan Zigarettenpause machten. (...) Wie überall im Deutschen Reich ist es in der Provinz Hannover im November 1921 viel zu kalt. Haarmann, das reine Arbeiterdenkmal, stützt sich frierend auf seine Schaufel ..."

Diese Kultivierungsarbeit, die Trockenlegung des Müggenburger Moores, war seit 1914 mit Strafgefangenen praktiziert worden. Im Juni 1920 hatte die Besiedlung jener unwirtlichen Gegend, die heute noch den Namen „Jägerheide" führt, begonnen, und zwar mit etwa 250 Mann.[39] In zwei ehemaligen Kriegsgefangenenbaracken wurden die Männer zunächst untergebracht. Es waren die Männer des am Kapp-Putsch beteiligten, im Dezember 1918 aus einer 50 Mann starken Kompanie gebildeten Freikorps Kühme. Dieses war noch im März 1920 nach Westfalen gezogen, um an der Zerschlagung des Arbeiterstreiks im Ruhrgebiet mitzuwirken; es übergab aber schließlich Ende Mai des Jahres einen Teil seiner

[36] ... wobei letzterer sogar einen Strafgefangenen erschossen haben soll. Gutsvorsteher von Jägerheide war von Mai 1921 bis zu seinem Tod am 3. Juli 1922 Rudolf Bernhardt.

[37] Anita Lippold, geb. Breitrück, * 14.11.1908, † 26.12.2001.

[38] Werremeier, Friedhelm, Haarmann: Der Schlächter von Hannover – die grauenvollen Verbrechen des berüchtigten Serienmörders, München 1996, S. 45.

[39] Zeitungsberichte sprechen von 400 Mann.

Ausrüstung an das 2. Bataillon des Reichswehr-Jägerregiments 30 in Eilenburg bei Leipzig, nahm das Angebot der Vermittlungsstelle für Heeresentlassene im Preußischen Landwirtschaftsministerium an und entschied sich für die Siedlungsstellen im Müggenburger Moor. Die Gründung einer Gemeinde lag noch in weiter Ferne, die ehemaligen Freischärler gründeten aber recht früh, 1921, im Gasthaus „Zur Tanne" in Adelheidsdorf einen Sportverein unter dem Namen „S.-V. Adelia".

Soweit zur Gegend, wo Haarmann einen Großteil der insgesamt sechs Monate Haft verbüßte.

Haarmanns Gehilfe Hans Grans begründete die Abwesenheit Haarmanns gegenüber der damaligen Hauswirtin Klara Rehbock in der Form, dass dieser zu seiner Erholung im „Luftkurort Jägerheide" verweilen würde. In dem halben Jahr der Abwesenheit Haarmanns begann Grans in dem verrufenen Raum ein „tolles Leben". Der Raum wurde zum Absteigequartier für die das Kaschemmenviertel abstreifenden jungen Dirnen.[40]

Am 1. Juli 1921 war Haarmann in ein Zimmer an der Neuen Straße 8, mitten im hannoverschen Gänge-Viertel, umgezogen. Dieses Zimmer hatten vorher Alwin Köhler und Hugo Wittkowski als Lagerraum benutzt. Haarmann war mit beiden durch Grans bekannt geworden und hatte geäußert, dass er gerade so ein einzeln gelegenes Zimmer brauche. Er hatte es dann von der Klara Rehbock als Vertreterin der Rehbockschen Erben, denen das Haus gehörte, gemietet.

Die örtlichen Begebenheiten wurden in der Urteilsbegründung vom 19. Dezember 1924 dargelegt. Das „uralte Haus am Fluss" (Lessing) Neue Straße 8 hatte eine breite Durchfahrt, die zu dem dahinter liegenden gemeinsamen Hof und dem Hintergebäude der Grundstücke Neue Straße 8-10 führte. Das von Haarmann gemietete Zimmer lag gleich rechts vom Hauseingang an dieser Durchfahrt. Unmittelbar hinter dem Zimmer führt eine Treppe zu den oberen Stockwerken. Nach der Neuen Straße zu hatte das Zimmer zwei hohe, durch einen schmalen Pfeiler getrennte Fenster. An der den Fenstern gegenüberliegenden Wand, die das Zimmer vom Treppenhause trennte, befand sich ein in dem Hohlraum hinter der Treppe eingebauter Wandschrank (Putze), der 1,90 Meter breit, 1,25 Meter hoch, ein Meter tief und durch zwei mit Schloss versehene Klappen vom Zimmer aus verschließbar war. Oberhalb dieses Wandschranks befand sich direkt unter der Decke des etwa drei Meter hohen Zimmers ein 30 Zentimeter hohes und 60 Zentimeter breites Fenster, das mit Milchglas verglast war und auf dem Treppenabsatz mündete. An der Wand zum Hausflur neben der Zimmertür stand ein Gasofen, dahinter in der Ecke am Fenster eine Gasuhr. Gegenüber dem Haarmannschen Zimmer befand sich auf der anderen Seite der Durchfahrt das ebenfalls nach der Neuen Straße zu gelegene Wohnzimmer der Eheleute Wilhelm, das früher der Zeuge Bauersfeld innegehabt hatte. In der rechten Ecke des Hofs lagen die Klosetts, vor denen an der Rückwand des Hauses eine Pumpe stand. Als Haarmann in das Zimmer einzog, befanden sich dort einige der Mit-

[40] Werremeier, a. a. O., S. 90.

besitzerin Rehbock gehörige Möbel, ein Tisch und mehrere Stühle, die die Zeugin früher Alwin Köhler vermietet hatte und auch jetzt dem Angeklagten Haarmann überließ. Haarmann brachte ein eisernes Bett und einen Waschständer sowie einige kleinere Gegenstände in die Wohnung ein. Er hatte das Zimmer nur als Geschäftsraum gemietet, sich aber ausbedungen, dass sein junger Mann, als welchen er den Grans vorstellte, darin schlafen dürfe.

Tatsächlich benutzten beide das Zimmer gemeinschaftlich als Wohnraum. Jeder besaß einen Schlüssel und ging nach Belieben ein und aus.

Nach der Festnahme Haarmanns am 31. August 1921 hatte Grans allein das Zimmer inne. Er nahm seinen Freund Hugo Wittkowski mit hinein, und beide lebten mit Damen zweifelhaften Rufes und anderem Gesindel dort zusammen und hatten bald Streitigkeiten mit der Hauswirtin sowie mit anderen Hausbewohnern, die an ihrem Treiben Ärgernis nahmen. Zu diesen Damen gehörten unter anderen die eher dünne Dora Mrutzek und die etwas korpulente Emmi Schulz. Dora Mrutzek lebte damals von ihrem Ehemann getrennt. Mit diesem Ehemann kam es, als er seine Frau bei Hans Grans suchte, zu einer Schlägerei, bei der ein Stuhl der Klara Rehbock zertrümmert wurde.

Infolge dieses Treibens von Grans und der dauernden Streitigkeiten schloss Klara Rehbock das Zimmer ab, sodass auch Grans nicht mehr hinein konnte. Während dieser Zeit hob Grans mit Zustimmung Haarmanns dessen Militärrente ab, schickte dem Haarmann auch einige Pakete in das Gefängnis und bezahlte zum Teil die Miete, verbrauchte den Rest des Geldes aber für sich.

Gutachter Professor Ernst Schultze brachte in seinen Gesprächen mit Haarmann in Göttingen am 8. September 1924 den Belastungszeugen Döring ins Spiel. Auch der scheint in der Gefangenenarbeitsstelle Jägerheide eingesessen zu haben. Schultze kommentierte Haarmanns Antworten: „Lacht und schlägt die Hände zusammen vor Erstaunen, daß er Döring zum Budenzauber eingeladen habe. – Bestreitet, Döring mißhandelt zu haben, daß dieser wohl früher in Jägerheide Prügel bekommen habe. Einer habe ihn von hinten gebraucht. Da sei er wieder ins Zellengefängnis in Hannover gekommen."

In seiner Haftzeit schrieb Haarmann Briefe nach Hannover, wie aus der Celleschen Zeitung vom 7. Juli 1924 zu vernehmen war: „Die ‚Landeszeitung' veröffentlicht am Sonnabend abend eine Reihe von Briefen Haarmanns, aus deren Inhalt man auf den anständigsten Menschen der Welt schließen könnte. Die Briefe strotzen vor orthegraphischen (sic!) Fehlern, obwohl Haarmann, wie es heißt, von Beruf Kaufmann ist. Die Briefe sind Ende 1921 und im Jahre 1922 geschrieben, teilweise aus der Strafanstalt Jägerheide bei Celle, und sind sämtlich an seine Vermieter bezw. Vermieterinnen und an das Mieteinigungsamt gerichtet. Bekanntlich war Haarmann wegen des zweifelhaften Treibens in seinen Wohnungen wiederholt gekündigt worden. Er verstand es in den Briefen stets, sich reinzuwaschen und im übrigen seinen Freund Grans als Uebeltäter hinzustellen. In einem Brief an das Mieteinigungsamt bezeichnet er sich als ‚anständigen Menschen' im Gegensatz zu den Vermietern, die er als ‚gemeine Menschen' betrachtet."

Der Kriminalschriftsteller Hans Hyan (1868-1944) verwendete einen dieser Briefe für seine Publikation. Er stellte einleitend fest: „Interessant und für Haarmanns geistige Fähigkeiten bezeichnend sind übrigens die Briefe, die er in dieser Sache aus dem Gefängnis an die Wirtin des Hauses in der Neuen Straße schrieb. Das am meisten charakteristische Schreiben, das ich hier folgen lasse wirft gleichzeitig ein breites Schlaglicht auf die Person und den Charakter des Hans Grans, seines Mittäters."[41]

Und dies ist der Wortlaut des Briefes:

Meinen Kontrakt kennen Sie ja. Ich bitte Sie höflichst, mir die Wahrheit mitteilen zu wollen. Sollten Sie in Ihren rechte sein, mir gegenüber bin ich bereit auszuziehen. Ich teile Sie aber höflichst mit, ich bin doch der Miether, ich habe mir kontraktlich nichts zu schulden kommen lassen. Sollte aber ein Angestellter von mir dummheiten machen, so muß mir dieses mitgeteilt werden u. ich werde dann Maßregeln treffen, daß Grans sofort die Wohnung verläßt, aber ich bleibe der Miether und der Besitzer der Wohnung vor wie nach. Ich bitte Sie nochmals höflichst, wenn Hans Grans Dummheiten macht, dann passen Sie als Hauswirt auf und Grans muß aus der Wohnung. Die Kündigung nehme ich nicht an, da es nicht mein Verschulden trifft, ich aber Hans Grans den Laufpaß geben werde, das dieses nicht wieder vorkommen kann. Ich werde die Wohnung nur noch als Contor benutzen ohne das dort wär schläft, außerdem Hans Grans verbiten die Wohnung betreten. Entschuldigen Sie höflichst, ich kann persönlich nicht selber kommen, aber schreiben Sie mir doch umgehend bitte, ob Grans keine Dummheiten macht, den auf die anfragen hat Grans mir nur immer Gutes geschrieben und ich habe alles geglaubt. Sie werden mit mir zufrieden sein und meinerseits werden Sie solches nie Erfahren. Ich kann aber über solche Jungensstreiche welches ich nicht wußte als Sündenbock gelten und wie gesagt, nehme ich die Kündigung nicht an. Sind Sie in Ihrem Recht so Entfernen Sie den Grans sofort.

Mit den freundlichsten Gruß an Sie und Geschwister bleibe ich

Hochachtungsvoll Fr. Haarmann, Jägerheide
bei Celle, Haus 2.

Nach der Mitteilung der „Hannoverschen Landeszeitung" heißt es dann in einem Brief vom 16. desselben Monats:

Ich bitte Sie nun höflich da Grans mich Belog und auf Ihren Anordnungen nicht hörte und trotzdem am 10. 12. d. Mts. wieder des Nachts eine Person herein ließ, sofort Grans die Schlüssel abzunehmen auf meine Anordnung. Grans hat die Wohnung sofort zu räumen. Wie sie ja selber wissen nach den Kontrakt Ordnung und Vereinbarung leide ich keine Weiber in meiner Wohnung. – Die Kündigung kann ich nicht annehmen, da mir kein Verschulden trifft. Ich komme Sie aber in allen teilen entgegen und bin dafür so wie ich Kenntnis von dem treiben Grans hatte Ordnung zu schaffen. Ich bitte aber zugleich Ihren werten

[41] Hans Hyan, Massenmörder Haarmann – Eine kriminalistische Studie, Berlin 1924 (Es werde Licht).

Schutz, damit ich von solchen liderlichen Menschen befreit werde, welcher mein Vertrauen und Gutheit so gemein beschmutzt usw.

Haarmann ersuchte dann um Zurücknahme der Kündigung. Er habe eine sehr schwere Operation hinter sich, und so könnte man seine Aufregung und seinen Kummer verstehen. (In Wahrheit saß er im Gefängnis.) Sollte die Kündigung aufrechterhalten werden, so wäre Haarmann auch gern bereit, eine Klage zu führen.

V. Welche Kasse (Postamt) zahlt die Versorgungsgebührnisse?	Hannover, Postamt
Bezieht der Beschädigte eine Unfallrente der Reichsunfallversicherung?	nein
Hat der Beschädigte gegen Invalidität gesichert?	nein
Bezieht er bereits eine Invaliden bezw. Altersrente?	nein
VII. Einkommens-Berechnung für die Zeit vom 1.1. bis 31.12.1920.	Vorläufig in Strafhaft, daher keine Angaben möglich.

Jägerheide b/Celle, den 13. Februar 1922.

gez. Friedrich Haarmann.

Ein weiterer Hinweis auf die Anwesenheit Haarmanns in der Jägerheide. Nds. HptStA Hann. 155 Göttingen Nr. 864 a

In einer Mitteilung an die Vermieter, dass er die Miete abgesandt habe, heißt es: „Betreffs eines Herrn der mit dem § 175 zu That und belastet ist wohnt bei Frau W. und ich bitte höflichst mit solchen Schwein nicht zu vergleichen denn solche Menschen gehören nicht unter Menschen."

Die „Niedersächsische Arbeiter-Zeitung" fügte hinzu, dass in einem der Briefe noch Folgendes gestanden habe:

Fräulein Clara! Machen Sie sich doch nicht lächerlich. Ich traf dieser Tage Wachtmeister Wittbold, der erklärte, daß er sie recht freundschaftlich aus der Tür verwiesen habe.

Ihr treuer Mieter Fritz Haarmann.

Und in Klammern habe er folgende Bemerkung gesetzt:

Man wird doch alles wieder gewahr.

Haarmann war sich demnach sicher, dass der wahre Sachverhalt am Ende ans Tageslicht gelangen würde. In jedem Fall machten Haarmanns Briefe die Runde.

In dieser Zeit, 1921, hatte bereits das Detektivbüro von Paul Sebastian in Hannover Recherchen über Haarmann angestellt. Beauftragt war Sebastian von dem Fahrradhändler Georg Koch, dessen Sohn Hermann 1918 verschwunden war. Georg Koch kam in der „Niedersächsischen Arbeiterzeitung" vom 8. Juli 1924 in seiner Sache ausführlich zu Wort. Das Schreiben ist in der wenig beachteten

Broschüre „Der Fall des Massenmörders Haarmann in sexual-pathologischer Betrachtung“ von Peter Brauer[42] abgedruckt. Georg Koch scheint mit den örtlichen Begebenheiten in der Jägerheide ein wenig vertraut gewesen zu sein:

Da ich von allen Seiten um Aufklärung gebeten werde, erlaube ich mir folgendes zu veröffentlichen:

Als Vater des 1918 verschwundenen 14jährigen Hermann Koch möchte ich der Allgemeinheit wegen der Bemerkung der Polizei, als habe man diese nicht genügend über diesen Verbrecher orientiert, den Gegenbeweis liefern.

Nachdem ich die Behörde den Haarmann, der, wie nachgewiesen, mit meinem Sohn Verkehr unterhalten und auch dieses zugegeben hat, welches aus einem Entschuldigungszettel, den Haarmann der Schule zugehen ließ, einwandsfrei feststand und trotzdem aus der Untersuchungshaft (als sonstiger Schwerverbrecher und Homo bekannt) entlassen wurde, war die Sache für die Behörde erledigt.

Hierauf übertrug ich die Ermittelungen dem Detektivbüro „Sebastian“, welches die sadistischen Auswüchse dieser Kreatur durch umfangreichste Recherchen näher feststellte und nachdem auch S. dem Haarmann, (welcher als Strafgefangener in der Kolonie Jägerheide bei Ehlershausen) den Mord glatt auf den Kopf zusagte, reichte ich etwa November 1921 (also vor drei Jahren) das Wiederaufnahmeverfahren ein. Jedoch habe ich bis heute nichts wieder gehört.

Wiederum hat Sebastian in der Raubmordsache Keimes, dessen Leiche am 6. Mai 1922 im Kanal gefunden (im Munde der Leiche steckte ein weißes Taschentuch, gekennzeichnet G.) der Polizei bzw. Staatsanwaltschaft unter dem 11. Mai 1922 den Verdacht der Täterschaft des Haarmann ausgesprochen und um sofortige Haussuchung ersucht, da mit dem Haarmann ein gewisser Grans in der Neuen Straße das Zimmer teilte (letzterer sich jedoch im Gefängnis befunden haben soll) und der Verdacht nahe lag, daß Haarmann sich während der Abwesenheit des Grans dessen Taschentücher bemächtigt, jedenfalls aber gebraucht haben kann. Auch hiervon wurde nichts vernommen, trotzdem der Fall mit meinem Sohn wiederum angeregt wurde.

Daß auch die Hauswirtin von der Neuen Straße 8 nach der Aufforderung des Sebastian etwa am 20. März 1922 gewissenhaft ihre Pflicht tat und verschiedene Male die Polizei auf das Treiben des Haarmann aufmerksam machte, steht einwandfrei fest. Somit hat das Publikum, soweit es im Bilde war, seine Schuldigkeit getan, jedoch hat es erst noch mehrere Jahre bedurft, ehe diese Bestie zur Strecke gebracht wurde.

---

[42] Peter Brauer unter Mitarbeit von Dr. Hans Linden, Der Fall des Massenmörders Haarmann in sexual-pathologischer Betrachtung, 2., veränderte Ausgabe, Hannover 1924. Diese Schrift wurde 1938 aufgrund der „Liste des schädlichen und unerwünschten Schrifttums“, Stand vom 31. Dezember 1938, Seite 15, Leipzig, von den Nationalsozialisten verboten. Die erste Ausgabe datiert vom Juli 1924, die zweite bereits vom August des Jahres. Brauer hat auch die anderen Briefe Haarmanns aus der Jägerheide abgedruckt.

Aus einem Wohnungsverzeichnis geht übrigens hervor, dass Haarmann seit seiner Entlassung aus dem Militärdienst am 28. Juli 1902 bis zu seiner Verhaftung am 23. Juni 1924 insgesamt 31 gesicherte Wohnungen innegehabt hatte. Dazwischen liegen Zeiten, in denen Haarmann sich in Haft befand oder unbekannten Aufenthalts war.

Am 1. März 1922 wurde Haarmann von der Gefangenenarbeitsstelle Jägerheide entlassen und kehrte zu seinem Zimmer im Haus Neue Straße 8 zurück. Er brach das Zimmer auf. Die Folge waren Streitigkeiten mit Klara Rehbock, bei denen Haarmann zu Tätlichkeiten überging. Das Zimmer selbst fand Haarmann durch seinen Freund und späteren Zeugen vor dem Gericht Hugo Wittkowski sowie Hans Grans ausgeräubert vor.

Klara Rehbock, die wenig später ihren Verlobten heiratete und dann Daniels hieß, ließ sich dazu bewegen, förmliche Anzeige zu erstatten. Auf die Anzeige der Wirtin wegen Beleidigung und Körperverletzung erwiderte die Oberstaatsanwaltschaft am 11. Mai 1922:

Auf Ihre Eingabe vom 8. Mai 1922:

Nach Lage der Sache besteht hinsichtlich der von Ihnen von Haarmann zugefügten Beleidigung kein öffentliches Interesse an der Strafverfolgung, zumal Haarmann behauptet, zuerst von Ihnen beleidigt zu sein. Ich sehe mich daher nicht veranlaßt, meinen Bescheid vom 28. März 1922 abzuändern.

Das ärztliche Attest erhalten Sie anbei zurück.

Im Auftrage:
gez. Dr. Seligmann.
(Stempel) Beglaubigt:
Stolte Kanzleiassistent

Die Polizei hatte mit diesem Bescheid nur insoweit zu tun, als sie zweifellos die Recherchen lieferte, auf die hin der Oberstaatsanwalt seine Entscheidung traf.

Nach seiner Entlassung von Jägerheide hatte Haarmann verschiedene Einnahmen. Zunächst bekam er Militärrente. Durch Bescheid vom 17. Januar 1923 wurde die Rente Haarmanns auf monatlich 387,75 Mark erhöht.

Dora Mrutzek berichtete später[43], dass Hans Grans meist auf Kosten Haarmanns gelebt und ihm auch Geld aus der Tasche genommen hätte. „Haarmann hat ihr, als er 1922 aus dem Gefängnis zurückkam, sein Leid geklagt, daß Grans alle seine Sachen ‚verkloppt' habe."

Am zweiten Tag des Prozesses gegen Haarmann und Grans fing Haarmann an zu weinen, als Grans nicht bestätigen wollte, dass Haarmann ihn ernähren wollte. In einem Bericht der „B.Z. am Mittag" vom 5. Dezember 1924 – die Zeitung erschien mittags – bezichtigte er Grans, seine Rente abgehoben zu haben, als er

[43] Während des Prozesses, am 9. Dezember („Hannoverscher Kurier" vom 10.12.1924).

in der Gefangenenarbeitsstelle Jägerheide gesessen habe. Grans habe nicht einmal die Gasrechnung bezahlt:[44]

Haarmann (weinend): Das ganze Leben, seit ich vom Militär weg bin, habe ich für den Jungen [Grans] *gebettelt, und ich habe 40 bis 50 Mark dabei verdient. Ich habe ihm das Geld gegeben. Er hat davon den Mädchen Blumen geschenkt. Er hat meine Rente abgeholt. Er hat auch keine Gasrechnung bezahlt, und als ich von Jägerheide zurückkam, habe ich ihm einen Anzug gekauft, weil er so zerlumpt war. Soviel Ehre muß er doch noch haben, daß er eingesteht, daß er von mir gelebt hat. Alles andere will ich ins Grab mitnehmen.*

Großmoor entstand mit der Errichtung von drei Massivhäusern in niedersächsischer Bauweise (Eigentum des Domänenfiskus) im Jahre 1915 inmitten einer ausgedehnten Moorlandschaft. Das mittlere Gebäude beherbergte bis zum 1. April 1927 die Außenstelle des Celler Zuchthauses. Foto: Blazek (2. Oktober 2008)

[44] Gleich lautend ein anonymer Journalist in: Haarmann, der 24fache Mörder, vor der Schwurgericht, Hannover 1925.

Alfred Hogrefe (1907-1924) war das Lehrter Mordopfer / Wilhelm Schulze (1906-1923) stammte aus Kolshorn

Die beiden Fälle aus dem Altkreis Burgdorf

Der Mechanikerlehrling Alfred Hogrefe aus Lehrte war eins der letzten Opfer des Serienmörders. Der knapp 17-Jährige wurde nachweislich im April 1924 von Fritz Haarmann umgebracht. In der Urteilsverkündung gegen Haarmann und Hans Grans vom 19. Dezember 1924 war es Fall Nr. 19.

Der am 6. Oktober 1907 geborene Alfred Hogrefe fuhr täglich von Lehrte, wo seine Eltern – Lokführer Gustav mit seiner Ehefrau Anna Hogrefe – wohnten, zu seiner Arbeitsstelle bei dem Fahrradhändler Tiemann an der Schlägerstraße in Hannover.

Der Lehrling fuhr regelmäßig morgens um 6 Uhr von Lehrte mit der Bahn nach Hannover zu seiner Lehrstelle und kam abends gegen 19.30 Uhr zurück. Montags besuchte er die Gewerbeschule. An diesem Tag kam er immer erst gegen 22 Uhr nach Hause, angeblich, weil er im Anschluss an den Gewerbeschulunterricht von 19.30 bis 21.30 Uhr noch Turnen gehabt habe.

Ende März 1924 hatte er wiederholt die Gewerbeschule versäumt. Am 1. April 1924 erhielten seine Eltern von dem Leiter der Gewerbeschule die Nachricht, dass der Junge den Unterricht versäume. Der Junge wurde von den „sehr unpädagogischen Eltern“ vorgenommen. Er war tief verlegen. Der Vater schrie ihn an: „Gut! Mutter und ich fahren morgen zur Gewerbeschule nach Hannover. Dann werden wir weiter sehen.“

Am anderen Mittag, 2. April um 14 Uhr, fuhren beide Eltern zum betreffenden Gewerbeschullehrer. Es kam eine ganze Lügenblase zum Platzen. Der Junge hatte drei Montage die Schule geschwänzt und sich selber Entschuldigungszettel geschrieben. Die Eltern erfuhren auch, dass das Turnen nicht am Abend von 19.30 bis 21.30 Uhr stattfand, sondern am Tage während des übrigen Unterrichts. Inzwischen hatte der Junge vermutlich mit einer Vorahnung die Mechanikerwerkstatt um 14 Uhr verlassen mit der Begründung, er wolle seine Eltern von der Bahn abholen. Tatsächlich aber fuhr er, während die Eltern von Lehrte nach Hannover fuhren, seinerseits von Hannover nach Lehrte zurück, packte dort seine Sachen zusammen und entfernte sich mit diesen aus dem Elternhaus.

Erst nach und nach sickerte in den folgenden Monaten einige Kunde durch über den Verbleib des Jungen. Nachdem er aus dem Elternhause an der Bennigsenstraße 36 entlaufen war, traf er auf dem Bahnhof in Lehrte einen Bekannten, den Lehrling Wiese. Hogrefe erzählte dem Prozesszeugen Wiese, er werde zu Hause von den Eltern „schlecht behandelt“ und wolle deshalb fort. Er bot dem Wiese sein Fahrrad zum Kauf an. Wiese, ein heller Junge, nutzte die Gelegenheit und kaufte sich billig das Rad. Natürlich schwieg er dann über die ganze Begegnung. Am Abend des folgenden Tages traf der junge Wiese den Hogrefe wieder; diesmal auf dem Hauptbahnhof in Hannover. Hogrefe hatte jetzt einen lederimitierten Handkoffer bei sich, kam lebhaft auf Wiese zu und erzählte: „Mensch, den

Koffer da hab ich mir von deinem Gelde fürs Fahrrad gekauft." Der andere fragte: „Wo hast du denn geschlafen?" Hogrefe gestand, dass er auf dem Bahnhof geschlafen habe, und fragte Wiese kleinlaut, ob er wohl die nächste Nacht bei ihm in Lehrte auf dem Heuboden schlafen könne. Er hatte offenbar schon wieder Sehnsucht nach Hause, wagte sich aber doch nicht, nachdem sein ganzes Lügengewebe herausgekommen war, zurück zu den strengen Eltern. Dies war am 3. April.

Am 4. April gegen 20 Uhr traf abermals ein Bekannter aus Lehrte, der Schneidergeselle Fari(e)n, Hogrefe in Hannover vor dem Bahnhof. Aufgeregt erzählte der Junge, er sei vor einigen Tagen seinen Eltern entlaufen, habe sein Fahrrad verkauft und sich dafür einen Koffer angeschafft. Der liege in der Handgepäckaufbewahrungsstelle. Die Nacht schlafe er bei einem Herrn, den er kennen gelernt habe, der in der Neuen Straße wohne und Kriminalbeamter sei. Farin hat danach Alfred Hogrefe nicht wieder gesehen.

Aber noch einmal sah ihn ein dritter Bekannter aus Lehrte, der Lehrling Wilhelm Köhler, welcher täglich zur Arbeitsstelle nach Hannover fuhr. Auch diesem erzählte Hogrefe die gleiche Geschichte. „Mein Vater hat mich rausgeschmissen. Ich habe einen Koffer in der Gepäckausgabestelle." Jungenhaft stolz zeigte er dem Köhler den Gepäckschein.

Am nächsten Abend (also etwa 6. April) sah Köhler Hogrefe mit Haarmann (von dem er wusste, dass er „Fritz" hieß und „Kriminal" sei) an einem Tisch im Wartesaal I. & II. Klasse des Hauptbahnhofs in Hannover sitzen und sich unterhalten. Und nach abermals zwei Tagen (etwa 8. April) traf Köhler den Hogrefe abermals im Bahnhof und ging mit ihm ein Stück bis zur Herschelstraße, wo Hogrefe sich verabschiedete. Hogrefe erzählte, er treffe sich jetzt oft mit „Kriminal-Fritz". Von da an sah ihn niemand mehr. Den Haarmann kannten die aus Lehrte zur Arbeitsstelle fahrenden Jungen alle vom Bahnhof her. Sie hielten ihn für einen Beamten. Auch der Lehrling Walter Schnabel, der mit Hogrefe jeden Morgen zur gemeinsamen Lehrstelle fuhr, bezeugte, dass Haarmann (den sie aber nicht mit Namen kannten) oft schon um 6 Uhr in der Bahnhofshalle war und sie dann immer scharf ansah. Ein älterer Werkmeister hat auch Hogrefe mit Grans und Haarmann im Gespräch gesehen. Das war aber schon im März.

Alfred Hogrefes Verschwinden ist damit auf Montag/Dienstag, 7./8. April 1924, zu datieren.

Alle Kleider des Verschwundenen, Marengojacke (Marengo ist eine Fasermischung von etwa 95 Prozent schwarzen und fünf Prozent weißen Wollfasern), Krimmermantel (dicker Mantel), Barchenthemd (für den Winter geeignetes Arbeitshemd, Barchent oder Barchet ist aufgerauter Stoff, hergestellt aus den Fasern von Hanfstängeln), Schal usw. kamen später bei Haarmann oder bei Haarmanns Wirtin im Haus Rote Reihe 2 in Hannover, Elisabeth Engel, die in einem Polizeirevier als Putzfrau arbeitete, und den Unterverkäufern zum Vorschein. Hierbei hatte sich Elisabeth Engel zum ersten Mal in Widersprüche verstrickt. Sie wollte den Mantel des Getöteten unter Lumpen gefunden und ihrer Tante, die Pantoffeln machte, weitergegeben haben. Aber sie hatte der Tante über die Herkunft des Mantels andere Angaben gemacht. Haarmann erklärte: „Ich nehme bestimmt an, dass ich Hogrefe getötet habe, an sein Gesicht erinnern kann ich mich nicht.“ Prozessbeobachter Theodor Lessing vermutete: „Ließe man Haarmann vor seinem Tode seine Erinnerungen an die Getöteten niederschreiben, so würde sich herausstellen, daß er lediglich peinliche Erinnerungen verdrängt.“ Und er schlussfolgerte: „Es liegt hier der Tatbestand vor: Ein verängstigter Knabe, der geprügelt werden soll, drückt sich acht Tage lang sehnsüchtig und hungrig auf dem Bahnhof herum. Der Vater selbst ist Eisenbahner. Alle Jungens aus Lehrte, die zur Stadt fahren und viele Eisenbahnbeamten kennen den Knaben. Sie sehen ihn fortdauernd auf dem Bahnhof in Gesellschaft des Haarmann. Sie kennen aber auch alle den Haarmann. Nichts geschieht, um den Entlaufenen aufzugreifen. Und als er verschwunden ist, geschieht nichts, um -- den Haarmann zu befragen.“

Unter den im Kriminalpräsidium ausgestellten Asservaten wurden folgende Sachen von Vater Gustav Hogrefe und den Zeugen Bauer und Köhler als dem Alfred Hogrefe gehörig gewesen erkannt: ein grüner Schal mit hell- und dunkelbraunen Streifen an den Seiten, den der Vermisste von seiner Mutter zu Weihnachten geschenkt erhalten hatte, ein mit „H.“ gezeichnetes Handtuch mit roten Streifen am Rande, das mit einem von den Eltern überreichten Gegenstück genau übereinstimmte, eine Weste und ein braunes Jackett, welches die Mutter auf dem Rücken gestopft und an welchem sie die Knöpfe durchgenäht hatte, eine von dem Schwager des Vermissten ihm geschenkte graue, gestreifte Breecheshose, ein von der Mutter genähtes, weiß-rotgestreiftes Barchenthemd, ein schwarz-weißer Selbstbinder aus Seidentrikot, ein brauner Krimmermantel mit schwarzem Samtkragen, ein Jackett aus graumeliertem Stoff mit Gürtel.

Schal und Handtuch hatte man in Haarmann's Wohnung beschlagnahmt. Jackett und Weste hatte Haarmann im Frühjahr 1924 zu nicht näher festgestellter Zeit an den Maurerpolier Hildebrand für drei Mark verkauft. Die Breecheshose und das Barchendhemd hatte Haarmann etwa zwei Wochen vor Ostern 1924 (20. April 1924) an eine gewisse Frau Bertram veräußert. Den Bindeschlips hatte er der Frau Engel geschenkt, bei der er beschlagnahmt wurde. Den Krimmermantel und die graumelierte Jacke hatte Haarmann ebenfalls der Frau Engel überlassen, die sie weiter an Frau Bahlke gegeben hatte.

Am 15. Juli 1924 wurde im „Burgdorfer Kreisblatt“ berichtet: „**Lehrte**, 12. Juli. Unter den Opfern des Massenmörders Haarmann in Hannover befindet sich auch ein Lehrter Kind, der 16½jährige Schlosserlehrling Alfred Hogrefe, Sohn des Zugführers Herrn Hogrefe aus der Bennigsenstraße, der seit einiger Zeit verschwunden ist. Gestern hat der verruchte Mörder den Eltern gegenüber seine scheußliche Tat eingestanden.“

Dass Haarmann Alfred Hogrefe tatsächlich getötet hatte, konnte nach den vorhandenen Beweisen nicht zweifelhaft sein. Dem Angeschuldigten Hans Grans, der zwar von dem Mechanikermeister Bauer im Gespräch mit Hogrefe und

Haarmann gesehen worden war, war eine Teilnahme an der Tat des Haarmann nicht nachzuweisen.

Im Interview mit Gutachter Ernst Schultze, dem Leiter der Provinzial-Heil und Pflegeanstalt in Göttingen, sagte Haarmann am 31. August 1924, dass er sich an Alfred Hogrefe erinnern könne. Auf den Namen angesprochen und mit dem Bild konfrontiert, sagte er: „Ja, das ist der, der Lütge." Der 59 Jahre alte Gutachter bohrte:

Mit ihm verkehrt?

Ja.

Auch umgebracht?

Ja.

Lange mit ihm verkehrt?

Das ist ein Puppenjunge.

Warum?

Der taugt nicht viel, der trieb sich immer so rum.

Was war der?

Weiß ich nicht.

Vorbestraft?

Wenn man die Jungens fragt, dann lügen sie doch.

Schal bei Ihnen gefunden, stimmt das?

Ja.

Auch ein Handtuch.

Ist wohl möglich.

Sie erinnern sich des Jungen ganz bestimmt?

Das Bild habe ich schon öfter gesehen. Der Junge muß noch etwas anders ausgesehen haben, das ist der aber, den ich meine.

Früher gesagt, Hogrefe sei Ihnen unbekannt.

Auf dem Bilde kenne ich ihn nicht wieder. Vater und Mutter haben mir so viel von ihm erzählt und deshalb nehme ich an, daß er das ist.

Noch mehr Kleidungsstücke wieder erkannt.

Hm, dann stimmt das auch. Von Bukarest sind sie jetzt sogar gekommen, von Wien, ob ich da gewesen bin.

Lichtbild entspricht nicht genau der Wirklichkeit?

Nein, sonst hätte ich ihn gleich wieder erkannt.

Warum ihn gleich wieder erkannt?

Ja, den mit der Brille habe ich gleich wiedererkannt. Ich habe immer hübsche Jungen gehabt. Ich mag ihn so nicht leiden.

Ist das Bild vielleicht aus früherer Zeit?

Mag wohl sein. *(Das Bild ist vor 5 Jahren angefertigt.)* Dann wird es wohl so stimmen.

Eine kleine Randerscheinung ist die folgende Begebenheit, die sich im Zusammenhang mit dem Lehrter Fall zugetragen hat. Ob sich die Person, die offensichtlich den Lehrling Wiese kannte, wichtig tun wollte, kann leider nicht mehr mit Sicherheit festgestellt werden.

Die Arbeiterehefrau K. aus Lehrte, die laut Lehrter Adressbuch von 1925 mit dem Schneidermeister Wiese im selben Haus gelebt hatte, bekannte 1932 mit einem Leserbrief an den Lehrter Stadtanzeiger, von Haarmann preiswertes Menschenfleisch bezogen zu haben, und lobte sogar den Geschmack. Sie schrieb:[45]

Lehrte den 8t. 1. 32

An den Verlag d. Lehrter Stadt Anz.

Bezugnehmend auf den Artikel in L.St.A. Forschungsreisende unter Menschenfressern möchte ich mir erlauben Mitzutheilen das Menschenfleisch wohl genisbar ist, wie ich aus Erfahrung weis. Es schmeckt wohl etwas süslich und weichlich, aber sonst wohl zu Essen. Natürlich wenn mans weis, kann mann es nicht mit Appetit Essen aber es ist keiner von den genuß des betr. Fleisches gestorben, habe seiner Zeit einige Male von Haarmann bezogen aber es hat allen die davon gegessen, keinen Schaden getan.

Frdl. Gruß

Frau K... (Name geschwärzt)

Post St. No 19 II

Wilhelm Schulze, der dritte Fall

Wilhelm Schulze aus Kolshorn bei Lehrte, geboren am 31. August 1906, verschwand am 30. März 1923. Er ging als Fall Nr. 3 in die Akten ein. Wilhelm Schulze war ein weiteres von mindestens 24 Opfern Haarmanns.

Der am 31. August 1906 geborene Wilhelm Schulze stammte vom Hof Nr. 8 in Kolshorn und arbeitete beim Finanzamt in Burgdorf. Er erschien nicht mehr zum Dienst, trieb sich in Kiel, Hamburg und Hannover herum und wurde daher entlassen. Als sein schwerkranker Vater, Otto Schulze aus Kolshorn, ihn deshalb strafte, entfernte er sich am 30. März 1923 und galt seitdem als vermisst. Es gab keine Zeugen, die den jungen Mann mit oder ohne Haarmann gesehen haben. Zehn Tage nach dem Verschwinden gab Otto Schulze, der als Tischler bei der Eisenbahn arbeitete, auf dem Polizeipräsidium Hannover eine Vermisstenanzeige auf. Der Anzug, in welchem er sein Elternhaus verlassen hatte, wurde bei der Quartierwirtin Haarmanns, Elisabeth Engel, beschlagnahmt. Dieser graublau

[45] Entnommen aus: Peterseim, Karlheinz, „Fritz Haarmann und seine Lehrter Opfer", in: Lehrter Land & Leute, Lehrte 1998, S. 10 ff.

kleinkarierte Anzug wurde von der Mutter des Schulze, Frieda Schulze, sowie von dem Schneidermeister Behrens, der den Anzug gefertigt hatte, mit Bestimmtheit als dem vermissten Schulze gehörig anerkannt, und zwar am Stoff, Futter und Knöpfen. Elisabeth Engel hatte den Anzug kurz vor Ostern 1923, also vor dem 1. April, von Haarmann erhalten, der ihr sagte, der Anzug stamme von einem plötzlich Verstorbenen, die Eltern wollten den Anzug nicht mehr sehen. Haarmann gestand zu, den Anzug Elisabeth Engel gegeben zu haben, er war auch voll geständig, Schulze getötet zu haben.

Prozessbeobachter Theodor Lessing fasste zusammen: „Wilhelm Schulze, Schreiberlehrling, ein frühfertiger abenteuerlustiger Junge, 16½ Jahre alt, Sohn des inzwischen verstorbenen Eisenbahntischlers Otto Schulze und seiner nun in Lehrte wohnenden kreuzbraven, schlichten Ehefrau, fuhr in die Stadt zur Arbeit und kam eines Tages nicht wieder. Leichenreste sind nicht ermittelt. Die Kleider fanden sich bei der Engel. Haarmann hatte den Jungen auf dem Bahnhof abgefangen und mit sich genommen." Laut Lessing verschwand Wilhelm Schulze bereits am 20. März 1923.

Vom Beguinenturm am Hohen Ufer blickte man hinüber zur Spitze der Insel, die vom Hauptarm der Leine links und vom Brückmühlenarm gebildet wurde. Dieser Brückmühlenarm verschwand nach dem Zweiten Weltkrieg bei der Anlage des Leibnizufers. Die Ansichtskarte zeigt die Leine-Insel in der Vorkriegszeit. Sammlung: Blazek

Wenig beachtet ist der Beitrag von einem gewissen Eduard Wettengel geblieben, der am 15. Juli 1924 in der Celleschen Zeitung abgedruckt worden ist. Effekthascherisch wurde getitelt, als habe sich Wettengel im letzten Moment aus den Fängen Haarmanns losreißen können. Im Inhalt findet sich davon aber nichts weiter:

Provinznachrichten.

Wie ich den Massenmörder Haarmann kennen lernte und ihm entrann

Die Ergreifung des Massenmörders Haarmann lenkt meine Erinnerung auf eine kleine Episode mit ihm, die mir leicht verhängnisvoll werden konnte.

Anfang Dezember 1923 wurde ich vor dem Schelberg & Roseschen Geschäft in der Lavesstraße in Hannover, von einem Unbekannten in Seemaschinistentracht angesprochen, der mich als seinen Sekretär gegen Zahlung in Devisen und Anrechnung einer Umsatzprovision engagieren wollte. Er baute mir ein glanzvolles für die Zukunft auf, wollte mir eine Schreibmaschine in die Wohnung liefern und hätte die Pässe fertig in seiner Wohnung liegen.

Zwecks Abschlusses verlangte er ein sofortiges Mitkommen nach seiner Wohnung, woselbst er mir gutes Essen usw. versprach.

Ich war gerade damals sehr erbittert auf die Lebensmittelschieber und sah die Angelegenheit als die Möglichkeit an, ihm eine weitverzweigte Schieberbande zur Anzeige bringen zu können. Somit ging ich scheinbar auf seine Pläne ein.

Der Fremde, der sich mir als „Baron von Alvensleben" vorstellte, machte auf mich einen unangenehmen vertraulich=widrigen Eindruck. Er gab sich als ein von der Revolution verfolgter Offizier aus, der in Rücksicht auf die Feindschaft der Kommunisten in dieser Kleidung herumlaufen müsse.

Ich bedang mir, wie ich nun sehe, zu meinem Glück, eine Bedenkzeit aus und – er hatte mich bis zum Beguinenturm (nahe seiner Verbrecherbühne) mitgenommen, nahm hier Abschied von ihm trotz widerlichster Nötigung. Ich hatte ihn, um ihn sicher zu machen, erzählt, ich könne ihm Devisen die Menge liefern, worauf er mir unter dem Decknamen Emil die Lindener Jakobstraße 15 als guten Absatzort nannte. Weiter erzählte er mir, er habe eine elegante, unauffällige Wohnung in der Neustadt und verkehre viel bei Battermann und im Luisenhof. Wie ich später durch Nachfragen feststellte, war dort ein Herr Alvensleben bekannt, aber keinesfalls mit ihm identisch.

Wir verabredeten uns auf mittags 11½ Uhr vor dem Pschorrbräu. Er wollte mich und eine Verwandte, die ich mir als Zeugen für später dachte, mit dem Theaterwagen abholen. Ich solle zuerst allein kommen. Der Umstand, daß ich mit einem Schupobeamten auf dem Thielenplatz sprach, rettete mich.

Später habe ich ihn noch einmal gesehen, wie er vor der Bahnhofswache, die auch gleichzeitig am Eingang zur III. Klasse lag, vom Rad sprang. Ihn zu sprechen, gelang mir nicht.

In der Jakobstraße fand ich nur eine ehrenwerte Rheederei, die natürlich auf „Emil" wie ich voraussah, nicht reagieren konnte.

Meiner Gesundheit halber nahm ich Urlaub nach Holland und zurückgekehrt, mußte ich in dem ausgestellten Bild den Pseudoschiebergentleman Baron von Alvensleben, den ich gut und gerne überführt hätte, erblicken. Die Nennung eines Zeugen hatte ihn schon stutzig gemacht und mein Sprechen mit der Schupo rettete mich vor diesem Scheusal, dessen Verstecktheiten, Charakterunebenheiten mich schon damals warnten, wie sie mich zu einer umfangreichen Recherchierung angetrieben hatten. Sein damaliges Drängen und Sprechen verstand ich nun, als ich von seinen zahllosen Greueltaten hörte.

Eduard Wettengel.

Cellesche Zeitung vom 15. Juli 1924, Kreisblatt

Der genannte Luisenhof ist ein Hotel an der Luisenstraße in Hannover, das im Ersten Weltkrieg errichtet worden ist. Im Zweiten Weltkrieg wurde es zerstört und danach wieder aufgebaut. Battermann ist ein altes hannoversches Beerdigungsinstitut.

„Hackebeilchen" von Massenmörder Fritz Haarmann zu begutachten

Von Henkerschwertern bis Wanduhr: Polizeimuseum zeigt Raritäten

Von Petra Albers

HANNOVER. Liebevoll streicht Gerhard Haase über die Motorhaube des olivgrünen Polizeicabrios, Baujahr 1949. „Darauf bin ich besonders stolz", sagt der Polizeioberkommissar. „Den Wagen wollte niemand mehr haben, weil er ja keine Türen hat – also habe ich ihn gekriegt." So wie der 51-Jährige noch zahllose andere historische Stücke und Kuriositäten rund um das Thema Polizei zusammengetragen hat. Am Wochenende wurde das niedersächsische Polizeimuseum in Hannover eröffnet.

Den Wandel der Polizei und ihrer Aufgaben vom Altertum bis heute können Besucher in einer 2000 Quadratmeter großen Ausstellungshalle nachvollziehen. Da gibt es ein Henkerschwert aus dem Mittelalter, Pickelhauben aus der Kaiserzeit und Armbinden aus den Jahren nach dem Ersten Weltkrieg. Damals hatten Polizisten auch eine „Spezialaufgabe": Mit einem „Überprüfungskoffer" – ebenfalls unter den Ausstellungsstücken – zogen sie durch die Gaststätten und kontrollierten dort die Bierleitungen. „Mehr als drei Kneipen am Tag soll ein Prüfer meistens nicht geschafft haben", erzählt Haase schmunzelnd.

In einer Vitrine liegt das „Hackebeilchen" des Massenmörders Fritz Haarmann, der 1925 wegen 24-fachen Mordes hingerichtet wurde. Auch Fotos von seinem Zimmer in Hannover sind zu sehen. Dass Polizisten zeitweise mit zweifelhaft-sinnvollen Aufgaben beschäftigt waren, zeigt eine Rolle Toilettenpapier der Oldenburger Polizei: Um bei Papierknappheit den Diebstahl von Klopapier zu verhindern, musste ein Ordnungshüter jedes einzelne Blatt abstempeln – und am Ende alles wieder aufwickeln. Mit unhandlichem Gerät musste sich die Polizei bei Demonstrationen Ende der 60er Jahre abmühen. Daran erinnert unter anderem ein rollbares mannshohes Schutzschild, hinter dem der Polizist auf einem Fahrradsattel saß. „Bei der kleinsten Bodenunebenheit musste er absteigen und das Schild darüberhieven – dann war man natürlich erst recht eine gute Zielscheibe", sagt Haase. Eine komplett eingerichtete Wachstube zeigt den Arbeitsplatz eines Polizisten in den 50/60er Jahren: Wanduhr, Stempel, Kaffeetasse – jedes Teil ist ein Original.

Gefunden hat Haase die meisten der alten Stücke in den Kellern oder auf den Dachböden verschiedener Dienststellen und Kollegen. Auch mehrere Museen haben Exponate für die „Polizeigeschichtliche Sammlung Niedersachsen" zur Verfügung gestellt.

Es war, wie der Lessing-Biograph Rainer Marwedel feststellte, ein Stück Unterhaltungsgeschichte der Weimarer Republik. Noch heute wird bei der ganzen Haarmann-Geschichte das Sensationelle in den Vordergrund gerückt. Selbst bei diesem Artikel, der sich mit den Ausstellungsstücken der Polizeigeschichtlichen Sammlung Niedersachsen befasst, wird das Hackebeil, von dem nicht einmal bewiesen ist, dass es tatsächlich einmal Haarmann besessen hatte, im Titel hervorgehoben. Cellesche Zeitung vom 7. Mai 2007

Kriminalinspektor Hermann Lange brachte im Jahre 1961 seine Erinnerungen an den Mordfall Haarmann zu Papier

Die Erinnerungen des zuständigen Kriminalinspektors

Mit den Ermittlungen im Fall Haarmann wurde 1924 der Kriminalinspektor Hermann Lange betraut. Erst wenige Monate zuvor von Bochum nach Hannover versetzt, galt Lange als integrer Beamter und objektiver Aufklärer in einem Fall, in dem die hannoversche Polizei zeitweise Glaubwürdigkeit eingebüßt hatte. In dem 1961 verfassten 19-Seiten-Bericht sind die Einzelheiten der damaligen Ermittlungsarbeit gegen Haarmann abzulesen: die gerichtsmedizinische Untersuchung der Knochenfunde, die polizeiliche Beschattung, die öffentliche Zeugensuche durch Zeitungsanzeigen und Filmsequenzen in Lichtspielhäusern, Auswertung der in Haarmanns Wohnung sichergestellten Blutproben und letztlich die Vernehmung Haarmanns. Die Kriminalpolizei führte nachts Befragungen durch, achtete jedoch auf die acht Stunden Ruhepause. Trotz der nachweislichen Widersprüche in Haarmanns Aussage und der Vielzahl an belastenden Hinweisen, wählte die Polizei einen neuen Weg, um Haarmann das Geständnis abzuringen, wie der nebenstehende Textauszug belegt. Die Schädel der vier bis dato gefundenen Opfer wurden mit rotem Papier beklebt und zusammen mit Wachslichtern, die nachts brannten „hoch oben auf Brettchen“ in Haarmanns Zelle angebracht. Die Seelen der Toten, so ließen es die Polizisten wissen, würden Haarmann nicht zur Ruhe kommen lassen, bis dieser seine Verbrechen gestanden habe. Nur wenige Tage später legte Fritz Haarmann sein Geständnis ab.

Vorweg sei bemerkt, daß ich nach meiner durch die damalige französische Besatzungsbehörde bewirkten Ausweisung aus Bochum im Januar 1924 vom Ministerium in die frei gewordene Stelle des Kriminalinspektors beim Polizeipräsidium in Hannover eingewiesen und befördert worden war. In dieser Stellung war ich ständiger Vertreter des damaligen Kriminaldirektors Eggert, der außer der allgemeinen Dienstaufsicht sich die Leitung von 4 Kriminalkommissariaten vorbehalten hatte, während ich die restlichen 4 leitete. Im Juni 1924 vertrat ich den Kriminaldirektor während seines 4wöchigen Urlaubs, hatte also dadurch die gesamte Kripo zu betreuen. Eines Tages stolperte ich bei Durchsicht der Eingänge über eine Anzeige, in der ein Polizeirevier die Landung eines völlig skelettierten Schädels aus der Leine mitteilte. Der zuständige Kommissar des dem Direktor Eggert unterstehenden Mord-Dezernats erklärte mir bei sofortiger Rücksprache, daß in den vorhergehenden Mai-Wochen bereits 2 gleichaussehende Schädel in der Leine angelandet seien, nach deren Herkunft 2 verschiedene Beamte der Dienststelle Ermittlungen mit bisher negativem Erfolg angestellt hätten. Ich war naturgemäß sofort aufs höchste alarmiert und ordnete an, daß der Mordkommissar persönlich die Ermittlungen wegen dieser 3 Köpfe zu führen habe. Man hatte bisher angenommen, daß letztere sich vielleicht von Leichen Ertrunkener, die irgendwo im Flußbett der Leine festsaßen, losgerissen hatten.

Zunächst besprach ich den Fall mit unserem Gerichtsarzt, Dr. Schackwitz, einem klugen, kriminalistisch sehr interessiertem Mediziner. Während wir an Hand der Köpfe noch berieten, wurde bereits ein 4. Kopf gleicher Art aus der Leine gefischt. Das gab den Ausschlag. Von gelegentlicher natürlicher Trennung der Köpfe von den Rümpfen Ertrunkener konnte bei dieser Massierung der Fälle keineswegs mehr die Rede sein. Wir mußten, um einen Anhaltspunkt für weitere Ermittlungen möglichst schnell zu bekommen, wissen, welchem Geschlecht und welchem Alter die Toten angehörten, die offensichtlich Verbrechen in der Nähe zum Opfer gefallen waren, deren Aufklärung durch die völlige Skelettierung der Köpfe, die auch keine besonderen Gebißmerkmale aufwiesen, verhindert werden sollte. Wir kamen schließlich überein, daß der Gerichtsarzt mit den 4 Köpfen zu einer chirurgischen Kapazität der Universität Göttingen fahren sollte. Inzwischen gab ich eine polizeiliche Pressenotiz, daß sich Angehörige in letzter Zeit vermißter Personen in dringender Angelegenheit sofort melden sollten. Nach 2 Tagen kam Dr. Schackwitz zurück. Mehr in dem Bestreben, uns bei der Aufklärung irgendwie zu helfen, als aus wirklicher Überzeugung, seien der Geheimrat Schulz [Schultze], Göttingen, und auch er selbst, erklärte Schackwitz, der Ansicht, daß alle 4 Schädel höchstwahrscheinlich von jungen Männern im Alter ca. 11-21 Jahren herrührten, und daß sie mit scharfen Instrumenten vom Rumpf getrennt wurden. Also keine weiblichen Leichen, wie wir zuerst argwöhnten, sondern junge Männer in einem Alter, indem ihr Eigentum im Allgemeinen keinen Anreiz zu Verbrechen an ihnen bietet. Wir kamen so zu der Überzeugung, daß es sich wahrscheinlich um Opfer homosexueller Ausschweifungen handelte, und sahen daraufhin zuerst Hannover und Umgebung an. Etwa 30 Homosexuelle fanden sich in den Karteien aufgezeichnet. Ca. 600 stellten wir im Laufe der Ermittlungen fest. Darunter befanden sich der Inhaber der Homosexuellen-Kneipe, genannt "Die schwule Guste", ein grober Mensch, dem man Mißhandlungen zutraute, und noch 5-6 andere sogenannte "Scharfe", darunter auch Haarmann. Kriminalkommissar Rätz gab dabei an, daß Haarmann mehrfach, darunter auch aus § 175, vorbestraft und im Jahre 1918 bereits in den Verdacht geraten sei, an dem Verschwinden 2er Schüler verbrecherisch beteiligt zu sein. Damals war Rätz als Kriminalschutzmann an den Ermittlungen, die ein Kriminalkommissar führte, beteiligt. Es wurde bald nachgewiesen, daß die beiden Jungen bei Haarmann in letzter Zeit verkehrt hatten, eine Tatsache, die dieser nicht bestritt und auf homosexuelle Neigung zurückführte. Während einer der Schüler bei der Durchsuchung der Haarmannschen Wohnung gefunden und den Eltern übergeben werden konnte, bestritt Haarmann jede Schuld an dem Verschwinden des 2. Schülers, namens Friedel Rothe. Er wurde seiner Zeit entsprechend den gesetzlichen Bestimmungen nach 2 Tagen dem Untersuchungsrichter zugeführt und von diesem nach mehrmaligen ergebnislosen Vernehmungen mehrere Monate später mangels ausreichenden Tatverdachts entlassen. Leider gab dieser Vorfall keinen Anlaß zur fortgesetzten Beobachtung Haarmanns.

Auf Haarmann richtete sich jetzt daher unser Hauptverdacht, jedoch wurde eine kurzfristige Beobachtung, etwa l Woche, sowohl des Haarmann als auch mehre-

rer anderer, besonders im Verkehr mit Jugendlichen beobachteter Homosexueller für erforderlich gehalten, um weitere Anhaltspunkte zu erhalten.

Durch je 2 Kriminalbeamte wurden in den nächsten Tagen die besonders Verdächtigen ständig beobachtet, Haarmann aber durch 2 Schupobeamte in Zivil, da er alle Kriminalbeamte kannte, und weil er häufig zur Kripo kam, um sich durch vertrauliche Mitteilungen über andere Verbrecher eine Belohnung zu verdienen. Nach 6 Tagen, am 22. 6. 1924, wurde ich nachts alarmiert, Haarmann hatte einen Halbwüchsigen aus dem Wartesaal zur Kriminal-Bahnhofswache gebracht, der sich als entwichener Fürsorgezögling aus Berlin entpuppte und angab, bei Haarmann mehrmals genächtigt, mit ihm geschlechtlichen Verkehr gehabt zu haben und dabei mit einem Messer von ihm bedroht worden zu sein.

Die Kamera, mit der Haarmann und Grans 1924 erkennungsdienstlich fotografiert wurden, ist heute Teil der Polizeigeschichtlichen Sammlung Niedersachsen. Foto: Blazek

Damit kam die Sache einige Tage früher ins Rollen. Ich ordnete die Festnahme der Beiden an und begann mit Kriminalkommissar Rätz sofort die Vernehmungen, nachdem zuvor eine gründliche Durchsuchung der Wohnung Haarmanns erfolgt war. Es handelte sich um ein möbliertes Zimmer, Rote Reihe 2. Die Durchsuchung ergab außer Blutspuren am Bett, an den Inletts und an Gebrauchsgegenständen eine Menge, teilweise blutbefleckter Bekleidungs- und Wäschestücke, die nach Größe offenbar von jugendlichen männlichen Personen getragen und von Haarmann angeblich gelegentlich seines amtlich gemeldeten Handels mit derartigen Sachen erworben waren. Tatsächlich handelte Haarmann auch mit gebrauchten Textilien. Zum größten Teil waren die blutigen Stücke bereits gewaschen worden und ließen nur noch unklar dunkle Stellen erkennen. – Die Blutspuren erklärte Haarmann mit seinen eigenen, gelegentlichen Blutungen aus Mund und Nase anläßlich von Erregungszuständen. An den Küchenmessern und in den Dielenritzen fanden wir ebenfalls Blutspuren. Die seriologische (sic!) Untersuchung der Blutspuren ergab das Vorhandensein aller 4 Blutgruppen, also mußten auch andere Menschen in Haarmanns Wohnung Blut verloren haben. Er selbst bestritt auf das Entschiedenste, einen Menschen getötet oder verletzt zu haben, und gab nur geschlechtliche Beziehungen zu jugendlichen Männern in der Wohnung zu.

Inzwischen wurden in täglichen Pressenotizen und durch Plakate in Kinos alle Bevölkerungskreise zur Mitarbeit aufgerufen, insbesondere wurde unter Hinweis auf evtl. Mittäterschaft gefordert, daß sich alle sofort meldeten, die von Haarmann irgendwelche Gegenstände gekauft oder sonst erhalten hatten, sowie diejenigen, die mit ihm in der Wohnung oder anderweitig verkehrt hatten oder etwas über einen Verkehr oder seine Lebensgewohnheiten zu sagen vermochten. Auch in den kriminalpolizeilichen Nachrichtenblättern ganz Deutschlands wurde eingehend publiziert und um Veröffentlichungen in den Tageszeitungen ersucht. Alle Bekanntmachungen erfolgten mit Lichtbild Haarmanns, das besonders in den Hannoverschen Tageszeitungen und Kinos gute Erfolge brachte.

Es meldeten sich viele Personen, die Haarmann nur vom Ansehen kannten und ihn an seinen Bewegungen und Gesten, die im Kinolichtbild anschaulich wiedergegeben wurden, sogleich wiedererkannten. Im Hofe des Polizeipräsidiums ließ ich nach Rücksprache mit dem Polizeipräsidenten die Obdachlosen-Baracke für 300 Menschen räumen und dort Abteilungen für die beschlagnahmten und ständig von der Bevölkerung gebrachten, von Haarmann herrührenden Gegenstände, nach Gattungen getrennt, einrichten. Sie wurden entsprechend gezeichnet und von einem Sonderbeamten verwaltet. Hierhin führten wir jeden Angehörigen von Vermißten, den wir irgendwie erlangen konnten. Unter den 100en von Anzügen, Mänteln, Wäscheteilen, Koffern, Schuhen, Messern, Schlüsseln, Werkzeugen pp., die da zusammengekommen waren, erkannten schon in den nächsten 14 Tagen die Angehörigen von 34 Vermißten Eigentum der Letzteren. Im Laufe der nächsten 2 Monate stieg diese Zahl auf 80. Allerdings waren nicht alle diese Vermißten zum Opfer gefallen, sondern hatten ihm z.T. die Sachen verkauft und fanden sich nach Monaten wieder ein.

Haarmann sollte nun gesetzmäßig am 3. Tag dem Gericht zugeführt werden. Dagegen wandte ich mich entschieden, um die Panne von 1918 nicht wieder zu erleben. Nur eine intensive Arbeit der Kripo konnte diesmal den seiner Zeit ausgebliebenen Erfolg bringen. Haarmann blieb daher auf meine persönliche Verantwortung im Polizeigefängnis und wurde von dem Kommissar Rätz, dem Kriminalassistenten Reich und mir, z.T. gemeinsam, z.T. getrennt, fortgesetzt in intensiver Weise zur Sache vernommen, vielfach nachts. Allerdings blieben ihm täglich 8 Stunden Ruhe, die z.T. in die Tagesstunden verlegt wurde. Ich hatte streng verboten, Haarmann irgendwie unkorrekt zu behandeln, um von vorneherein jede Berufung auf unerlaubte Handlungen der Kriminalbeamten bei der mit Sicherheit zu erwartenden Gerichtsverhandlung auszuschließen. Ebenso untersagte ich bis zu dem zu erwartenden Geständnis jede Vergünstigung von Nahrungs- und Genußmitteln. Haarmann verteidigte sich hartnäckig, wurde äußerst aggressiv und drohte, mich wegen Freiheitsberaubung anzuzeigen, weil er nicht dem Gericht vorgeführt wurde.

Wenn auch zunächst noch direktes Belastungsmaterial fehlte, die Indizien häuften sich und Haarmann wurde sichtlich innerlich unruhig und unsicher. Vor allen Dingen: er redete. Ein alter Verbrecher, wie er, hätte erfahrungsgemäß nicht mehr geantwortet, wenn er sich schuldlos fühlte. Diese Tatsache bestärkte uns in der Überzeugung, den Richtigen gefaßt zu haben. In seiner Zelle hatten wir die 4 gefundenen Köpfe, in jeder Ecke einen hoch oben auf Brettchen befestigt, die Augenhöhlen mit rotem Papier beklebt, dahinter ein Wachslicht, das Nachts brannte. In einer Ecke der Zelle, in einem Sack, lagen Menschenknochen, die wir in unmittelbarer Nähe der vorletzten Wohnung des Haarmann aus der Leine gefischt hatten. Darauf wiesen wir bei den Vernehmungen Haarmann immer wieder hin und brachten zum Ausdruck, daß die Seelen der Toten zu den Gebeinen zurück finden und ihn nicht mehr zur Ruhe kommen lassen würden, bis er seine Verbrechen gestanden habe.

Dies hat dazu beigetragen, ihn mürbe und geständnisreif zumachen (sic!), wie Haarmann, der im Grunde wie viele Homosexuelle eine feige Natur war, mir später nach dem Geständnis erklärte. Ein Intimus Haarmanns war der 23jährige Kaufmann Grans, der zeitweise mit Haarmann zusammen wohnte. Gegen ihn ergaben sich bei den Ermittlungen erhebliche Verdachtsmomente bezüglich Mittäterschaft, die zu seiner Festnahme am 28.6. führten, als er im Flur der Kripo auf seine Vernehmung wartete und hierbei ein dort stehender Zeuge in dem von Grans getragenen Anzug das Eigentum seines vermißten Bruders erkannte. Grans war der Zuhälter verschiedener Dirnen in Hannover, verkehrte aber nebenbei mit Haarmann sexuell. Zunächst stand allerdings der Verdacht gegen ihn noch auf schwachen Füßen. Er bestritt nicht, von Haarmann wiederholt Kleidungsstücke geschenkt erhalten zuhaben, lehnte jedoch jede Kenntnis von den Morden ab. Am 28.6. wurde Haarmann nach einer mehrstündigen Vernehmung, nachdem ihn die Mutter eines Vermißten bei einer Gegenüberstellung heftig, laut schreiend, den Mörder ihres Jungen genannt hatte, einen Moment weich und weinte. Er war in den letzten Tagen sichtlich matt geworden. Als wir die Gelegenheit benutzten und ihm eindringlich ein Geständnis nahe legten, meinte er, wenn er die Jungen umgebracht habe, müsse dies im Rauschzustand des Geschlechtsaktes mit diesen geschehen sein. Als wir einhakten und ihn zum Weiterreden ermunterten, "streckte" Haarmann sich plötzlich und sagte, das könne aber doch nicht wahr sein, sonst hätte er doch morgens beim Erwachen die Leiche neben sich finden müssen. Er hatte sich nochmals zum Kampfe aufgerafft und bereute seine momentane Schwäche. Hinterher erkundigte er sich mehrmals nach der Strafe und meinte, der Tod sei jedenfalls dem Irrenhaus vorzuziehen, in dem er schon viel Prügel bezogen habe. Tatsächlich war Haarmann vor Jahren gelegentlich eines Strafverfahrens wegen Einbruchs bereits mehrere Monate zur Beobachtung seines Geisteszustandes in der Heilanstalt Hildesheim gewesen.

Haarmann saß nun bereits den 9. Tag in Polizeihaft und ich, allmählich unruhig geworden angesichts des fehlenden Haftbefehls, nahm mit Unterstützung des Staatsanwalts Wagenschiffer Rücksprache mit dem als haftscheu bekannten Untersuchungsrichter, ihm die bisherigen Vernehmungen unterbreitend. Er fand sich schließlich bereit, Haftbefehl zu erlassen, mit dem ausdrücklichen Hinweis, daß er ihn nach 8 Tagen aufheben müsse, wenn nicht weiteres Belastungsmaterial erbracht werde. Die seriologischen (sic!) Blutuntersuchungen waren noch nicht abgeschlossen. Gleichzeitig genehmigte er, daß Haarmann zunächst weiterhin zu den polizeilichen Vernehmungen im Polizeigefängnis verblieb. Als Haarmann nach Verkündung des Haftbefehls am 30.6. sah, daß er uns nicht aus den Klauen, sondern wieder zurück in das Polizeigefängnis kam, war er sichtlich enttäuscht und verzagt. Bis zum nächsten Tage, dem 1.7. setzten wir die Vernehmungen nun ununterbrochen fort und hatten Nachts 12 Uhr endlich das Geständnis, und zwar untermauert.

Plötzlich nahm Haarmann meine und die Hand des Kommissar Rätz und fragte kleinlaut, ob er endlich mal wieder ohne die Lichtköpfe und den Knochensack ruhig in der Zelle schlafen könne, wenn er ein Geständnis ablege. Dies sagten wir mit Handschlag zu und ließen ihn reden, wobei an Hand des Belastungsmaterials jeweils nachgeholfen wurde. Haarmann gestand zunächst die mit den angeschwemmten 4 Köpfen im Zusammenhang stehenden Morde an 4 Jugendlichen sowie den Fall von dem vermißten Schüler im Jahre 1918, weswegen er damals mehrere Monate in Untersuchungshaft gewesen war, einen 6. Fall eines hannoverschen Jugendlichen und schließlich noch einen 7. Fall, bei dem er mir auf den Leim ging. Ich sagte nämlich nach dem Geständnis der ersten 6 Fälle: "Und wie ist es mit dem Letzten, nachdem die Polizei schon in der Zeitung wegen der 4 Köpfe geschrieben hatte, wo haben Sie den gelassen?" Ich wußte von solchem Falle nichts, sondern folgte lediglich einem inneren Gefühl, weil nach dem Fund des 4. Schädels, vor 6 Wochen diese Serie beendet worden war. Haarmann fiel promt (sic!) darauf herein und sagte: "Ja, bei dem riskierte ich nicht mehr, den Kopf in die Leine zu schmeißen, weil nun alle aufpaßten, den hab ich in der Herrenhäuser-Allee beim Teich eingebuddelt." Ich muß sagen, daß mir das Herz stark zu schlagen diesem Falle konnten wir das Geständnis so untermauern, daß es jetzt keinen Widerruf – mit einem solchen mußte man bei dem wankelmütigen Haarmann stets rechnen – mehr gab. Er hatte also Ende Mai 1924 einen weiteren Jugendlichen ermordet, nicht gewagt, die Leine nochmal als Abfallplatz zu benutzen, sondern die Leiche in der folgenden Nacht im Sack von seiner Wohnung ans Ende der Herrenhäuser-Allee getragen und dort am Rande des Teiches vergraben. Beinahe unglaublich, ein Leichentransport in einer Großstadt von ca. einer Stunde Dauer, ohne angehalten zu werden. Wir fuhren nach dieser Schilderung sofort mit Haarmann zur Herrenhäuser-Allee, mit Spaten bewaffnet buddelten wir im Licht des Autoscheinwerfers an der angegebenen Stelle eine bereits leicht verweste männliche Leiche aus und schafften diese nach der Leichenhalle. Haarmann ließen wir in seiner jetzt "von Menschenknochen" befreiten Zelle schlafen und wir 3 Polizeibeamten schliefen auch endlich einmal wieder ruhig und traumlos. Zuvor hatte ich den Staatsanwalt und den Polizeipräsidenten benachrichtigt und beide, besonders letzteren in ziemliche Aufregung versetzt.

Nach Haarmanns Geständnis hatte er seit 1918 häufig Jünglinge von der Straße, aus Wirtschaften und aus dem Bahnhofswarteraum, die keine Unterkunft hatten, in sein Zimmer mitgenommen und dort mit ihnen in seinem Bett geschlechtlich verkehrt. Mitunter habe er dann den Partner nach dem Ge-

schlechtsakt in seinem Bett tot neben sich vorgefunden, mit Gebißeindrücken an der Kehle. Wahrscheinlich habe er ihm beim Akt vor Geschlechtsgier in die Kehle gebissen, vielleicht auch mit den Händen erdrosselt. Bei dieser Tötungsdarstellung ist Haarmann auch später bei den vielen polizeilichen und gerichtlichen Vernehmungen geblieben. Die Sachverständigen hielten sie für glaubhaft.

Am folgenden Morgen gestand Haarmann noch einen 8. Mord ein, nachdem wir ihn an Hand einer von ihm verkauften, von Vermißtenangehörigen anerkannten Hose entsprechende Vorhaltungen machten. Die Leichen will Haarmann mit scharfen Küchenmessern zerkleinert, an den Gelenken gelöst und dann das Fleisch von den Knochen geschabt haben. An den bei der Durchsuchung beschlagnahmten Messern hatte man bereits alle 4 menschlichen Blutgruppen festgestellt. Die Knochen wurden von ihm Abends in der Aktentasche zur nahe gelegenen Leine transportiert; das Fleisch warf er zerkleinert in seinen Abort, ebenso die Gedärme und die Bauchinnenteile mit dem dort angesammelten Blut. Die Schädel hatte er anfangs auf einem Pflasterstein, den wir bei der Durchsuchung blutbefleckt mit allen 4 Blutgruppen in seiner Dachbuze fanden, zertrümmert. Als Nachbarn sich über das Klopfen beschwerten, skelettierte er die Köpfe, um sie unkenntlich zu machen, und warf sie in die Leine, bis auf den letzten Toten, den er vergrub, durch die Schädelfunde und deren Veröffentlichung in der Presse ängstlich geworden.

Im Zusammenhang hiermit sei auf das Zeugnis zweier Dirnen hingewiesen, die der Haarmann-Freund Grans gelegentlich der Abwesenheit Haarmanns in dessen Wohnung zum Geschlechtsakt mitgenommen hatte. Die Dirnen wollten hierbei in einem Wandschränkchen in 2 Schüsseln eigenartige Sülze gesehen haben, die sie in Verbindung brachten mit dem plötzlichen Verschwinden eines Berliner Lehrersohnes, der sich bei Haarmann ca. l Woche aufhielt und von dem die Dirnen dann nur noch die Kleidung in der Wohnung Haarmanns bemerkten. Die Dirnen brachten Proben dieser Sülze zu dem Kriminalkommissar Müller, der sie sogleich dem Gerichtsarzt Dr. Schackwitz vorlegte, der sie nach kurzem Betrachten als Kalbfleisch bezeichnete. Haarmann hat diesen Mordfall zugegeben, jedoch allgemein Kannibalismus bestritten.

Haarmann gab seiner Wirtin, Frau Engel, auch häufiger Beinfleisch und Würstchen, die er angeblich in der Markthalle gekauft hatte. Auch an andere Hausbewohner gab er häufig von ihm angeblich aus Rindfleisch zubereitete Bouillon umsonst ab. Dies führte zu den Gerüchten, Haarmann habe Kannibalismus mit dem Fleisch der von ihm Ermordeten getrieben.

Er hat dies stets entschieden bestritten. Beweiskräftige Anhaltspunkte dafür fehlen. Tatsächlich hat Haarmann oft Fleisch und Würstchen in der Markthalle eingekauft, angeblich zum Verzehr für sich und andere.

Am 5.7. konnte endlich eine bisher aus Rücksicht auf Schiffahrt und Mühlenbetriebe zurückgestellte Absuchung des Leinebettes in der Innenstadt nach entsprechender Senkung des Wasserstandes durchgeführt werden, bei der besonders vor den Stadtbrücken im Tang eine größere Menge menschlicher Knochen gefunden werden konnten. Darunter befanden sich nach medizinischem Gutach-

ten die rechten Unterschenkelknochen von 22 jüngeren männlichen Personen. An Hand dieser Befunde und angesichts weiterer Anerkennung, von Kleidungsstücken pp. aus dem Handel Haarmanns durch Angehörige von Vermißten aus ganz Deutschland setzten wir die Vernehmungen Haarmanns ununterbrochen fort. Da der Kriminalkommissar Rätz an einem Nervenfieber inzwischen 2 Wochen erkrankte, oblag mir zunächst unter Mithilfe des Kriminalassistenten Reich die weitere Bearbeitung des Falles allein. Bis Ende Juli konnten 27 Fälle von Vermißten geklärt werden, die nach dem Geständnis und nach den Beweisstücken einwandfrei als Haarmannopfer zu betrachten waren. Im Ganzen wurden vom In- und Auslande ca. 4000 Vermißtenanzeigen überwiesen, die ich mit meinen Mitarbeitern innerhalb eines halben Jahres durcharbeitete und zu denen wir in geeigneten Fällen Haarmann vernahmen.

Um möglichst vielen Angehörigen von Vermißten Klarheit zu verschaffen, ob es sich in ihren Fällen um Haarmannopfer handelte, – für die Gerichtsentscheidung über Haarmann war es bereits belanglos –, gaben wir uns redliche Mühe bei der Bearbeitung. Es gelang in 54 Fällen Haarmann an Hand von Beweisen und in Übereinstimmung mit seinem Geständnis der Tötung zu überführen. In weiteren 6 Fällen konnte er an Hand von Indizien als überführt angesehen werden, obwohl er hartnäckig stritt. Es waren Fälle, in denen er zum Teil aus einem gewissen Schamgefühl – 2 Jungen im Alter von 13 - 14 Jahren –, zum Teil aus Abneigung gegen Väter und Mütter, die ihm bei der gewünschten Gegenüberstellung sehr aggressiv gegenübergetreten waren, so daß er unter meinen Tisch kroch und die Tat leugnete. Im Übrigen war Haarmann bei späteren Vernehmungen in Vermißtensachen, um die Sache abzukürzen, sehr geneigt, Mord auch in Fällen zuzugeben, in denen es sehr unwahrscheinlich war, daß er die Vermißten überhaupt gekannt hatte. Er meinte dann: "Schreiben Sie doch den Fall einfach dabei." Man mußte also sehr vorsichtig sein, um der Wahrheit nahe zu kommen.

Es ist dem Haarmann zu glauben, daß er vorwiegend aus sexueller Gier in einem sehr großen Erregungszustand die Morde beging. Die einzige vollkommene Leiche, die wir in der Herrenhäuser-Allee fanden, war nach ca. 4 wöchiger Lagerung in warmfeuchter Erde bereits so weit verwest, daß die Feststellung der Todesursache nicht mehr gelang.

Zudem konnten in zahlreichen Fallen festgestellt werden, daß die Angabe Haarmanns, er habe Jünglinge hinausgeworfen, weil sie ihm geschlechtlich zuwider waren, der Wahrheit entsprach. Andererseits wurde in verschiedenen Fällen nachgewiesen und durch Geständnis des Haarmanns erhärtet, daß er verschiedene dieser von ihm abgewiesenen Jungen auf Anregung des Grans wieder aufnahm und sie dann ermordete, weil Grans Wert auf Kleidung oder Wertsachen der Opfer legt, also regelrechter Raubmord. Es ist interessant zu wissen, daß Haarmann zu dem Grans gewissermaßen in einem sexuellen Hörigkeitsverhältnis stand. Dieser war andererseits dem Haarmann geschlechtlich gefügig, obgleich er als Zuhälter mehrer (sic!) Dirnen, keineswegs homosexuelle Veranlagung erkennen ließ. Er beseitigte sogar an Brust und Bauch dem Haarmann zuliebe seine starke Behaarung, ein regelrechter "Pupenjunge" – im Verbrecherjargon –.

Grans wurde nicht nur von Zeugen – Dirnen und anderen Personen aus seinem Umkreise – stark als Mittäter des Haarmanns belastet, sondern schließlich auch von letzterem selbst, nachdem er anfänglich bemüht war, Grans zu schonen. Nicht allein, daß er ~~angeblich~~ die Leichen in seiner Wohnung zum Teil gesehen habe, und ihm behilflich gewesen sei, die Leichenteile unter das Bett und in den Wandschrank zu legen, behauptete Haarmann, sondern er wollte von Grans direkt auf die gute Kleidung von Besuchern hingewiesen worden sein, an deren Besitz ihm besonders gelegen war. Erschwerend für die Ermittlungstätigkeit, besonders in den ersten schweren Wochen, waren die Presseberichte mit ihrem meist stark gefärbten Inhalt, besonders die der kommunistischen Presse, die den Polizeipräsidenten und den Oberpräsidenten Noske wegen der Haarmann-Affäre – im Hintergrund stand jedoch die heiße Wut wegen der politischen Gegnerschaft – maßlos angriffen und sie dafür verantwortlich machten, daß Haarmann seit 1918 fortgesetzt sich als Mörder betätigen konnte. Daneben ging ständig das Telephon. Zeitungen, Behörden, Vermißtenangehörige usw. lösten sich gegenseitig ab, sodaß ich schließlich einen besonders gewandten Beamten mit der Telephonbedienung betrauen mußte, der mich oder Rätz nur in unabweisbaren Fällen einschaltete. Daneben erschienen täglich mindestens von einem Dutzend Vermißter die Angehörigen, die persönlich mit Haarmann – und mit uns – Fühlung nehmen wollten.

Viele kamen daraufhin laut weinend in Trauerkleidung, obgleich in mindestens 80% solcher Fälle die Vermißten innerhalb Jahresfrist wieder auftauchten und Haarmann nie gesehen hatte. Viele von ihnen beschimpften uns, die ganze Polizei und besonders Haarmann laut schreiend als Mörder, durch entstellende Pressenotizen der Hannoverschen-kommunistischen-Zeitung in größte Aufregung versetzt. Eine Gegenüberstellung mit Haarmann wurde nur ausnahmsweise, bei erhofftem Erfolg, genehmigt, besonders auch deswegen, weil Haarmann durch das laute und drohende Gebaren vieler Eltern völlig eingeschüchtert wurde, und mitunter unter meinen Tisch kroch, wenn ihm z.B. ein vierschrötiger Vater drohend gegenübertrat mit den Worten: "Der Hund hat meinen Jungen aufgefressen und nun will er noch lügen."

Das Innenministerium in Berlin entsandte 3 Tage nach dem ersten Geständnis eine Sonderkommission zur Prüfung der Sachlage nach Hannover. Der Polizeivizepräsident Weiß, ein Kriminalkommissar und ein Sachbearbeiter für Homosexuelle erschienen. Sie ließen sich von mir eine Stunde berichten, sahen die Akten einen halben Tag durch und verabschiedeten sich Abends mit dem Bemerken: "Besser hätten die Berliner den Fall auch nicht bearbeiten können." Trotzdem hätte Berlin aber die weitere Bearbeitung übernommen, wenn ich nicht zufällig erst kürzlich nach Hannover gekommen wäre, weshalb ich als neutraler Bearbeiter gelten könne, von dem nicht zu erwarten sei, daß er zutage tretende Mängel früherer Sachbearbeiter betreffs Haarmann vertuschen werde. Das war die ministerielle Inspizierung.

Einige Disziplinarstrafen konnte ich dann auch nicht abwenden. Wegen mangelhafter Bearbeitung einer Vermißtenanzeige und dadurch bedingter mehrmonatiger Verzögerung der Aufklärung eines Haarmannopfers, wurden ein Kriminalkommissar und ein Kriminalsekretär mit Geldstrafen belegt und nach Oberschlesien versetzt. 2 Beamte der Kriminal-Bahnhofswache erhielten Geldstrafen, weil sie gelegentlich von Haarmann, der täglich der Wache sogenannte Spitzel-Fahndungshilfe leistete, 2 Kleidungsstücke von Haarmannopfern gutgläubig als Handelsobjekte betrachteten und als Geschenk angenommen hatten. Bei anderen Beamten übersah ich kleinere Verfehlungen, die im Laufe der Ermittlungen zutage traten und auf Gutgläubigkeit gegenüber Haarmann, der eben allgemein der Kripo Agentendienste geleistet hatte, zurück gingen. Man hätte in den zurückliegenden Jahren, bei genügender kritischer Einstellung gegenüber Haarmann und sorgfältiger Prüfung aller in dieser Zeit an die Kripo gelangten Hinweise auf diesen, schon früher auf die Entdeckung seiner Straftaten kommen müssen. Er hätte besonders nach dem ungeklärten Vermißtenfall Rothe im Jahre 1918 ständig beobachtet werden sollen.

Den erheblichsten Vorwurf, daß Haarmann sein Treiben solange ungehindert fortsetzten (sic!) konnte, muß man aber seinen Mitbewohnern machen, mit denen er in 3 verschiedenen Wohnungen seit 1918 z.T. Wand an Wand wohnte, und die durch viele Erscheinungen auf die Vorgänge in Haarmanns Zimmer mißtrauisch gemacht wurden. Z.B. folgendes: Haarmann brachte regelmäßig das Blut und das Bauchinnere in einem mit blauer Schürze verdeckten, stark riechenden Eimer in das von 3-4 Mietern der gleichen Etage benutzte WC, das sich dabei oft derart verstopfte, daß Haarmann mit einem Draht nachhelfen mußte.

Die Köpfe der Ermordeten klopfte er in den ersten Jahren spät abends auf einem Pflasterstein in seiner Wohnung entzwei, um sie in der Aktentasche transportieren zu können. Beschwerden über dadurch verursachte Ruhestörung tat er mit dem Hinweis auf Selbstbesohlung seiner Schuhe ab.

Mehrmals in der Woche kamen Jugendliche mit Haarmann in dessen Zimmer, oder sie fragten nach ihm. Niemand nahm Anstoss (sic!) an solchen Gästen des Haarmann, obwohl die Angehörigen der Jungen bei den Hausbewohnern Nachfrage hielten. Besonders die letzte Wirtin, Frau Engels, Rote Reihe, war mit Haarmann und seinem Verkehr vertraut. Sie erhielt Kleidung und Wäsche Jugendlicher von ihm und liess (sic!) dadurch wohl Kritikfähigkeit und Misstrauen einschläfern. Zu dem Strafverfahren wegen Begünstigung reichte das Material nicht aus.

Haarmann wurde zum Tode verurteilt wegen Sexual- und Raubmord. Er hat sicher ausser (sic!) den 54 (sic!) nachgewiesenen Fällen noch zahlreiche weitere auf dem Gewissen gehabt. Z.B. aus den Jahren 1919-21 ist Belastungsmaterial gegen ihn nicht erbracht worden. Angeblich hat er wegen ungeeigneter Wohnverhältnisse in das damals Welfenstr. 7 innegehabte Zimmer Männer zum homosexuellen Verkehr nicht mitgenommen. Rein gefühlsmässig (sic!) möchte ich im Vergleich zu den nachgewiesenen Fällen die Gesamtzahl der von Haarmann ermodeten (sic!) Jungen auf über 100 beziffern, zumal man ihm von 1919-21 nichts nachweisen konnte. Schwer zu glauben, dass er in dieser Zeit – 1918 – nur den Friedel Rothe getötet hat -Cellerstraße-.

Auch sein Vorleben dürfte kurz interessieren. Die Eltern waren ehrbare Menschen. Der Vater war Lokomotivführer, der ausser (sic!) Dienst allerdings starker Alkoholiker war. 3 Schwestern sind wegen Abnormitäten im Geschlechtsleben geschieden worden.

Haarmann entlief 2 mal aus der Lehre, weil er gern bummelte und nicht regelmässig (sic!) arbeiten wollte. Von der Unteroffiziersvorschule Neu-Breisach wurde er nach einem halben Jahr untauglich entlassen; beim Kaisergeburtstagsschiessen (sic!) der Artillerie war er unter den Stubentisch gekrochen. Zuerst verkehrte er geschlechtlich mit Dirnen, die ihn angeblich anekelten und so zur Homosexualität brachten. Dieser Verkehr brachte auch die Verbindung mit Kriminellen und dadurch Gelegenheit zu strafbaren Handlungen durch ihn, wie: Einbruch, Diebstahl, Hehlerei, Falschmünzerei usw.

Grans war zuerst als Mittäter bei 3 Morden angeklagt, jedoch musste die Anklage im Wiederaufnahmeverfahren geändert werden, weil Haarmann schriftlich seine Belastung widerrief. So erhielt Grans nur 12 Jahre Zuchthaus wegen Beihilfe zum Mord, unter Zugrundelegung sonstiger Beweismittel. Er war ein völlig unmoralischer, kriminell veranlagter Mensch.

Haarmann, der am 15.4.25 auffallend ruhig und gefasst, nach entsprechendem geistlichen Zuspruch in der Nacht zuvor, zum Schaffot (sic!) ging, – Rätz und ich hatten ihm versprechen müssen, zugegen zu sein, damit die Scharfrichter ihn nicht misshandelten – hatte mir einige Tage zuvor noch gebeichtet, dass seine ursprüngliche Belastung des Grans wohl richtig gewesen sei, jedoch wollte er nicht, daß auch er geköpft würde, weil er noch so jung sei. Eine gewisse sexuelle Hörigkeit bei Grans hatte hier wohl den Ausschlag zum Widerruf gegeben.

Über einen unangenehmen Vorfall muß ich hier noch berichten. Vor Zuführung des Haarmann zum Gericht, zwecks Erlaß eines Haftbefehls – es war ein Sonntag – hatten wir zum ersten Mal die Vernehmungen ausgesetzt, da bei Haarmann, der am Sonnabendabend spät ein Quasi-Geständnis abgelegt hatte, sich unsere letzten ernstlichen Vorhaltungen auswirken sollten. Diesen Umstand hatten sich die Kriminalsekretäre Wickbold und Lanzendorfer, 2 Beamte, die mit dem Fall Haarmann überhaupt nicht befaßt waren, denen Haarmann aber früher Zuträgerdienste geleistet hatte, zunutze gemacht und Haarmann am Sonntagvormittag aus dem Polizeigefängnis in ihr Büro geholt, wo sie 2 Stunden lang unter Mißhandlungen mit einem Linial (sic!) auf ihn einwirkten, bis er gestand, 6 oder 7 Morde an Jugendlichen begangen zu haben, natürlich ohne nähere Angaben und Glaubhaftmachung. Es war pure Wichtigtuerei der beiden Beamten, die es wohl nicht verwinden konnten, daß sie zu den Ermittlungen nicht herangezogen worden waren. Sie erwiesen der ganzen Behörde einen schlechten Dienst, denn Haarmann widerrief natürlich am nächsten Morgen, als ich ihn befragte, alles und gab an, er hätte das Geständnis nur abgelegt, um weiteren Mißhandlungen zu entgehen. Es kostete Rätz und mir große Mühe, Haarmann zu beruhigen und ihn davon abzubringen, die Mißhandlungen bei der am gleichen

Tage erfolgenden Vorführungsvernehmung durch den Richter zu berichten. Ich sah davon ab, auf die Bestrafung der beiden Beamten zu dringen, weil dann die ganze Angelegenheit auch in der Öffentlichkeit breit getreten worden wäre, die Hannoversche Polizei aber gerade in jenen Tagen der enormen Zeitungshetze alle Ursache hatte, weitere Skandale in der Haarmann-Affäre zu vermeiden. Beide Beamten wurden vom Polizeipräsidenten ernstlich verwarnt, und es wurde nochmals allen Beamten verboten, sich ohne Auftrag, mit Haarmann zu befassen. Bis zur Hinrichtung verließ mich die Sorge aber nicht, Haarmann könnte diesen, für die gesamte Polizei unangenehmen Vorfall in der Öffentlichkeit verbreiten. Damit wäre auch ich in eine sehr schiefe Lage gekommen, weil ich pflichtgemäß eine entsprechende Strafanzeige gegen die 2 Beamten hätte erstatten müssen.

Abgesehen von diesem Vorfall ist Haarmann während der mehrmonatigen Vernehmungen nie mißhandelt worden. Er hätte es mir, bei dem großen Vertrauen zu mir, sicher nicht verschwiegen, zumal ich fast täglich mit ihm in Berührung kam. Hatte er Rätz und mir doch sogar zugemutet, wir sollten ihm als Vergünstigung nochmal einen "Jungen" mit ins Gefängnis bringen, weil er soviel Fälle gestanden habe.

Nicht zuletzt auf die Erfahrungen im Falle Haarmann war es zurückzuführen, daß seiner Zeit die zentralen Richtlinien für Vermißte und unbekannte Tote in Preußen und anderen Ländern eingehender und zweckmäßiger abgefaßt wurden. Bis dahin wurden sie überall mehr oder weniger lax gehandhabt.

Interessant sind noch folgende beide Vorfälle:

1) Als der Vater des nachweisbaren ersten Haarmann-Opfers Rothe im Herbst 1918 wegen seines vermißten Sohnes bei dem Polizei-Revier seiner Wohnung Hilfe nachsuchte, durchsuchten mehrerer (sic!) Beamte des Polizeireviers die Wohnung des mehrmals in Begleitung des Jungen gesehenen Haarmann in der Cellerstrasse (sic) nach dem Verschwundenen.

Haarmann erklärte mir 1924 bei den Vernehmungen, er habe damals bei dieser Wohnungsdurchsuchung große Angst ausgestanden und sei froh gewesen, als die Beamten wieder fort waren, denn in einem Handkoffer habe noch der Kopf des kurz zuvor von ihm zerstückelten Rothe gelegen. Die Revierbeamten hatten tatsächlich nur nach einem "Lebenden" gesucht und an eine Tötung nicht gedacht. Deswegen ~~riefen~~ liessen (sic!) sie den fraglichen Handkoffer unbeachtet.

2) Von verschiedenen Zeugen war bei den Vernehmungen erwähnt worden, Haarmann habe einen mit Stempel versehenen Ausweis der Kriminalpolizei, der die Unterschrift des Kriminalkommissars Müller trug, besessen. Bei Nachprüfung stellte sich jedoch die Haltlosigkeit dieser Behauptung heraus. Haarmann hatte sich, wie er selbst angab, einen primitiven Ausweis mit der Unterschrift "Detektei Lasso" angefertigt, um damit zu imponieren. Wahrscheinlich benutzte er diesen Ausweis auch bei seiner Suche nach homosexuellen Partnern.

Lange, Reg. und Krim.-Rat a. D.

Regensburg, 3. 7. 61

Fritz Franke aus Berlin musste mit 16 Jahren sterben – zahlreiche Details über die Vorgehensweise des Mörders

Ein Blick in die Vernehmungsprotokolle der Kripo

Fritz Franke aus Berlin, geboren am 31. Oktober 1906, war, wie Haarmann gestand, eins seiner Mordopfer. Mit diesem Mord begann die eigentliche Mordserie, die bis zu Haarmanns Festnahme am 23. Juni 1924 andauern sollte. Die Geständnisse Haarmanns wurden von den Beamten mit der Schreibmaschine vorformuliert zu Papier gebracht. Starker Tobak, möchte man sagen, hier am Beispiel des Mordopfers Franke, der als Fall zwei im Mordprozess behandelt wurde. So, wie Haarmann mit dessen Leiche umgegangen ist, scheint er es mit vielen anderen getan zu haben:[46]

Fall 2. Franke.

Nach Vorhalt der Photographie in dem Umschlage Bl. 4 der im Beiheft 2 befindlichen Beiakten des Polizeiamts Steglitz: Ich erkenne den Franke auf dem Bilde nicht wieder. Es ist aber möglich, dass (sic!) dieser Mann bei mir war im Frühjahr 1923, weil Frau Mrutzeck erklärte, dass sie ihn bestimmt wieder erkenne.

Mir ist auch noch erinnerlich, dass Mrutzeck, Grans, Schulz und Franke erzählten, dass dieser junge Mann gut Klavier spielen könnte. Dieser junge Mann ist dann Nachts bei mir geblieben. Ob er mehrere Nächte da war, kann ich nicht sagen. Wir haben gegenseitig onaniert und zwar in der Weise, dass ich an seinem Geschlechtsteil rieb bis der Samenerguss erfolgt ist und er dasselbe bei mir tat. Ob auch bei mir der Samenerguss erfolgt ist, kann ich nicht sagen, denn es kam häufig vor, dass ich keine Erektion mehr hatte. Wir legten uns dann ins Bett und zwar wurde das immer so gemacht, dass die Opfer an der Wand lagen, während ich vorn lag. Während wir im Bette lagen, haben wir auch miteinander noch pussiert (sic!), indem wir uns gegenseitig küssten. Bei dieser Gelegenheit habe ich dann meine Opfer in die Kehle gebissen und dann mit den Händen abgedrosselt. Ein Kampf zwischen mir und den Opfern hat weiter nicht stattgefunden. Es ist wohl mal vorgekommen, dass ich Kratzwunden an meinen Händen hatte. Während wir im Bette lagen, brannten stets zwei Petroleumlampen zu dem Zwecke zu erleuchten und das Zimmer zu erwärmen. Ich leugne, dass ich mit dem Beissen und dem Drücken an der Kehle meine Opfer umbringen wollte. Ich kann aber keine Erklärung dafür geben, wie es kommt, dass ich in der Liebesraserei die Opfer gerade immer an die Kehle gebissen und mit meinen Händen am Halse derart gewürgt habe, dass sie starben.

Die Toten habe ich dann in folgender Weise zerstückelt. Ich legte sie auf den Fussboden, deckte den Kopf mit einem Lappen zu und öffnete darauf die Bauchhöhle mit zwei Schnitten, nahm die Eingeweide raus und tat diese in einen Ei-

[46] Nds. HptStA Hann. 155 Göttingen Nr. 864 a, Bl. 11 und 12. Die Unterstreichungen von Textpassagen sind mit einem spitzen Stift vorgenommen worden. Fritz Franke war am 12. Februar 1923 verschwunden. Der Mordfall Friedel Rothe liegt viereinhalb Jahre weiter zurück.

mer. Darauf nahm ich ein Tuch, tunkte dieses in das Blut, welches sich in der Bauchhöhle gesammelt hatte und wrang dann das Tuch ~~in d~~ über dem Eimer aus. Das wiederholte ich so oft bis sich kein Blut mehr in der Bauchhöhle befand.

Repro: Polizeigeschichtliche Sammlung Niedersachsen

Darauf schnitt ich mit 2 Schnitten die Rippen in der Längsrichtung des Körpers vom Bauche nach der Schulter zu auf, fasste dann unter diese losgetrennten Rippen und drückte sie soweit hoch, bis sie oben in der Schultergegend knackten. Darauf schnitt ich sie an dieser Stelle durch und nahm sie ganz weg. Ich entfernte dann Herz, Lunge, Nieren, die ich zerschnitt und ebenfalls in den Eimer tat. Darauf wurden dann die Beine abgeschnitten, dann die Arme und zum Schluss der Hals. Ich löste dann das Fleisch von den Knochen, schnitt es in kleine Stücken, tat es in die Wachstasche zum wegbringen. Das übrige Fleisch wurde unter das Bett und in einem Verschlag, solange ich an der Neuenstr. wohnte, gestellt. Das Fleisch habe ich dann in etwa 5 bis 6 Gängen weggebracht und in die Leine geworfen. Ebenso die langen Knochen, die ich in Papier einwickelte. Das Glied schnitt ich ab, nachdem ich Brust- und Bauchhöhle geöffnet und gereinigt hatte; ich zerschnitt es und tat es ebenfalls in den Eimer. Wollust habe ich bei dem Zerstückeln der Leichen nicht gehabt, bin vielmehr mit Grauen immer an die Arbeit gegangen. Ich musste aber dadran (sic!) gehen, weil ich sonst die Leiche nicht beseitigen konnte. Eine Erklärung dafür, dass ich trotzdem immer wieder neue Opfer auf dieselbe Weise ums Leben gebracht habe, und dieses auch schon in vielen Fällen vor 1923 getan habe, kann ich nicht angeben.

Todesurteil wurde in zwölf Jahre Zuchthaus umgewandelt / Beihilfe zum Mord in zwei Fällen / Ein „Who is who" im Haarmann-Prozess

Der Wiederaufnahmeprozess gegen Hans Grans

Der Händler Hans Grans, geboren am 7. Juli 1901, zunächst am 19. Dezember 1924 wegen Anstiftung zum Mord zum Tod und wegen Beihilfe zu zwölf Jahren Zuchthaus verurteilt, erreichte, dass der Prozess gegen ihn im Jahre 1926 wieder aufgenommen wurde.

Noch einmal wurden den Prozessbeteiligten die schrecklichen Taten des „Werwolfs von Hannover", Fritz Haarmanns, in aller Ausführlichkeit vor Augen geführt. Verfolgen wir einmal diesen, acht Tage dauernden neuerlichen Prozess, der von der Celleschen Zeitung begleitet wurde.

Der hannoversche Professor Theodor Lessing, Doktor der Philosophie und Medizin, der „nur" als Journalist an den Gerichtsverhandlungen von 1924 (und zwar bis zu seinem Ausschluss aus dem Gerichtssaal am 11. Dezember) teilnehmen durfte, hatte 1925 bereits verschiedene Unzulänglichkeiten auf den Punkt gebracht:

Kaum jemals ist ein bedeutender Prozeß unfähiger, kleinlicher und törichter geführt worden. Die Hoffnung, daß mein Buch die Wiederaufnahme des Verfahrens erwirken würde, hat sich nicht erfüllt.

Im übrigen dürfte meine Darstellung des Kriminalfalls älter werden als die Akten des Gerichts und in irgendwelchen denkenden und forschenden Köpfen dennoch zur Wiederaufnahme des Verfahrens führen.

Dass Haarmann nicht wollte, dass auch sein Freund hingerichtet wurde, hatte er in einem seiner Gespräche in Hannover mit dem vom Gericht benannten Psychiater Geheimrat Professor Dr. Ernst Schultze, Göttingen, am 5./6. August 1924 zum Ausdruck gebracht. Wörtlich entgegnete er: „Nein, das will ich nicht, der hat doch nichts gemacht. Nein, nein, das will ich nicht, nee, das gibt es nicht! Wozu? Das will ich mal fragen."[47] Über die Mittäterschaft von Grans hatte Haarmann in einer polizeilichen Vernehmung am 5. Juli 1924 gesagt, dass Grans zwar nicht mitgemordet habe, gewusst habe er aber alles oder wenigstens das Allermeiste. Haarmann und Grans hatten sich Anfang 1919 auf dem Hauptbahnhof Hannover kennen gelernt.

Am 12. Januar 1926, Dienstagvormittag, begann vor dem Schwurgericht Hannover der Wiederaufnahmeprozess gegen den inzwischen 24-jährigen Hans Grans, der im Haarmann-Prozess Ende 1924 wegen Anstiftung zum Morde zum Tode und wegen Beihilfe zu zwölf Jahren Zuchthaus und dauernder Aberkennung der bürgerlichen Ehrenrechte verurteilt worden war.

[47] Aus den Protokollen, veröffentlicht in: Pozsár, Christine; Farin, Michael (Hg.), Die Haarmann-Protokolle, Hamburg 1995, S. 168.

Die Vorgeschichte des Wiederaufnahmeverfahrens ist bekannt. Der damalige Hauptzeuge gegen Grans, der zum Tode verurteilte Haarmann, hatte in einem am 5. Februar 1925 an den Vater des Grans gerichteten Schreiben alle seine belastenden Aussagen widerrufen. Nach diesem, vier Seiten langen Brief habe Grans überhaupt keine Ahnung gehabt von den Morden, nie habe er etwas gesehen. Haarmann habe gelogen und Grans belastet, um Ruhe vor der Polizei zu haben. Unter der Überschrift „Haarmanns Brief“ schrieb Theodor Lessing am 12. Februar 1925 im „Prager Tagblatt“:

Nein, ich hatte nicht geglaubt, auf den widerwärtigen Massenmordprozeß in Hannover nochmals zurückkommen zu müssen. Was darüber zu sagen war, ist gesagt worden. Meine zusammenfassende Darstellung der 27 Mordfälle und die genaueste psychologische Analyse der beiden Angeklagten ist abgeschlossen. Das Buch ist fertig. Und in dem Augenblick, wo diese Zeilen im Druck erscheinen, ist wohl auch das Buch schon erschienen, welches der Berliner Verlag „Die Schmiede“ herausgegeben hat in der kriminalpsychologischen Sammlung: „Außenseiter der Gesellschaft“ ... Und da ereignet sich nun ein neuer Umstand, den man für einen tollen Spuk erklären würde, wenn man ihn in einem Kriminalroman zu lesen bekäme. Am 6. Feber, morgens, kommt zu mir der Vater des zum Tode verurteilten jungen Grans und bringt einen Brief, der auf wunderliche Weise an ihn gelangt ist. Der Bote Lüters, Hannover, Große Wallstraße 3, findet auf dem Wege zur Hauptpost auf der Straße das Briefkuvert. Es steht darauf die Bezeichnung Wertbrief; es ist beklebt mit einer in Meran abgestempelten alten Marke und ist adressiert an den Buchhändler Albert Grans, den Vater des jungen Menschen, dessen Todesurteil soeben vom Reichsgericht bestätigt wurde. Der Bote liefert ehrlich das Kuvert an den Adressaten ab.

Zu dem neuen Prozess waren 31 Zeugen geladen. Als Sachverständige nahmen der Psychiater Ernst Schultze und Medizinalrat Dr. Alex Schackwitz, Hannover, an den Verhandlungen teil. Die Verteidigung des Angeklagten lag in den Händen des Rechtsanwalts Dr. Hans Teich, Hannover (den sich Grans nach einem Streit mit seinem damaligen Verteidiger Albrecht H. Lotze genommen hatte). Den Vorsitz der Verhandlungen führte wieder der schon aus dem Haarmannprozess bekannte Landgerichtsdirektor Dr. Otto Böckelmann. Die Anklage wurde von Oberstaatsanwalt Dr. Leopold Wilde und Staatsanwaltschaftsrat Dr. Robert Wagenschieffer vertreten.

Die Beteiligung des Publikums an dem Prozess war ähnlich stark wie im Haarmannprozess. Bereits um zwei Uhr nachts hatte sich das erste Publikum vor der Kartenausgabestelle eingefunden.

Kurz nach 10 Uhr wurde Hans Grans aus der Haft in den Verhandlungssaal geführt. Er trug wie damals einen Zivilanzug und nahm in der Mitte der Anklagebank Platz. Vorsitzender Böckelmann teilte zunächst einen Antrag des Verteidigers mit, Oberstaatsanwalt Dr. Wilde als Zeuge darüber zu vernehmen, dass Haarmann am Morgen seiner Hinrichtung nochmals erklärt habe, Grans sei unschuldig. Der Oberstaatsanwalt bestätigte dies in einer kurzen Erklärung.

Der Vorsitzende wiederholte dann kurz die Anklage gegen Grans im Haarmannsprozess und das Urteil vom 19. Dezember 1924, nach welchem Haarmann 24 Mal zum Tode und Grans wegen Anstiftung zum Morde zum Tode und wegen Beihilfe zum Morde zu zwölf Jahren Zuchthaus verurteilt worden ist. Die Revision wurde vom Reichsgericht am 2. Februar verworfen. Am 7. Februar ist dann dem Vater des Grans ein Brief Haarmanns überbracht worden. Ferner wurden im Bett Haarmanns Aufzeichnungen gefunden. Auf Grund dieser Schriftstücke wurde auf Antrag des damaligen Verteidigers Rechtsanwalts Lotze die Wiederaufnahme des Verfahrens verfügt, soweit Anstiftung zum Mord im Falle Wittig in Frage kam. Im Fall der wegen Beihilfe zum Mord erfolgten Verurteilung zu zwölf Jahren Zuchthaus des Angeklagten ist dann vom Oberlandesgericht in Celle auch die Wiederaufnahme im Fall der Beihilfe angeordnet worden.

Grans wurde nun vernommen. Kennzeichnend war immer wieder, wie in der Celleschen Zeitung verlautete, dass Grans behauptete, von nichts zu wissen. Er gab zwar zu, gewusst zu haben, dass Haarmann mit jungen Leuten verbotenen Verkehr pflegte, aber er wollte nie gesehen haben, wie dieser Verkehr ausgeübt wurde. Die Fragen des Vorsitzenden, ob Grans von den Morden etwas gewusst habe oder ob er im Zimmer des Haarmann Leichen gesehen hätte, beantwortete Grans mit einem stetigen Nein.

Den breitesten Raum nahm das Verhör über den Fall des Reisenden Fritz Wittig und den Fall des Zimmermanns Adolf Hannappel ein. Im Fall Wittig gab Grans zu, dass er den jungen Menschen öfter bei Haarmann gesehen habe, aber er bestritt entschieden, den Wittig zu Haarmann geführt zu haben. Grans blieb bei der Darstellung, dass ihn das plötzliche Verschwinden des Wittig weiter nicht gewundert habe, denn er sei nach den Angaben Haarmanns der Meinung gewesen, dass Wittig nach Hamburg weiter gereist sei.

„Um 1880 im schlechten Geschmack einer falschen Renaissance gebaut ...“ (Lessing) – das Gerichtsgebäude in Hannover, Poststempel: 21.11.1911. Bildquelle: Andreas-Andrew Bornemann – www.postkarten-archiv.de

In dem Fall Hannappel spielten besonders eine Breecheshose und ein schwerer Holzkoffer die Hauptrolle. Die betreffende Hose hatte Grans bei seiner Verhaftung getragen. Nachdem Hannappel verschwunden war, haben Grans und Haarmann gemeinsam den schweren Holzkoffer des Hannappel von der Gepäckstelle des Bahnhofes abgeholt und in Haarmanns Wohnung gebracht. Obwohl die beiden Handwerkszeug des Zimmergesellen Hannappel in der Kiste vorfanden, wollte Grans sich dennoch weiter keine Gedanken über die „Abreise“ des jungen Menschen gemacht haben. Er habe lediglich geglaubt, was Haarmann ihm erzählte.[48]

Es wurden dann mehrere Briefe eines Unbekannten an Grans verlesen, aus denen hervorging, dass Grans von Haarmann des Öfteren Geldgeschenke erhalten hatte. Wegen Gefährdung der Sittlichkeit wurde bei dieser Verlesung die Öffentlichkeit ausgeschlossen. Über den Absender der Briefe verweigerte Grans die Auskunft.

Nach Wiederzulassung der Öffentlichkeit wurden noch mehrere Fragen an Grans gerichtet, die aber nichts Neues ergaben. Nunmehr kamen die früheren Aussagen des hingerichteten Haarmann zur Verlesung. Nach zweistündiger Verlesung dieser „außerordentlich belastenden“ Aussagen vor der Polizei und dem Gericht wurde die Verhandlung unterbrochen.

Zu Beginn des zweiten Verhandlungstages, Mittwochvormittag, 9 Uhr, wurden die Protokollverlesungen über Haarmanns Vernehmungen vor dem Haarmannprozess fortgesetzt. Noch einmal wurden die scheußlichen Mordtaten Haarmanns den Prozessbeteiligten in aller Ausführlichkeit vor Augen geführt. Manches schon Vergessene wurde erneut lebendig. Auch die bitteren Anklagen gegen Grans kamen wieder ausführlich zur Erörterung. Der Angeklagte folgte den Verlesungen mit scharfer Aufmerksamkeit und benutzte jede Gelegenheit, um Einwendungen zu machen. Es folgte dann die Verlesung des Briefes, den Haarmann aus dem Gefängniswagen geworfen hat und der an den Vater des Grans gerichtet war.

Im Anschluss daran gelangte das umfangreiche, 36 Seiten lange Geständnis zur Verlesung, das Haarmann im Bett aufgezeichnet und dann in Gegenwart der Staatsanwaltschaft dem Gefängnispfarrer übergeben hatte. Haarmann sagte darin, dass er sich durch den Untersuchungsrichter und durch die Polizei furchtbar habe beeinflussen lassen und dass er als Mensch seine Rache gegen Grans haben wollte, die er aber vor Gott nicht aufrechterhalten könne. Haarmann schilderte dann, wie er Grans kennen lernte, und wiederholte ausführlich seine bereits aus dem Haarmannprozess bekannten Anklagen, dass ihn Grans belogen, betrogen

[48] Die Arbeit des 17-jährigen Düsseldorfers Adolf Hannappel als Zimmermann war ihm wegen einer Bauchfelltuberkulose zu schwer geworden. So wurde er im Oktober 1923 in Liesborn bei Lippstadt als Melkergehilfe eingestellt. Am 10. November 1923 sollte er bei einem Bauern bei Celle anfangen, wo er wohl weniger arbeiten musste. Am 9. November fuhr der Junge über Hannover nach Celle, verpasste dort den Anschlusszug und hielt sich in der Nacht des 10. November im Wartesaal III. Klasse des Hauptbahnhofs auf. Dann verschwand er von der Bildfläche. Wie die Ermittlungen ergaben, wurde Hannappel von Hans Grans angesprochen und mit zu Haarmanns Wohnung in der Roten Reihe 2 in Hannover geführt, wo der Düsseldorfer 3 bis 4 Tage verblieb. Haarmann tötete sein Opfer vermutlich am 12. November. Eine von Adolf Hannappel auf der Gepäckaufbewahrungsstelle im Hauptbahnhof aufgegebene Kiste wurde von Grans (laut Urteilsbegründung auch von Haarmann) eingelöst und zu Haarmanns Wohnung geschafft. Hannappels Sachen wurden von Haarmann teils verschenkt, teils verkauft. Eine in der Kiste befindliche Breecheshose, eine Hose aus silbergrauem Cord, wurde später bei Grans vorgefunden.

und bestohlen habe. Im weiteren Verlauf seines Geständnisses sagte Haarmann, er hätte immer noch gehofft, dass sich Grans bessern würde, und er habe ihn trotz allem nicht verdammen können. Offen müsse er bekennen, dass Grans von den Morden nichts gewusst habe. Es sei nur Rache an Grans gewesen, wenn er ihn in den Fällen Wittig und Hannappel beschuldigt habe. Auch in Sachen des verschwundenen Arbeiters Adolf Hennies seien Grans und Hugo Wittkowski, ein weiterer Freund Haarmanns, unschuldig.

Es folgte dann die Verlesung einer Reihe von Protokollen, die im Anschluss an das Geständnis mit Haarmann aufgenommen worden sind. Haarmann warf dabei u. a. der Polizei vor, dass sie ihn durch Misshandlungen zu seiner Aussage gezwungen hätte. Auch während der Schwurgerichtsverhandlung sei er in den Pausen von der Polizei immer gedrängt worden, bei dem zu bleiben, was er vor der Polizei gesagt hatte. Grans leugnete die meisten in Haarmanns Brief gegen ihn erhobenen Vorwürfe und stellte damit, sich selbst zum Schaden, Haarmanns Glaubwürdigkeit ein schlechtes Zeugnis aus.

Nach Beendigung der Verlesungen wurde der Angeklagte noch in ein Kreuzverhör genommen, bei dem Staatsanwaltschaftsrat Dr. Wagenschieffer darauf hinwies, dass Haarmann die Belastung Grans schon zu einem Zeitpunkt ausgesprochen habe, als er von der Verhaftung des Grans noch nichts wusste, also auch nichts von Aussagen, die Grans gegen ihn gemacht haben könnte. Wenn Haarmann nach der Auffassung des Grans andere Gründe zu einer Rache nicht gehabt haben könne, dann sei nicht klar, warum Haarmann gerade Grans, seinen besten Freund, belastet habe. Grans geriet bei diesem Verhör in sichtliche Erregung, konnte aber ausreichende Erklärungen nicht geben. Die Verhandlung wurde schließlich auf Donnerstag 9 Uhr vertagt. Es begann dann die Beweisaufnahme.

Der dritte Verhandlungstag brachte nichts von besonderer Bedeutung. Die Vernehmung der Angehörigen der Ermordeten stand im Mittelpunkt der Verhandlung am Vormittag. Nachdem die Breecheshose und die Kofferkiste des dem Massenmörder zum Opfer gefallenen Hannappel in den Saal gebracht worden waren, erschien als Zeuge der Vater des Ermordeten, ergriffen, aber ruhig und gefasst, seine Aussagen machend. Dann – halb zum Angeklagten gewandt, der kaum den Kopf hob – schleuderte er die bittere Anklage in den Saal: „Grans ist der Schuldige am Tode meines Sohnes!" Seine Frau, nicht so gefasst wie ihr Gatte, brach in Tränen aus, als sie die Sachen ihres Sohnes vor sich liegen sah; kaum konnte sie die Eidesformel nachsprechen. Schließlich kam sie aber in begreifliche Erregung, hatte doch Grans sie – die so schwer geprüfte Mutter – im Gefängnis noch höhnisch angelacht. Mit erhobener Hand wandte sie sich gegen ihn, hob dann den anderen Arm und rief dem Gericht zu: „Der Schuft ist schuld am Tode meines Sohnes!"

Kein Ton war im Saal hörbar bei dieser Anklage einer schmerzgepeinigten Mutter. Grans antwortete auf alles nur mit einem stereotypen: „Ich weiß nicht!" Er war noch vorsichtiger geworden, er wusste, es ging um seinen Kopf, und ein einziges Verplappern konnte ihn vielleicht dem Henker überliefern. Wer wusste hier, wo die Schuld lag? Nur Vermutungen konnte man aussprechen, keiner wusste, ob Grans von den Morden gewusst hatte, nur er selbst, der jetzt vorsichtig jedes Wort abwog, um sich nicht wieder eine Blöße zu geben, und der andere, sein Freund – Haarmann, der gesprochen hatte, aber jetzt – leider – nicht mehr sprechen konnte, um so manchen Widerspruch in der Beweisaufnahme klären zu helfen.

Die übrigen Zeugen, alle bekannt aus dem Haarmannprozess, bekundeten dasselbe wie seinerzeit, als auch noch der Massenmörder selbst neben dem jetzigen Angeklagten auf der Anklagebank saß. Der Zeuge Wittkowski, den Haarmann damals selbst auch des Mordes beschuldigt hatte, machte seine Aussagen mit viel Gewandtheit, oft aber im Ton sich vergreifend, so dass der Vorsitzende ihn scharf verwarnen musste.

Irgendwelche wesentliche Belastungsmomente gegen Grans ergab der dritte Verhandlungstag nicht. Im Gegenteil, die Glaubwürdigkeit des immer noch verschwundenen Zeugen Seidel, der als Hauptbelastungszeuge im Fall Hannappel galt, wurde durch die Aussagen eines anderen Zeugen stark erschüttert, und die Verteidigung wollte noch durch weitere Zeugen die Unglaubwürdigkeit dieses Kronzeugen der Staatsanwaltschaft nachweisen.

„Der Vorsitzende hat immer noch Hoffnung, die Zeugenvernehmung am Freitag zu Ende zu bringen.“ (Cellesche Zeitung vom 15. Januar 1926)

Am nächsten Verhandlungstag kamen Heinrich Rätz, Chef der Haarmann-Mordkommission, und Kripo-Vizechef Hermann Lange zu Wort. Beide Männer hatten im Juli 1924 einen Mord nach dem anderen aus Fritz Haarmann herausgeholt. Zunächst wurde aber ein Mann befragt, der selbst gerade wieder im Gefängnis saß und seine Aussagen aus dem Haarmannprozess wiederholte: „häufig“ habe er gesehen, dass Grans junge Leute vom Bahnhof abgeholt habe und mit ihnen in Richtung Altstadt davongegangen sei. Dieser Punkt wurde von Grans und seinem Verteidiger nicht ernsthaft bestritten; nur eben sei es ein großer Unterschied, ob jemand seinem Freund nur ein „Liebchen“ oder vorsätzlich ein Schlachtopfer zuführte – und ob er danach auch noch dieses Opfers Kleider haben wollte.

Dann folgte der Auftritt des Kriminalbeamten Lange. Fritz Haarmann habe, als er endlich gestand, im Grunde von Anfang an gesagt, Grans müsse von seinen Morden gewusst haben. Und Grans sei im Übrigen erst auf eine besonders aufschlussreiche und überraschende Aussage Haarmanns hin festgenommen worden: Grans, so Haarmann in einer seiner zahllosen Vernehmungen, habe ihn eines Tages aufgeregt als „Mörder“ beschimpft. Und das habe Grans wohl nicht ohne einen triftigen Grund getan. Verteidiger Teich hielt dem entgegen, die Äußerung sei gefallen, als Haarmann mit einer Art Hirschfänger auf Grans losgegangen sei. Kriminalrat Lange wurde vom Vorsitzenden bezüglich der Behandlung Haarmanns durch die vernehmenden Beamten, Polizeikommissar Heinrich Rätz und Kriminalassistent Reich, befragt. Die sei korrekt gewesen. Es habe auch niemand Haarmann mit Entzug von Essen oder Schlaf unter Druck gesetzt.

Seine Aussage, dass nach Haarmanns Worten Grans noch nicht sterben dürfe, wurde vom nächsten Zeugen, Kommissar Rätz, bestätigt. Seine Hand habe er genommen und fest gedrückt und dabei den Satz gesagt. Rätz beteuerte, Haarmann niemals misshandelt zu haben. Auch wisse er nichts davon, dass andere Beamte Haarmann misshandelt hätten.

Am 5. Verhandlungstag wurden die Zeugenvernehmungen fortgesetzt. Eine frühere Geliebte des Grans, eine Dirne aus der Altstadt, sagte sehr ungünstig für den Angeklagten aus. Hier spielte der Fall Fritz Franke eine besondere Rolle. Die Zeugin bekundete, dass Grans mit Hinweis auf den jungen Berliner einmal gesagt habe: „Der wird heute gemacht." Am nächsten Tag sei sie bei Haarmann gewesen und habe Franke auffallend still in Haarmanns Bett liegen sehen. Der junge Franke war bereits tot. Die Zeugin sagte auch, dass Grans möglicherweise zur selben Zeit bei Haarmann am Ofen gesessen habe. Am Abend sei die Zeugin wieder bei Haarmann gewesen. Sie habe gesehen, dass die Kleidungsstücke des Franke auf dem Bett lagen, während Franke selbst verschwunden gewesen sei. Haarmann habe erklärt, der Junge sei abgereist, er habe ihm einen älteren Anzug mitgegeben. Am nächsten Tage sei dann Grans gekommen, um sich von den Sachen des getöteten Franke einiges zu holen. Die Zeugin erklärte weiter, „er ziehe Haarmann nur aus". Sie habe auch gehört, dass Grans dem Haarmann bei einer Streiterei auf der Straße dreimal zugerufen habe: „Du Mörder!"

Auf Befragen des Oberstaatsanwalts erklärte die Zeugin, dass sie gesehen habe, wie Grans hinter dem Rücken Haarmanns Gesichter schnitt, um sich über Haarmann lustig zu machen. Auch habe die Zeugin beobachtet, dass Haarmann und Grans sehr viel miteinander getuschelt haben.

Der Friseur (im Zuchthaus zu Hannover) Seidel sagte etwa Folgendes aus: „Ich wusste, dass Grans das 'Verhältnis' des Haarmanns war. Ich habe gesehen, dass Grans im Wartesaal des Hauptbahnhofs an einen jungen Mann herantrat, der auf einer Holzkiste saß. Er redete längere Zeit auf den jungen Menschen (Hannappel) ein, bis dieser schließlich seine Kiste nahm und mit Grans den Wartesaal verließ. Haarmann war nicht dabei. Haarmann hat sich mit dem jungen Manne auch vorher gar nicht unterhalten, aber er wartete draußen in der Vorhalle und gab dem Grans ein Zeichen mit dem Kopfe." Der Zeuge betonte ausdrücklich, dass seine sämtlichen Aussagen darauf beruhten, was er mit eigenen Augen gesehen und mit seinen Ohren gehört habe.

Grans wurde gefragt, weshalb er die selbst getragenen Kleidungsstücke nicht auch selbst von den damaligen Opfern des Haarmann gekauft habe, weil dies doch der erste und schnellste Weg gewesen wäre. Grans erklärte, dass er dafür nicht sofort Geld zur Verfügung gehabt hätte, bei Haarmann aber habe er ratenweise zahlen dürfen. Der Strafanstaltsoberwachtmeister Biehl will gehört haben, dass Haarmann dem Grans einmal zugerufen hatte: „Hans, halt die Ohren steif, du wirst nicht geköpft, ich habe günstig für dich ausgesagt." Der Vater des Angeklagten Grans machte Aussagen über den Lebenslauf seines Sohnes. Er hielt seinen Sohn zwar für leichtsinnig, aber einen Mord oder Beihilfe zum Mord traute er ihm nicht zu. Die Stiefmutter des Angeklagten bekundete im Wesentlichen dasselbe. Zu erregten Auseinandersetzungen sei es zwischen dem Kriminalassistenten Raedeke und dem Angeklagten Grans gekommen, wie in der Celleschen Zeitung am 18. Januar vermeldet wurde.

Justizrat Philipp Benfey, der Verteidiger Haarmanns, bekundete u. a., dass er am 9. Februar 1925, nachdem er von dem abgeworfenen Brief Haarmanns gehört hatte, mit Rechtsanwalt Lotze im Gefängnis gewesen sei, um mit Haarmann zu sprechen. Haarmann sei hier auf Rechtsanwalt Lotze zugegangen, habe mit beiden Händen dessen rechte Hand gedrückt und ihm gedankt, dass er so für Grans eingetreten sei. Haarmann sei sehr erregt gewesen und habe auch geweint. Der Zeuge habe den Eindruck gehabt, dass Haarmann in diesem Augenblick Komödie spielte. Befragt, warum er in der Hauptverhandlung Grans denn so belastet habe, habe Haarmann gesagt, wenn er das nicht getan hätte, sei er bange gewesen, von der Menge totgeschlagen zu werden. Auf Befragen erklärte der Zeuge, dass Haarmann ihm nie etwas über Misshandlungen durch Polizeibeamte gesagt habe, im Gegenteil habe er stets erklärt, anständig behandelt worden zu sein. Grans dürfe nicht hingerichtet werden, „er sei noch viel zu jung".

Vor und während der Hauptverhandlung habe er als Verteidiger immer auf Haarmann eingewirkt, die Wahrheit zu sagen. Als er Grans in den ersten Tagen des Prozesses durch seine Aussagen schwer belastet habe, habe Haarmann nachher zu ihm gesagt: „Jetzt bin ich befreit", oder: „Meine Seele ist jetzt frei." Haarmann habe auch nie geäußert, dass er Rachegefühle gegen Grans habe. Einmal während der Hauptverhandlung habe er sich zu ihm herübergebeugt und habe zu ihm in Bezug auf Grans gesagt: „Der Kerl weiß ja alles!"

Justizrat Benfey hielt jedenfalls alles das, was Haarmann damals in der Hauptverhandlung gegen Grans gesagt hatte, bis auf die Anschuldigung im Falle Hennies, „für unbedingt wahr". Er habe auch am 9. Februar zunächst den Eindruck gehabt, dass Haarmann in seinem Geständnis die Wahrheit gesagt hätte, sei aber später in dieser Auffassung doch zweifelhaft geworden.

Rechtsanwalt Lotze, der Verteidiger des Grans im Haarmannprozess, hatte die subjektive Auffassung, dass Grans unschuldig sei. Falls sich nach seiner Meinung diese Auffassung nicht halten ließe, müsse Grans ihm gegenüber eine starke schauspielerische Leistung gezeigt haben, aber über den ganzen Komplex um Grans sei er sich auch heute noch nicht völlig klar.

Da Grans den Verhandlungen nicht mehr folgen konnte, wurden die Vernehmungen um 15 Uhr abgebrochen, um am Montagvormittag fortgesetzt zu werden.

Der 6. Verhandlungstag stand im Zeichen der Sachverständigengutachten. Als erster Sachverständiger und zugleich Zeuge machte Geheimrat Professor Dr. Schultze seine Aussagen. Geheimrat Schultze hatte Haarmann seinerzeit wochenlang in der Provinzial-Heil- und Pflegeanstalt in Göttingen beobachtet. Er sagte vor allen Dingen über die Glaubwürdigkeit Haarmanns aus. Dass Haarmann die Unwahrheit gesagt habe, sei ja erwiesen, aber wenn man daraus schließen wolle, dass man Haarmann überhaupt nichts glauben dürfe, so gehe man wohl zu weit. Eine eingehende Untersuchung des Gehirns von Haarmann habe keine festen Anhaltspunkte für irgendeine Krankheit ergeben. Haarmann sei entschieden eine primitive, infantile Persönlichkeit gewesen.

Nachdem von der Oberstaatsanwaltschaft wie auch von der Verteidigung mehrere Zwischenfragen an Grans gestellt waren, gab Gerichtsmedizinalrat Dr. Schackwitz als Sachverständiger und auch als Zeuge sein Gutachten ab. Er erklärte, dass Haarmann zu ihm gesagt habe, Grans hätte immer darauf gedrungen, dass er (Haarmann) nicht solche Jungen mit nach Hause nehmen solle, die schlechte Kleider tragen. Dr. Schackwitz habe Haarmann in den letzten Tagen vor der Hinrichtung wiederholt gesprochen. Haarmann habe u. a. zu ihm gesagt: „Grans ist ein Lump, der mich ausgenutzt hat, aber mit den Mordtaten hat er nichts zu tun.“ Dr. Schackwitz erklärte weiter, dass er durch die Nachprüfung des Haarmannschen Vorlebens feststellen musste, dass Haarmann nicht zu der Kategorie der Betrüger und Schwindler gehörte und also seine Angaben möglichst der Wahrheit getreu gemacht hatte, abgesehen von den falschen Beschuldigungen in den Fällen Garvens und Hennies. Dr. Schackwitz stellte auch fest, dass Haarmann an seinem Körper nie Spuren von Misshandlungen getragen habe.

Dann nahm Staatsanwaltschaftsrat Dr. Wagenschieffer das Wort zu seinem Plädoyer. Er betonte, dass es sich um drei verschiedene Aussagen handelte, und zwar um die erste Aussage, die Haarmann vor der Polizei und vor dem Untersuchungsrichter sowie in dem Hauptprozess machte, dann um die zweite Aussage des Haarmann in dem so genannten Widerruf und endlich um die dritte Aussage, die Grans gemacht habe. In allen drei Aussageabteilungen liege eine ganze Menge von Widersprüchen. Es sei sehr schwer, ein ganz klares und endgültiges Bild von der Wahrheit zu erhalten. Jedenfalls könne mit ziemlicher Sicherheit gesagt werden, dass die Polizei in dem ganzen Verfahren vollständig entlastet worden sei. Haarmann sei also zu seinen Aussagen nicht etwa gezwungen worden oder er habe seine Aussagen nicht unter Erpressungserscheinungen zu machen brauchen. Wenn man Haarmann schon nicht in allen Fällen Glauben schenken könne, so sei dies noch viel weniger bei dem Angeklagten Grans der Fall, der ja bewiesen habe, dass er eine Zuhälternatur sei, „die als Schmarotzer ihr ganzes Leben gefristet habe“.

Nach diesem Plädoyer nahm der Oberstaatsanwalt Dr. Wilde das Wort. Er schloss sich im Großen und Ganzen den Ausführungen des Vorredners voll an. Dr. Wilde stellte am Schluss seiner Ausführungen folgenden Strafantrag: Wegen Beihilfe zum Morde in zwei Fällen je acht Jahre Zuchthaus. Beide Fälle sollten auf insgesamt zwölf Jahre Zuchthaus zurückgeführt werden. Ferner seien dem Angeklagten mit Rücksicht darauf, dass das Motiv seines Handelns Habgier gewesen ist, die bürgerlichen Ehrenrechte auf zehn Jahre abzuerkennen. Außerdem wurde mit Rücksicht auf die Gemeingefährlichkeit des Handelns Stellung unter Polizeiaufsicht beantragt. Die ganze Untersuchungshaft sollte auf das Strafmaß angerechnet werden.

Die Verhandlung wurde am Montagabend fortgesetzt, das Urteil am Dienstag gefällt.

Das Plädoyer von Verteidiger Teich war, wie der als Privatmann anwesende Berichterstatter Theodor Lessing spontan notierte, vor allem vor dem Hintergrund der staatsanwaltschaftlichen Schlussausführungen „eine Oase in der Wüste des Grans-Prozesses“. Dass es Hans Grans dennoch kaum noch half, hatte sich der Angeklagte nach Ansicht der meisten Prozessbeobachter durch sein arrogantes Verhalten selber zuzuschreiben. Das Schlusswort des Angeklagten lautete: „Ich fordere von einem objektiv urteilenden Gerichtshof meine Freisprechung und die Wiederherstellung meiner Ehre.“ Damit verlor er, wie Lessing feststellte, bei der gegen ihn herrschenden, „völlig unpsychologischen“ Einstellung den letzten Rest Sympathie.

Das Urteil des Gerichts lautete:

„Das Urteil des Schwurgerichts vom 19. Dezember 1924 wird aufgehoben, soweit es den Händler Grans betrifft. Grans wird wegen Beihilfe zum Morde in zwei Fällen zu einer Gesamtzuchthausstrafe von zwölf Jahren und den Kosten des Verfahrens verurteilt. Die bürgerlichen Ehrenrechte werden ihm auf die Dauer von zehn Jahren aberkannt. Auch wird auf Zuverlässigkeit der Polizeiaufsicht erkannt.“

Das Urteil gegen Grans.

Zwölf Jahre Zuchthaus.

In dem Wiederaufnahmeverfahren gegen den Helfershelfer Haarmanns, Grans, ist am Dienstag folgendes Urteil gefällt worden:

Das Urteil des Schwurgerichts vom 19. Dezember 1924 wird aufgehoben, soweit es den Händler Grans betrifft. Grans wird wegen Beihilfe zum Morde in zwei Fällen zu einer Gesamtzuchthausstrafe von zwölf Jahren und den Kosten des Verfahrens verurteilt. Die bürgerlichen Ehrenrechte werden ihm auf die Dauer von zehn Jahren aberkannt. Auch wird auf Zuverlässigkeit der Polizeiaufsicht erkannt.

In der Begründung des Urteils wird u. a. ausgeführt daß das Gericht davon überzeugt sei, daß Grans von den Mordtaten Haarmanns gewußt habe. Im Falle Hannabel komme Beihilfe in Frage; im Falle Wittich habe das Gericht nicht wie früher auf Anstiftung, sondern auch auf Beihilfe erkannt. Der Angeklagte nahm das Urteil und seine Begründung ohne eine Miene zu verziehen, entgegen.

Das Urteil gegen Grans: Cellesche Zeitung vom 20. Januar 1926.

In der Begründung des Urteils wurde u. a. ausgeführt, dass das Gericht davon überzeugt sei, dass Grans von den Mordtaten Haarmanns gewusst habe. Im Falle Hannappel komme Beihilfe in Frage; im Falle Wittich habe das Gericht nicht wie früher auf Anstiftung, sondern auch auf Beihilfe erkannt. Der Angeklagte nahm das Urteil und seine Begründung, ohne eine Miene zu verziehen, entgegen.

Quellen:

Cellesche Zeitung und Anzeigen vom 13., 14., 15., 18., 19. und 20. Januar 1926
Theodor Lessing: Haarmann – Die Geschichte eines Werwolfs, Hannover 1925, Neuauflage 1995 (insbesondere S. 87 f. und Nachwort, S. 194 ff.)
Rainer Hoffschildt: „Der Fall Haarmann“, in: Olivia – Die bisher geheime Geschichte des Tabus Homosexualität und der Verfolgung der Homosexuellen in Hannover, Hannover 1992
Christine Pozsár, Michael Farin (Hrsg.): Die Haarmann-Protokolle, Hamburg 1995, S. 554 ff.
Friedhelm Werremeier: Haarmann, Der Schlächter von Hannover – die grauenvollen Verbrechen des berüchtigten Serienmörders, München 1996 (insbesondere S. 183 ff.)
Brandenburgisches Landeshauptarchiv Pr.Br. Rep. 35H (KZ Sachsenhausen)/32
Russisches Staatliches Militärarchiv, Moskau, 1367/1/16

Hans Grans landete nach einigen Jahren Aufenthalt in Sachsenhausen in Wathlingen bei Celle

Hans Grans nach der Freilassung

Was wurde aus Hans Grans? Er kam nach seiner Verurteilung ins Zuchthaus Celle, und da ihm die Untersuchungshaft *nicht* angerechnet worden war, hätte er bis 1938 sitzen müssen. Vorher jedoch, nachdem sich dem Vernehmen nach selbst der Dichter Joachim Ringelnatz (1883-1934) vergeblich um seine Freilassung bemüht hatte, kam er am 4. März 1937 ins KZ Sachsenhausen, Bezirk Potsdam. SS-Oberscharführer Zeidler* stellte das Zugangsdokument aus, welches später in das Russische Staatliche Militärarchiv in Moskau gelangte. Vom gleichen Datum datiert die handschriftliche Zugangsmeldung von der Lagerleitung, die später in das Brandenburgische Landeshauptarchiv Potsdam gelangte (Signatur: Pr.Br. Rep. 35H (KZ Sachsenhausen)/32). Hans Grans bekam die Häftlingsnummer 000123 (Häftlingskategorie „Vorb-H.“) und wurde in Block 05 untergebracht, er kam erst 1946 als „Krimineller“ frei.

Am 22. April 1945 wurden 3000 kranke und nicht gehfähige Häftlinge im Hauptlager des KZs Sachsenhausen befreit. Mehr als 35000 hatten bereits zwei Tage zuvor die Baracken verlassen müssen. Sie wurden auf dem Todesmarsch in Richtung Schwerin von Einheiten der Alliierten befreit. Zuvor waren fast alle Akten von der SS vernichtet worden, sodass eine Rekonstruktion von Grans Haftzeit unmöglich geworden ist. Der Zugang zu den wenigen Akten in den russischen Archiven erscheint unmöglich.

Man gab Grans, so die gängige Überlieferung, einen neuen Namen, und der Strafverteidiger Erich Frey, der Haarmann einmal vertreten und ein paar recht umstrittene Fakten in den Fall gebracht hatte, behauptete, er sei danach Werkmeister in einer südwestdeutschen Großstadt gewesen. Das scheint aber nun nicht zu stimmen.

Grans stritt sein Leben lang alle Vorwürfe ab, auch, als er nach seiner Verurteilung wieder freikam. Über 20 Jahre hatte er im Celler Zuchthaus und im KZ Sachsenhausen gesessen, als er 1946 wieder in Hannover auftauchte. Er wohnte zunächst zur Untermiete in einer Wohnung am Pfarrlandplatz, wie aus Unterlagen des Stadtarchivs Hannover hervorgeht. Wenige Monate nach seiner Entlassung heiratete er seine Cousine Milly, bei der er dann in Wathlingen lebte.

Hans Grans hatte nach seiner Haftzeit nicht unter einem Pseudonym gelebt. Und in der Tat verrät der Blick in das Adressbuch Celle, Stadt und Landkreis, für das Jahr 1949 unter der Gemeinde Wathlingen:

Grans, Hans, Kaufmann, Nr. 135

Im gleichen Hause lebte die im Adressbuch als Ehefrau bezeichnete Elsbeth Staab, im Nachbarhaus Nr. 133 lebte der Arbeiter Willi Staab. Helmut Sievert, ein „Wathlinger Urgestein“, hatte bei Hans Grans damals die Zeitung zugestellt. Er erinnert sich, wie er damals hineingebeten wurde „zu Hans Grans und Milly“.

Am Bohlkamp 5 in Wathlingen. Foto: Blazek

1955, die Straßennamen hatten inzwischen in Wathlingen Einzug gehalten, hören wir ein weiteres Mal von Grans: „Grans, Hans, Maurer, Am Bohlkamp 5“. Im Adressbuch des Landkreises für 1961 finden wir Hans Grans nicht mehr.

Grund: Am 25. Juli 1955 waren Hans und Milly Grans zurück nach Hannover gezogen, in die Rintelner Straße 2 in Oberricklingen. Eine bescheidene Wohnung, ein Wellensittich, im Wohnzimmer schwere Polstermöbel und ein Bücherschrank. Gute kleinbürgerliche Gemütlichkeit – so etwa hatte Haarmann sich auch seine eigene Zukunft mit Grans vorgestellt: „Er sollte die Stütze meines Alters werden, er hätte heiraten sollen“, hatte er einmal gesagt. Noch aus dem Erlös seiner Memoiren wollte er Grans Geld für einen eigenen Laden zukommen lassen.

Nachbarn erinnern sich an Grans als einen freundlichen, klugen Menschen, der auf dem Bau arbeitete – und mit dem man sonst nicht viel zu tun hatte. „Jahrzehnte haben wir im selben Haus gelebt“, sagt eine 85-jährige frühere Nachbarin heute, „aber darüber haben wir nie gesprochen“. Obwohl man „darüber“ schon Bescheid wusste: „Immer mal wieder standen Kripoleute vor seiner Tür, und als mein Vater seinen Namen auf dem Klingelschild las, wusste er gleich, wer das war“, erinnert sich die 85-Jährige.

Wahrscheinlich sei es, so Friedhelm Werremeier, dass er danach bis 1974 einen Kiosk in Hannover besessen habe, in der Südstadt oder in Ricklingen; angeblich habe er aus seinem Fenster auf ein Schild „METZGEREI HAARMANN“ geblickt. Dies sei aber, wie Werremeier einräumt, unbewiesen.[49]

Es wird in Wathlingen erzählt, Grans sei dann von Hannover nach Bielefeld verzogen.

Hans Grans (im weißen Hemd, neben dem Tannenbaum) bei einer Weihnachtsfeier im Kreis der Familie, 1960. Grans lebte damals an der Rintelner Straße 2.

Einmal jedoch brach Grans selbst das Schweigen. Wie aus dem Nichts erschien am 19. Juni 1974, 50 Jahre nach Haarmanns Verhaftung, in der „Hannoverschen Allgemeinen Zeitung“ ein Artikel über Hans Grans von Dieter Tasch: „Ein Brief im 'Anzeiger' rettete ihn vor dem Henker. Der Komplize des Massenmörders Haarmann lebt noch heute in Hannover“. Über eine Art Rechtspfleger habe Tasch die Möglichkeit bekommen, Grans zu treffen. Voraussetzung: Grans Identität und Lebensumstände bleiben geheim. Grans, mittlerweile 73 Jahre alt, lebe unter neuem Namen mit seiner Frau wieder in Hannover. Tasch beschreibt Grans als einen verbrauchten und von der Haft gezeichneten Mann. Verbittert habe Grans gesagt, er habe seine Strafe mit insgesamt 22 Jahren in Haft mehr als abgesessen und sei nach seiner Zeit im KZ sogar noch in Sicherheitsverwahrung gekommen. Er bleibe bei seiner Aussage, zu Unrecht verurteilt worden zu sein. „Haarmann hat mein Leben verpfuscht“, zitiert Tasch Grans.

Grans beteuerte, mit Haarmann nie intim gewesen zu sein – obwohl sie in verschiedenen Wohnungen zusammengelebt und ein Jahr lang in einem Bett ge-

[49] Entnommen aus: Werremeier, a. a. O., S. 205. Hans Grans hatte vor seiner Inhaftierung (28. Juni 1924) im Haus Burgstraße 14 in Hannover (mit Mitbewohner Hugo Wittkowski) gelebt.

schlafen hatten. Grans beteuerte, dass er nie einen Mord und nie eine Leiche gesehen habe – obwohl in seinem engsten Umfeld binnen weniger Monate Dutzende Menschen verschwanden. Und er beteuerte, dass er Haarmann nie Jungen zugeführt habe – obwohl dieser das behauptet hatte. Er sei zu Unrecht verurteilt worden, sagte Grans damals, wenige Monate, bevor er am 17. Februar 1975 starb und auf dem Seelhorster Friedhof bestattet wurde.

* Der oben genannte SS-Oberscharführer Zeidler hat im Konzentrationslager Sachsenhausen infolge sadistischer Anwandlungen einen Häftling „in gemeinster Weise" geschlagen und wurde daraufhin, aufgrund Befehls des Inspekteurs der Konzentrationslager und Führers der SS-Totenkopfverbände in Berlin vom 4. Juni 1937, zum SS-Mann degradiert, für dauernd aus der SS ausgeschlossen und dem Strafrichter übergeben (Befehlsblatt SS-TV/IKL Nr. 5, Mai 1937).

Ein Filmteam um den hannoverschen Regisseur Nils Loof hat im Jahre 2008 einen Dokumentarfilm über Haarmann und Grans produziert.

Quellen:

Dieter Tasch: „Ein Brief im 'Anzeiger' rettete ihn vor dem Henker. Der Komplize des Massenmörders Haarmann lebt noch heute in Hannover", in: „Hannoversche Allgemeine Zeitung" vom 19.06.1974

Tobias Premper: „Fritz, du bist doch der Beste!", taz, die tageszeitung, 10.03.2007

Simon Benne: „Haarmanns Gehilfe", in: „Hannoversche Allgemeine Zeitung" vom 19.08.2008

Mündliche Auskünfte von Helmut Sievert, Wathlingen

Verkauf von Adventskalender mit Massenmörder gestoppt

Städtische Tourismus-Gesellschaft will Gefühle nicht verletzen

Nachdem der Verkauf eines Adventskalenders mit dem Abbild des Massenmörders Fritz Haarmann in Hannover für Aufregung gesorgt hatte, hat die Stadt jetzt den Verkauf gestoppt. Man wolle Befindlichkeiten und Gefühle nicht verletzen, hieß es.

HANNOVER (lni). Die Stadt Hannover hat den Verkauf eines Adventskalenders mit dem Abbild eines Massenmörders gestoppt. Der Kalender werde über die städtische Tourismus-Gesellschaft nicht mehr vertrieben, erklärte eine Sprecherin gestern. Im Handel, etwa in Buchläden, bleibe er aber erhältlich. Die Hannover Tourismus GmbH (HTG) habe sich für den Verkaufsstopp entschieden, weil sie Befindlichkeiten und Gefühle nicht verletzten wolle, sagte HTG-Chef Hans-Christian Nolte.

Unter einem weihnachtlich geschmücktem Baum am Leineufer ist auf dem Kalender ein Mann mit Hut und Hackebeil gezeichnet. Laut Legende handelt es sich um Fritz Haarmann. Dieser verübte vor rund 90 Jahren in Hannover 24 Morde an Jungen und jungen Männern, deren zerstückelte Leichen er in die Leine warf. Schon im Vorjahr war die Haarmann-Comic-Figur auf dem Kalender

Haarmann künftig nicht mehr im Bild

abgebildet gewesen. Niemand hatte Anstoß genommen. Sollte es 2008 wieder einen Hannover-Adventskalender geben, werde dort keinesfalls wieder Haarmann auftauchen, betonte Nolte.

Wegen der Abbildung des Massenmörders Fritz Haarmann auf einem Adventskalender wird dieser jetzt aus dem Verkehr gezogen. Foto: Agitares

Makaber. Cellesche Zeitung vom 3. November 2007

Vorher bekam er ein halbes Pfund abgekochten Schinken, Butter und drei Harzkäse mit Brot – Haarmann verabschiedete sich von den Anwesenden

Das Ende auf dem Schafott

Seit der Urteilsverkündung am 19. Dezember 1924 waren fast genau vier Monate vergangen, als die letzte Stunde des Serienmörders Haarmann anbrach. Die Hinrichtung wurde am frühen Mittwochmorgen des 15. April 1925 um sechs Uhr im tristen Hof des Gerichtsgefängnisses an der Leonhardtstraße 1 in Hannover, einem roten Backsteinbau aus den Jahren 1865-75 an der Rückseite des Hauptbahnhofs (heute nicht mehr existent), mit dem Fallbeil vollzogen.

Im Vorfeld hatte das preußische Kabinett am 4. April 1925 das Todesurteil bestätigt. Und der Ministerialrat im Preußischen Justizministerium in Berlin Fritz Hartung, zu dessen Referat das Scharfrichterwesen in Preußen gehörte, hatte bestimmt: „Laut Übereinkunft mit dem Ministerium für Wissenschaft, Kunst und Volksbildung sind Haarmanns sterbliche Überreste den Berliner Anatomen Krause und Kopsch auszuhändigen, da Haarmanns Angehörige auf die Herausgabe der Leiche verzichtet haben. Zu der Leichenbesichtigung sind überdies zwei prominente Göttinger Pathologen hinzuzuziehen.“[50]

Zum Betätigen der Guillotine reiste der namhafte Scharfrichter Carl Gröpler aus Magdeburg, der „rote Richter“, wie Theodor Lessing ihn bezeichnete, 57 Jahre alt, mit seinen Gehilfen an.

---

[50] Friedrich Wilhelm Konrad Hartung, * Homberg 4. April 1884 in, † Göttingen 14. Mai 1973, 1903 Reifeprüfung am Wilhelmsgymnasium in Kassel, Studium der Rechtswissenschaft in Marburg und Leipzig, 1907 Referendar, 1912 Gerichtsassessor (1907/08 Militärdienstzeit), 1913 Hilfsarbeiter bei den Justitiaren des Reichspostministeriums (Reichspostamtes), 1915 Amtsrichter in Frankfurt a. M., 1919 Hilfsrichter am Oberlandesgericht Frankfurt a. M., 1920 wissenschaftliche Hilfskraft im Preußischen Justizministerium, 1921 Oberjustizrat, 1922 Ministerialrat im Preußischen Justizministerium (Generalreferat für Strafrecht und Verfahrensrecht), 1921-1923 zugleich Schiedsrichter in einem deutsch-polnischen Schiedsgericht über Amnestiefragen, 1927 Stellvertretender Bevollmächtigter zum Reichsrat, zum 1. Dezember 1929 zum Reichsgerichtsrat ernannt, bis 1945 Mitglied des vom Reichsgerichtspräsidenten geführten III. Strafsenats, 1930 Dr. jur. h. c. (Universität Münster), 1930-1933 nebenamtlich Dozent an der Universität Halle, 1946-1948 Dozent für Strafrecht, Strafverfahrensrecht, Kriminologie und Kriminalistik an der Universität Marburg, danach im Ruhestand. (SchiedsamtsZeitung, 25. Jahrgang, 1954, Heft 04, S. 50 ff.) Fritz Hartung hat von 1930 bis zur Kapitulation dem 3. Strafsenat des Reichsgerichts unter der Leitung des Reichsgerichtspräsidenten Erwin Bumke angehört und damit in besonderer Weise die Willkürjustiz des Dritten Reiches repräsentiert (Müller, Ingo, Furchtbare Juristen, München 1987, S. 197). Noch als Bundesrichter hielt Hartung wenig kritische Distanz zu seiner eigenen Vergangenheit. Vielmehr schwärmte er noch 1971: „Auch auf juristischem, insbesondere strafrechtlichem Gebiet hatte das nationalsozialistische Regime im Anfang Fortschritte von grundlegender Bedeutung gebracht. (...) Viele kleinere Novellen brachten weitere Verbesserungen, die bis heute Bestand haben und aus dem Strafrecht nicht mehr wegzudenken sind.“ (Jurist unter vier Reichen, Köln, Berlin, Bonn, München 1971, S. 123). Hartungs Vergangenheit mag der Grund dafür gewesen sein, dass er nicht mehr Mitglied des im Oktober 1950 gegründeten Bundesgerichtshofs wurde.

In einem Brief vom 8. Mai 1925 schilderte Oberstaatsanwalt Leopold Wilde Professor Ernst Schultze die letzten Stunden Haarmanns:[51]

Haarmann ist bei der Hinrichtung durchaus gefaßt und sehr ruhig gewesen. Den Abend vorher sind ihm auf seinem Wunsch 1/2 Pfund abgekochter Schinken, 1/4 Pfund Butter und 3 Harzkäse mit Brot verabfolgt worden. Er hat alles mit größtem Appetit verzehrt, dazu 6 Zigarren geraucht und Bohnenkaffee getrunken. Den Genuß von Alkohol hat er ausdrücklich abgelehnt, weil er für die Hinrichtung frisch bleiben wollte. Nach Mitternacht hat er auf seinen Wunsch das Abendmahl empfangen und ist dann bis zur Hinrichtung wach geblieben. Auf meine unmittelbar vor der Hinrichtung an ihn gerichtete Frage, ob er noch etwas zu seinen Straftaten sagen wolle, erklärte er, „er wolle den schweren Gang gehen und als Mann sterben". Als er schon auf die Fallschwertmaschine geschnallt war, rief er: „Auf Wiedersehen".

Unmittelbar vor der Abführung zur Guillotine hatte Haarmann, wie nur Theodor Lessing zu berichten wusste, einen Brief an Dr. Schackwitz geschrieben. Die letzten Worte dieses Briefes hätten so gelautet: „Wollen Sie glauben, das ist eine Lehre für ihn (für Hans Grans). Er ist ein Lump. Aber bestrafen können Sie ihn nicht. Ich schütze ihn nicht. Er hat keine Ahnung gehabt ..."

Gröpler und seine Mannschaft schnallten Fritz Haarmann auf die Guillotine. Sie zogen ihm sein offenes Hemd über die Schultern herunter. Ob seine letzten Worte „Auf Wiedersehen, meine Herrschaften!" oder nur „Auf Wiedersehen" gewesen sind, ist nicht eindeutig zu sagen. Im General-Anzeiger Bonn hieß es damals: „Seine letzten Worte waren: ‚Auf Wiedersehen, meine Herrschaften' – nicht etwa ironisch, sondern mit Ernst und Ausdruck gesprochen. Nach diesen Worten fiel unter dem Läuten des Armsünderglöckchens das Fallbeil. Es wurde das Vaterunser gesprochen, und dem Gesetz war Genüge getan."

Etwa 40 ehrenwerte Bürger von Hannover, darunter der zuständige Kriminalinspektor, Hermann Lange, und der Chef der Haarmann-Mordkommission, Kriminalkommissar Heinrich Rätz (beide hatten Haarmann versprochen, zugegen zu sein), sowie der Gerichtsarzt Medizinalrat Dr. Alex Schackwitz, die Anatomen von zwei Universitäten, zwei Richter, ein Protokollführer und ein Dutzend angesehene Bürger der Stadt, sahen zu, wie das Blut herausschoss, als Haarmanns Körper an der vorgesehenen Stelle durch das herabsausende Fallschwert direkt unter dem Kinn zerschnitten wurde.

Im „Burgdorfer Kreisblatt" und in der Celleschen Zeitung wurde am 16. April 1925 getitelt: „Haarmann hingerichtet". Über den wenige Sekunden dauernden Akt berichtete die „Göttinger Zeitung":

M. Hannover, 15. April.

Haarmann nahm den Vollstreckungsbefehl, der ihm abends gegen 6 Uhr eröffnet wurde, gefaßt entgegen. Auch in der anschließenden kurzen Unterredung mit den Staatsanwälten legte er Ruhe an den Tag und bekundete daß er willig ster-

[51] Nds. HptStA Hann. 155 Göttingen Nr. 864 a, Oberstaatsanwalt, Sehr geehrter Herr Geheimrat, Hann., 8. Mai 1925, Bl. 84 f.

ben wolle, weil er seine großen Sünden einsehe. Die Nachtstunden verbrachte er zum größten Teil mit seinem Geistlichen beim Gebet. Erst in den Morgenstunden zeigten sich Spuren von Unruhe, innerer Erregung und Rührung. Der Aufforderung, seinen letzten Weg anzutreten, kam er entschlossen nach.

Vor dem Schaffot hörte er nochmals das Urteil und nahm die Mitteilung entgegen, daß von dem Recht der Begnadigung kein Gebrauch gemacht worden sei. Darauf wurde er mit den Worten, „den letzten und schweren Weg zu gehen", dem Scharfrichter Gröpler aus Magdeburg mit seinen Henkersknechten übergeben. Haarmann meinte, „schwer sei der Weg, aber er wolle ihn gehen, denn er wisse, daß er eine große Schuld zu sühnen habe." Kaltblütig stand er vor dem Schaffot. Lediglich physisch schien er empfänglich, denn er meinte unter den Handlungen der Henkersknechte: „Vorsichtig, meine Herren, vorsichtig." Seine letzten Worte waren: „Auf Wiedersehen, meine Herrschaften!", nicht etwa ironisch, sondern ernst und mit Ausdruck gesprochen. Nach diesen Worten fiel unter dem Läuten des Armesünderglöckleins das Fallbeil. Es wurde das Vaterunser gesprochen und dem Gesetz war Genüge getan. Etwa 40 Bürger der Stadt Hannover wohnten der Urteilsvollstreckung bei.

Armesünderglocken waren meist kleine Einzelglocken, die bei jeder Hinrichtung geläutet wurden und den Delinquenten begleiteten. Sie sollten die Urteilsstunde verkünden oder auch zur Hinrichtung rufen. „Gott hilf" war eine typische Beschriftung dieser Glocken. Im 19. Jahrhundert kündigten die Armesünderglocken die Sperrstunde der Städte an. Die aus dem Mittelalter herrührende Prozedur des Armesünderglockenläutens wurde erst im Jahre 1940 abgeschafft.

Wortgleich wie die „Göttinger Zeitung" äußerte sich die Cellesche Zeitung am 17. April 1925, berief sich aber ausdrücklich auf die Angaben in der „Vossischen Zeitung", einer überregional angesehenen Berliner Zeitung.

Da heißt es weiter:

Alle Gerüchte, die wissen wollten, so berichtet die ‚Voss. Ztg.' weiter, daß Haarmann noch ein Geständnis über andere als die ihm in der Verhandlung zur Last gelegten Morde abgelegt haben sollte, sind unrichtig. Haarmann, der am Schluß der Verhandlung selbst erklärte, daß er einen großen Teil der Straftaten verschwiegen hat und daß er vor seinem Ende noch reden wolle, hat sein Versprechen nicht gehalten. Auch die in dem von ihm bei einem Autotransport aus dem Wagen geworfenen Briefe an den Vater des mitverurteilten Grans gemachten Angaben haben sich als Phantasiegebilde erwiesen.

Die Polizei ist allen von Haarmann noch nachträglich bekundeten Spuren nachgegangen. Es hat sich aber kein anderes Bild als das im Schwurgerichtssaal während der 17tägigen Verhandlung ergeben.

Auf Grund der von Haarmann schriftlich mitgeteilten Tatsachen hat der Verteidiger des verurteilten Grans ein Wiederaufnahmeverfahren beantragt. In den für die Vorbereitung dieses Verfahrens notwendigen Zeugenvernehmungen haben sich die Angaben Haarmanns als unwahr herausgestellt, und Haarmann selbst hat vor dem Richter die Zurücknahme der Beschuldigungen gegen Grans, die er dessen Vater übermittelte, widerrufen.

Das „Prager Tagblatt“ schrieb am 16. April 1925: „Der Massenmörder Haarmann ... ist heute im großen Hof des Gerichtsgefängnisses durch das Fallbeil hingerichtet worden. Haarmann machte einen sehr gefaßten Eindruck und erklärte, daß er seine Taten bereue. Haarmann wurde gestern von der bevorstehenden Hinrichtung benachrichtigt. Er erbat sich geistlichen Beistand, der ihm auch gewährt wurde. Die Exekution leitete Oberstaatsanwalt Dr. Wilde, der im Prozesse vor dem Geschworenengericht die Anklage vertreten hat. Scharfrichter Gröbler aus Magdeburg vollstreckte das Urteil.“

Datierend vom 15. April 1925 veröffentlichte Oberstaatsanwalt Dr. Leopold Wilde eine Bekanntmachung, die Zeugnis gibt über die soeben erfolgte Hinrichtung Haarmanns. Namentlich aufgeführt sind die Namen der 24 jungen Männer, für deren Ermordung Haarmann büßen musste, und zwar in chronologischer Folge – von Friedel Rothe (letztes Lebenszeichen am 28. September 1918) bis Erich de Vries.

Ein vermeintlicher Wunsch Haarmanns war am Ende nicht in Erfüllung gegangen, nämlich der, auf dem Klagesmarkt in Hannover hingerichtet zu werden. Am 2. August 1924 hatte er Ernst Schultze gegenüber noch gesagt: „An dem Tag, an dem ich hingerichtet werde, da sorgen Sie doch, daß ich Käse kriege, nicht? [eindringlich auf Schultze einredend] Können wir das nicht auf dem Klagesmarkt machen? – Schreiben Sie das auf – dann vergessen wir das nicht.“ Und seinem anfänglichen Verteidiger, Erich Frey, hatte er gesagt: „Auf dem Klagesmarkt werden sie mich köppen, nüch wahr. Viele Leute werden da sein ... Es ist ein kalter Tag ... Aber die Sonne wird scheinen. Und dann isser wech, der Kopf. Und auf dem Friedhof werden sie mir einen Grabstein setzen ... iss schon bezahlt von der Sterbekasse ... Und da steht drauf: ‚Hier ruht der Massenmörder Haarmann.’“

Der Klagesmarkt befindet sich vis-à-vis der Christuskirche, wo Haarmann Ostern 1894 konfirmiert worden war. Von dort ab führt der Engelbosteler Damm durch die Nordstadt, dem Stadtteil, wo Haarmann bis zur Aufnahme in die Unteroffiziervorschule Neubreisach am 14. April 1895 seine Kindheit verbracht hatte.

Bald nach der Hinrichtung Haarmanns stellte sich zur allgemeinen Verblüffung heraus, dass die Leiche Haarmanns ohne Kopf nach Berlin gelangt war. Der Kopf hingegen war nach Göttingen gelangt, von wo er zur Untersuchung nach München und schließlich wieder nach Göttingen verfrachtet wurde.

Fritz Hartung, der nach 1945 noch als Strafrechts- und Strafprozesskommentator tätig war, erinnerte sich in seinem sonst nicht unkritisch zu lesenden Werk „Jurist unter vier Reichen“ (1971, S. 73), dass das Gehirn Haarmanns auf seine Veranlassung hin in der hirnpathologischen Abteilung der Deutschen Forschungsanstalt für Psychiatrie (Kaiser-Wilhelm-Institut) in München untersucht werden sollte. Ähnlich hatte sich auch schon Obergutachter Geheimrat Ernst Schultze in einem Brief an den Gerichtsarzt Dr. Alex Schackwitz vom 24. Februar 1925 geäußert (Blatt 137): „Es wäre sicher von Interesse, wenn sein Gehirn von einem Fachmann genau untersucht würde."

Die Professoren Emil Kraepelin und Walther Spielmeyer von der Deutschen Forschungsanstalt für Psychiatrie in München waren mit der Untersuchung des Gehirns betraut. Professor Spielmeyer arbeitete mit Franz Nissl und Professor Dr. Korbinian Brodmann in der hirnpathologischen Abteilung des Instituts. Institutsleiter Kraepelin war schon am 7. Oktober 1926 in München gestorben.

Bei der Begutachtung des Gehirns wurden Zeichen einer abgelaufenen Hirnhautentzündung festgestellt. Haarmanns Gehirn wies also, entgegen den gutachtlichen Feststellungen, Auffälligkeiten auf. Fritz Hartung kommentierte die Ergebnisse: „Die Untersuchung bestätigte zu einem gewissen Grade meine Befürchtung, daß den dem H. zur Last gelegten Straftaten geistige Abnormitäten zugrundegelegen haben könnten; es ergab sich, daß das Gehirn an mehreren Stellen mit der inneren Schädelhaut (dura mater) verwachsen war; und das deutete darauf hin, daß Haarmann eine Gehirnhautentzündung durchgemacht haben mußte. Solche Erkrankungen aber führen bekanntlich öfters zu Wesensveränderungen. Es ist also wohl die Möglichkeit nicht auszuschließen, daß hier ein Unzurechnungsfähiger oder doch nicht voll Verantwortlicher hingerichtet worden ist. Der Fall hat sehr dazu beigetragen, meine Bedenken gegen die Todesstrafe zu verstärken."[52]

Der Kriminologe Erich Wulffen schrieb in seinem 1926 veröffentlichten Buch „Kriminalpsychologie – Psychologie des Täters" auf Seite 412 noch: „Über das Ergebnis der Gehirnsektion ist bisher nichts bekannt geworden."

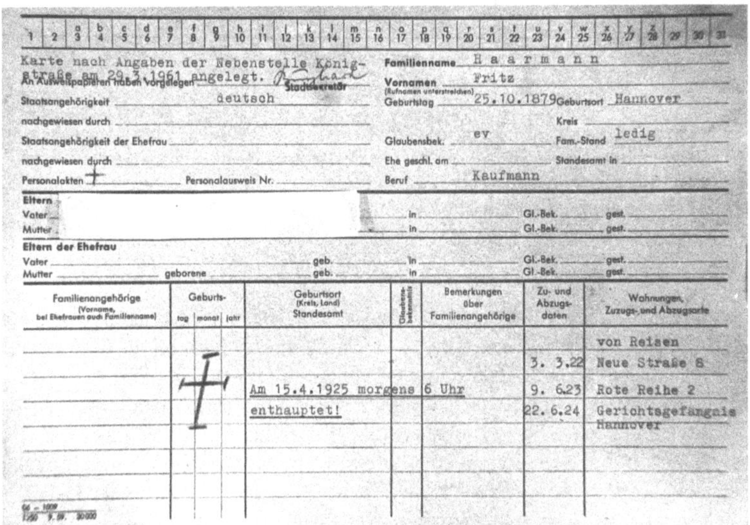

Karte nach Angaben der Nebenstelle Königstraße am 29.3.1961 angelegt. [Unterschrift] Stadtsekretär

An Ausweispapieren haben vorgelegen

Staatsangehörigkeit deutsch

nachgewiesen durch

Staatsangehörigkeit der Ehefrau

nachgewiesen durch

Personalakten ✝ Personalausweis Nr.

Familienname Haarmann

Vornamen (Rufnamen unterstreichen) Fritz

Geburtstag 25.10.1879 Geburtsort Hannover

Kreis

Glaubensbek. ev Fam.-Stand ledig

Ehe geschl. am Standesamt in

Beruf Kaufmann

Eltern
Vater in Gl.-Bek. gest.
Mutter in Gl.-Bek. gest.

Eltern der Ehefrau
Vater geb. in Gl.-Bek. gest.
Mutter geborene geb. in Gl.-Bek. gest.

Familienangehörige (Vorname, bei Ehefrauen auch Familienname)	Geburts- tag	monat	jahr	Geburtsort (Kreis, Land) Standesamt	Glaubensbekenntnis	Bemerkungen über Familienangehörige	Zu- und Abzugsdaten	Wohnungen, Zuzugs- und Abzugsorte
								von Reisen
		✝					3. 3.22	Neue Straße 8
				Am 15.4.1925 morgens 6 Uhr			9. 6.23	Rote Reihe 2
				enthauptet!			22. 6.24	Gerichtsgefängnis Hannover

Auf dieser Karte sind Haarmanns letzte Wohnortwechsel und sein Ende vermerkt.

[52] Hartung, Jurist unter vier Reichen, a. a. O., S. 73.

Es ist ein Extrembeispiel einer Konservierung von Gesichtszügen: die aus der Pathologie bekannte Methode der Körperteilaufbewahrung in Gläsern mit Flüssigkeiten. Von Fritz Haarmann wurde der Kopf in einer solchen Form aufbewahrt, nachdem man Augen und Gehirn für mikroskopische Untersuchungsprozesse herausgenommen hatte.

Man wird wohl nicht mehr klären können, ob nach der Hinrichtung Haarmanns der mit der Todesfeststellung beauftragte Göttinger Gerichtsmediziner und Direktor des Instituts für Rechtsmedizin Professor Dr. Eduard H. T. Lochte um den abgeschlagenen Kopf des Delinquenten Haarmann gebeten oder dieses Körperteil einfach mitgenommen hat. Seitdem befindet sich der Kopf jedenfalls im Institut für Rechtsmedizin der Universität Göttingen, wo er zunächst in Spiritus und/oder Formalin schwamm, nun jedoch seit mehreren Jahrzehnten in einem luftdicht abgeschlossenen Aquarium in Gelatine eingebettet ist. Das Gesicht wirkt verquollen, die Gesichtszüge sind noch gut zu erkennen. Die Haut ist auffallend blass wegen der früher unzureichenden Präpariertechniken. Das schüttere Haupt-, Augenbrauen- und Barthaar lässt seine rote Farbe gerade noch erkennen. Die Augen sind geschlossen, ebenso der Mund. Generationen von Medizin- und Jurastudenten wurden an diesem Kopf vorbeigeführt. Der 1989 emeritierte Ordinarius für Rechtsmedizin Prof. Dr. Steffen Berg hat die vor Jahren zaghaft vorgetragenen Argumente eines jungen Assistenten und der damaligen mit Oberarztfunktionen versehenen Oberassistentin zur Beerdigung des Kopfes energisch zurückgewiesen.[53]

Als „Königlich Gerichtsmedizinische Unterrichtsanstalt der Georg-August-Universität zu Göttingen" wurde das Institut für Rechtsmedizin in Göttingen innerhalb der Medizinischen Fakultät im Jahre 1904 gegründet. Das Institut war der Lehre, Forschung und der Dienstleistung für die Rechtspflege verpflichtet. Prof. Dr. Eduard H. T. Lochte leitete von 1906 bis 1934 das Institut. Mit seiner Experimentierfreudigkeit und Originalität legte Lochte die Grundlagen für Tatortarbeit und Fallanalyse. Er untersuchte das Aussehen von Blutspuren, die Fallhöhe von Bluttropfen sowie die Richtung, aus der ein Tropfen auf dem Boden aufgetroffen war. Weitere Themen waren die Zusammensetzung von Schreibtinte und Klebstoffen. Professor Lochte gilt zudem als „Vater der Haaranalyse".

Vier Hirnschnitte von Haarmanns Kopf befinden sich heute noch in München.

Die verwendete Fallschwertmaschine war 1859 von einer Münchner Firma angefertigt worden. Am 12. Oktober 1932 wurde sie noch einmal im Strafgefängnis Wolfenbüttel für die Hinrichtung des Raubmörders Friedrich Opitz aufgebaut. Das Fallbeil gelangte übrigens später, wie Polizeidienststellenleiter Mario Anke in Hardegsen 1999 aus Anlass der Ausstellung „Polizei im Wandel der Geschichte" gegenüber der „Neuen Presse" sagte, für eine Ausstellung nach München.

[53] Spiegel Wissen, Nr. 41/1990, Zeitgeschichte: Fernsehdokumentation über den Massenmörder Haarmann.

Einer der prominentesten preußischen Scharfrichter –
eine breitschultrige, kräftige Gestalt mit rötlichem Schnurrbart

Scharfrichter Carl Gröpler – der rote Richter

Der führende Scharfrichter in Deutschland zur Zeit der nationalsozialistischen Machtergreifung war der Magdeburger Carl Gröpler. Er war von 1906 bis 1937 preußischer Scharfrichter und nahm Hinrichtungen in Preußen, Mecklenburg, Oldenburg, Braunschweig und den Hansestädten vor. Davon, dass jeder, der ihm begegnete, bleibende Erinnerungen davontrug, zeugen vereinzelte zeitgenössische Darstellungen. Man begegnete ihm mit Ehrfurcht. Und immer stellte man sich die Frage, was ihn wohl bewegen möge bei seinen Amtshandlungen.

Carl Gröpler stand den Staatsanwaltschaften mit seinem Handbeil, auch Richtbeil genannt, zur Verfügung. Je nach örtlicher Begebenheit bediente er auch Fallschwertmaschinen. Einmal soll Gröpler, der neben Friedrich Reindel prominenteste preußische Scharfrichter, vor einer Hinrichtung zu einem Justizwachtmeister gesagt haben: „Glauben Sie nicht an Gott? Ich – ja!"[54]

Bei diesem Scharfrichter, dem „roten Richter", mit welchem Namen Theodor Lessing ihn 1925 benannte, handelte es sich um, wie es heißt, eine breitschultrige, kräftige Gestalt mit rötlichem Schnurrbart und militärisch kurzem Haarschnitt. In Amt und Würden trug er einen hoch geknöpften Gehrock, und der dunkle Anzug spannte über den breiten Schultern.

Franz Friedrich Carl Gröpler, wie er mit seinem vollständigen Geburtsnamen hieß, kam am 22. Februar 1868 in Magdeburg als gemeinsames Kind des Eisenbahnarbeiters/Dienstmanns in Magdeburg Heinrich Gröpler und seiner Ehefrau, Auguste Gröpler, geborene Anton, zur Welt. Vor seiner Ernennung zum Scharfrichter war er „Roßschlächter" (Pferdeschlachter) gewesen.[55] Sein Sohn Georg wurde 1895 geboren, und 1897 gründete er an der Hohepfortestraße 8 in Magdeburg die Dampfwäscherei „Aegir".

Im Jahre 1906 legte Carl Gröpler vor der Königlichen Staatsanwaltschaft Magdeburg ein Examen als Scharfrichter mit Erfolg ab. Noch im gleichen Jahr tauchte er im Magdeburger Adressbuch als Scharfrichter auf und trat damit die Nachfolge seines Lehrmeisters Alwin Engelhardt an, welcher Schwiegersohn von Friedrich Reindel war und von 1900 bis zu seiner Entlassung 1906 (und dann noch einmal von 1933 bis 1936) für Preußen im Dienst gestanden hatte.

Seine Scharfrichterkarriere hatte Gröpler als Hauptgehilfe des preußischen Scharfrichters Lorenz Schwietz begonnen. Lorenz Schwietz, ein früherer Gehilfe des Scharfrichters Julius Krautz, hatte von 1886 bis 1898 in Breslau eine Abdeckerei betrieben, ehe er im Jahre 1900 seine neue Aufgabe übernahm. Noch zu Lebzeiten hatte Schwietz in Breslau einen Verleger gefunden, der seine Me-

[54] Goetz, Walter; Steinhausen, Georg, Archiv für Kulturgeschichte, 1976, S. 171.
[55] Glenzdorf, Johann Caspar; Treichel, Fritz, Henker, Schinder und arme Sünder, Bad Münder am Deister 1970, S. 148.

moiren auflegte: „Das Tagebuch des Scharfrichters Schwietz aus Breslau über seine 123 Hinrichtungen“, bearbeitet von Helmuth Kionka, mit zwei eingedruckten Bildnissen, Breslau 1924. Schwietz, 1846 zu Groß-Döbern, Kreis Oppeln, geboren, war zunächst Fleischer und Rossschlächter gewesen. Er hatte die Scharfrichterprüfung 1889 abgelegt und war 1913 in den Ruhestand getreten. Nach Breslau zurückgekehrt, erschoss sich Schwietz 1925 aus Existenznot und aus Trauer über den Tod seiner Frau im Jahre 1923.[56]

Gröpler war aus viel gröberem Holz geschnitzt als sein früherer Vorgesetzter. Mit der Behauptung des älteren Schwietz, die Durchführung von Hinrichtungen sei „Ehrensache“, hatte er nichts im Sinn. Von Anfang an war es klar, dass es ihm auf das Geld ankam. Wie lange vor ihm Julius Krautz schrieb er nach seiner Ernennung sogleich an die Staatsanwaltschaften in anderen norddeutschen Ländern und bot seine Dienste an. Gröpler, der sich durch seine überhöhten Spesenabrechnungen unbeliebt machte, ärgerte sich bald über das niedrige Honorar, das er für Hinrichtungen bekam, und das stark schwankende und nicht genau berechenbare Einkommen daraus. 1906 verdiente er 1075 Mark, 1907 waren es 1800 und 1908 schließlich 2550 Mark.[57]

Am 2. April 1908, um 6 Uhr morgens, führte Carl Gröpler in Bonn die dreifache Hinrichtung der wegen Raubmordes angeklagten kroatischen Bergleute Nikolaus Baic, Daniel Beslac und Milos Kantar mittels Guillotine aus. Reibungslos ging der Akt nicht vonstatten, wie in der Celleschen Zeitung vom 3. April 1908 mitgeteilt wurde: „In Bonn sind gestern die drei kroatischen Raubmörder geköpft worden, deren Hinrichtung zunächst aufgeschoben worden war. Der Aufschub erfolgte, weil das Gnadengesuch noch nicht erledigt war. Den drei hat der Kaiser seine Gnade versagt, nur der vierte und jüngste Raubmörder ist zu lebenslänglichem Zuchthaus begnadigt worden. Zwei der Mörder gingen gefaßt in den Tod, während der dritte entsetzlich schrie; er mußte mit Gewalt zur Richtstätte geführt werden. Der traurige Akt dauerte eine Viertelstunde.“

Am 16. Mai 1908 wurde um 6 Uhr morgens auf dem Hof des Gerichtsgefängnisses in Köslin (Provinz Pommern) der 25 Jahre alte Maurergeselle Heinrich Preuß aus Bublitz durch Scharfrichter Gröpler mit dem Handbeil enthauptet.

Am 14. Juli 1908 wurde der Mörder Emil Pohl auf dem Gefängnishof der Strafanstalt Oslebshausen bei Bremen hingerichtet. Pohl ließ sich zur Guillotine führen, auf der er schnell von Gröpler und seinen zwei Gehilfen angeschnallt wurde. „Ein Griff des Scharfrichters an der Hemmung, ein Ruck, ein Aufzucken des Körpers; der Scharfrichter meldete mit lauter Stimme: Das Urteil ist vollstreckt!“ Insgesamt dauerte die Prozedur nur drei Minuten, der eigentliche Enthauptungsakt lediglich 28 Sekunden. Das Zeugnis für den Scharfrichter vom 15.

---

[56] Koch, Tankred, Geschichte der Henker – Scharfrichter-Schicksale aus acht Jahrhunderten, Berlin 1988, S. 283, 295.

[57] Evans, Richard J., Rituale der Vergeltung – Die Todesstrafe in der deutschen Geschichte 1532-1987, Berlin 2001, S. 484 f.

Juli 1908 vermerkt, dass er die Hinrichtung „mit Ruhe und Sicherheit ausgeführt“ habe.[58]

Überhaupt wurde Carl Gröpler als gelassener, unerschütterlicher Mensch beschrieben.[59]

Gröpler reiste damals übrigens unter falschem Namen nach Bremen. „Als Legitimation nennen Sie den Namen ‚Lop'“, instruierte der Erste Staatsanwalt zu Bremen am 11. Juli 1908 den Scharfrichter.[60]

Am Nachmittag des 24. August 1909 kam gegen 17 Uhr Scharfrichter Gröpler mit seinen Gehilfen nach Berlin. Der Kaufmann Richard Henkel aus Gera saß seit kurzer Zeit wegen Mordes im Strafgefängnis von Plötzensee in der Mörderzelle ein und wartete auf seine Hinrichtung. Auf dem Richtplatz erwarteten ihn der Gerichtsvorsteher mit zwölf Zeugen und Gerichtsbeamten sowie einigen Polizeibeamten und der Scharfrichter mit seinen Gehilfen. Nachdem der Staatsanwalt das Urteil verlesen hatte, wurde Henkel dem Scharfrichter übergeben. Mit geübten Händen packten ihn die Gehilfen und schnallten ihn auf das Brett, das sofort nach vorne fiel, und Scharfrichter Gröpler löste die Arretierung des Fallbeils. Darauf meldete er: „Herr Staatsanwalt, das Urteil ist vollstreckt!“

Vielleicht weil er mit seiner Unzufriedenheit nicht hinter dem Berg gehalten hatte, begann Carl Gröpler 1909 besser zu verdienen: Er bezog 5350 Mark aus den elf Hinrichtungen dieses Jahres und weitere 4950 Mark aus den zehn Hinrichtungen 1910.

Im Jahre 1914 nahm Carl Gröpler mit zwei Gehilfen in Duisburg die Hinrichtung des Bergmanns Peter Nowak vor.

Im gleichen Jahr musste oder durfte Gröpler auch in Berlin Hand anlegen. Ein Schriftsteller, der Zeuge der Hinrichtung war, schildert den Scharfrichter folgendermaßen: „Es klopfte, und ... ein uniformierter Beamter ließ einen gut ... gekleideten Zivilisten herein. ... Er schüttelte (Oberinspektor) Krause die Hand: ‚Guten Tag, Herr Krause. Da bin ich mal wieder, wie geht's selbst und der Frau, den Kindern und Enkelchen? Es ist schon richtig Frühling.' Er wischte sich mit einem aus der inneren Brusttasche gezogenen, sehr großen und sehr weißen Taschentuch Stirn und Nacken ab, fuhr sich mit der Hand über sein kurz geschnittenes rötliches Haar. Krause stellte uns einander vor, der Herr hieß Gröpler. Er lächelte mich freundlich an, als er mir seine breite, feste Hand gab. Dann wandte er sich wieder an Krause geschäftlich und sachlich ...“

Am Morgen des 30. Oktober 1918, mit dem Glockenschlag sieben Uhr, wurde der aus Russisch-Polen stammende Schlosser Johann Chmiel, die Hände auf dem Rücken gefesselt, in den Hof des Lüneburger Gerichtsgefängnisses geführt.

---

[58] Kruse, Hans-Joachim, Zur Geschichte des Bremer Gefängniswesens, Band II, Bremen 2003, S. 109.

[59] Vgl. Wolfenstein, Alfred; Holtz, Günter; Haarmann, Hermann, Werke, 1993, S. 219 („ruhiger Kaufmann“).

[60] Abschrift des Schreibens im Stadtarchiv Bremen 4/89/1.236.

Nach der üblichen Zeremonie traten die Scharfrichtergehilfen rasch hinzu und führten den Verurteilten schnellen Schrittes an die Enthauptungsmaschine. Sie zerrissen den Wollfaden, der sein Hemd hinten zusammenhielt, so dass der Nacken entblößt wurde, und fesselten ihn mit Riemen an das aufrecht stehende Anschnallbrett. Blitzschnell wurde dieses umgelegt und der Kopf Chmiels unter das Fallschwert geschoben. Gröpler, der indessen an der Seite der Maschine Aufstellung genommen hatte, betätigte den Auslöser, das Beil sauste herab und trennte den Kopf vom Körper. Sekunden später meldete Gröpler: „Herr Oberstaatsanwalt! Das Urteil ist vollstreckt." Der ganze Akt hatte etwa vier Minuten gedauert. Und während der Oberstaatsanwalt die Verhandlung schloss und das Glockengeläut verstummte, schnallten die Gehilfen den Rumpf des Gerichteten ab und legten diesen zusammen mit dem aus dem Fangsack herausgenommenen Kopf in einen Sarg.

Am 27. August 1921 um 6 Uhr morgens wurde der Serienmörder Friedrich Schumann im Gefängnis Plötzensee von Carl Gröpler durch das Handbeil hingerichtet. Der Berliner Strafverteidiger Erich Frey erinnerte sich später an die flüchtige Begegnung mit dem Scharfrichter: „Am Ende des Ganges mußte ich einem breitschultrigen Manne Platz machen. Er sah wie ein Transportarbeiter aus, der hochgeknöpfte Gehrock wirkte merkwürdig an ihm. Sein kurzgeschorener Schädel saß auf einem faltigen Stiernacken. Trotz des fahlen Lichts wirkte er braungebrannt und gesund. Noch nie hatte ich Scharfrichter Gröpeler (sic!) aus Magdeburg gesehen. Aber als er mit einer flüchtig angedeuteten Verbeugung an mir vorüberging, wußte ich, daß er es war. Wer am Kriminalgericht zu tun hatte, wußte über Gröpeler Bescheid. Er war Pferdeschlächter gewesen. ... Vom Staat bezog er monatlich ein kleines Fixum und mußte dafür mit seinem riesigen Beil und drei geübten Gehilfen auf Anforderung der Staatsanwaltschaften zur Verfügung stehen. Für jede Hinrichtung bekam er dreihundert Mark und die Spesen ... Gröpeler ging, um sich seinen Klienten anzuschauen. ‚Bei dem können Se ruhich reinjehen', hörte ich den Beamten zu Gröpeler sagen. ‚Der hat keene Nerven!'"

Nur in wenigen Zuchthäusern richtete man damals noch mit dem Handbeil hin. Fast überall benutzte man stattdessen die schnellere und sicherere Guillotine.

Richard J. Evans sagt in „Rituale der Vergeltung", dass 1924 wieder auf den Wäschereibesitzer Carl Gröpler aus Magdeburg zurückgegriffen werden musste. Die Ministerialbürokraten hätten dabei „in den sauren Apfel gebissen". Mit seinen 56 Jahren sei Gröpler körperlich noch immer rüstig gewesen; das einzige Zeichen seines fortschreitenden Alters sei gewesen, dass er jetzt vollkommen kahl war. Im Bewusstsein seiner starken Verhandlungsposition stellte Gröpler erwartungsgemäß exorbitante finanzielle Forderungen, die die Beamten zunächst einmal mühsam auf ein für sie vertretbares Maß herunterhandeln mussten. Im April 1924 unterzeichnete Gröpler schließlich den neuen Vertrag. Im

Dezember 1924 sah man Gröpler wieder bei der Arbeit, als er eine Enthauptung in Erfurt vornahm.[61]

Am 15. April 1925 wurde der Serienmörder Fritz Haarmann um 6 Uhr im Gerichtsgefängnis an der Leonardstraße (heute nicht mehr existent) in Hannover durch Scharfrichter Gröpler mit dem Fallbeil hingerichtet. Gröpler und seine Mannschaft schnallten ihn auf die Guillotine.

Bekanntmachung.

Der Kaufmann Fritz Haarmann aus Hannover ist heute vormittag 6 Uhr hingerichtet worden.

Er ist durch rechtskräftiges Urteil des Schwurgerichts Hannover vom 19. Dezember 1924 wegen Mordes, begangen zu Hannover
im September 1918 an dem Schüler Friedel Rothe,
im Februar 1923 an dem Lehrling Fritz Franke,
im März 1923 an dem Lehrling Wilhelm Schulze,
im Mai 1923 an dem Schüler Roland Huch,
im Mai 1923 an dem Arbeiter Hans Sonnenfeld,
im Juni 1923 an dem Schüler Ernst Ehrenberg,
im August 1923 an dem Bürogehilfen Heinrich Struß,
im September 1923 an dem Lehrling Paul Bronischewski,
im Oktober 1923 an dem Arbeiter Richard Gräf,
im Oktober 1923 an dem Lehrling Wilhelm Erdner,
im Oktober 1923 an dem Schüler Heinz Brinkmann,
im November 1923 an dem Zimmermann Adolf Hannappel,
im Januar 1924 an dem Schlosser Ernst Spiecker,
im Januar 1924 an dem Arbeiter Heinrich Koch,
im Februar 1924 an dem Arbeiter Willi Senger,
im Februar 1924 an dem Lehrling Hermann Speichert,
im April 1924 an dem Lehrling Alfred Hogrefe,
im April 1924 an dem Lehrling Wilhelm Apel,
Ende April 1924 an dem Lehrling Robert Witzel,
im Mai 1924 an dem Lehrling Heinz Martin,
in der Nacht vom 25. zum 26. Mai 1924 an dem Reisenden Fritz Wittig,
im Mai 1924 an dem Schüler Friedrich Abeling,
im Juni 1924 an dem Lehrling Friedrich Koch,
im Juni 1924 an dem Bäckergesellen Erich de Vries,
zum Tode verurteilt worden.

Hannover, den 15. April 1925.

Der Oberstaatsanwalt.
Dr. Wilde.

Am 15. Februar 1926 richtete Carl Gröpler den 30 Jahre alten Fabrikarbeiter Osip Jakubowski aus Palingen bei Ratzeburg in Strelitz hin. Er war am 26. März 1925 vom Gericht des vorsätzlichen Mordes, begangen an seinem unehelichen Sohn Ewald, für schuldig befunden und zum Tode verurteilt worden.

Ein Generalstaatsanwalt beschrieb den Scharfrichter Gröpler als muskulösen Typ, der stets gut gekleidet gewesen sei und den Eindruck eines wohlsituierten, selbstbewussten und ehrsamen Bürgers gemacht habe. Warum sollte er kein ehrsamer Bürger gewesen sein? Als der bekannte Humorist Otto Reutter (1870-1931) einmal von Gröpler zum Kaffee eingeladen war und dem Gastgeber eine Zigarre anbot, habe dieser gemeint: „Ihnen kann ich nun mal nichts abschlagen." „Ich will's hoffen", habe Reutter schlagfertig entgegnet. Wie viele Köpfe

[61] Evans, a. a. O., S. 665. Die Aussagen decken sich mit denen von Hans-Joachim Kruse, wonach Gröpler 1920 ausgeschieden sei, „weil er nicht hinreichend zuverlässig gewesen sei".

Gröpler in seiner etwa dreißigjährigen Dienstzeit abgeschlagen hat, konnte nicht festgestellt werden. Nach der Enthauptung des unglücklichen Jakubowski konnte er angeblich seine 134. Hinrichtung verbuchen. Allerdings bleibt offen, ob diese Zahl auch Hinrichtungen enthält, bei denen er als Gehilfe tätig war.[62]

Andere Quellen besagen, Gröpler habe damals das Jubiläum seiner 50. Hinrichtung gefeiert. Der deutsche Dichter und Politiker Johannes Robert Becher schreibt in seinem 1926 veröffentlichten Antikriegsroman „Levisite oder Der einzig gerechte Krieg", wegen dem er wegen „literarischen Hochverrats" angezeigt wurde, auf Seite 92:[63]

O, da ist ja auch die ganze Scharfrichterfamilie versammelt, Herr Gröpler: so heißt er, der der ordnungsgemäßen Handhabung des Richtbeils nur Allzukundige, im Nebenberuf Inhaber einer gutgehenden Dampfwäscherei; da feiert er auch schon im Kreis seiner Lieben das Jubiläum seiner fünfzigsten Hinrichtung. Und die Wände seines trauten Heims sind mit Sprüchen aus der Bibel (Korinther) und mit Kaiserbildnissen geschmückt. Den fünf zum Tode Verurteilten aber hat man über Weihnachten drei Tage Aufschub gewährt, damit der Sängerchor der Strafvollziehungsanstalt, dessen eifrige Mitglieder die fünf Armensünder bis dato noch sind, an den hohen Festtagen wenigstens intakt bleibt. Halleluja!

Eine der letzten Hinrichtungen der Weimarer Republik fand am Morgen des 13. Januar 1928 statt, als der wegen zweifachen Mordes verurteilte Arbeiter Karl Böttcher durch Scharfrichter Gröpler in Berlin-Plötzensee enthauptet wurde.[64]

„Die Weltbühne" schrieb hierzu auf Seite 112: „Der Justizminister ist auf einem Ball, als man eine letzte Intervention versucht. Während er Charleston tanzt, prüft Herr Gröpler aus Magdeburg die Schneide seines Beiles."

Laut Arbeitsvertrag von 1928 war Carl Gröpler seinerzeit verpflichtet gewesen, bei Hinrichtungen eine an Hals und Armen geschlossene schwarze Litewka, also einen blusenförmigen Uniformrocks, mit schwarzen Knöpfen zu tragen, da der damalige Justizminister den Frack sowie das Ablegen des Fracks vor Ausführung des tödlichen Streichs als übertrieben theatralisch empfunden hatte.

Im Magdeburger Adressbuch von 1930 ist Carl Gröpler in den Teilen 1 (Einwohner), 2 (Straßen und Häuser) und 3 (Branchenverzeichnis) aufgeführt. Demnach hat Gröpler in der Straßburger Straße 8, Erdgeschoss, gewohnt und in der Hohepfortestraße 8 die Dampfwäscherei „Aegir" Gröpler & Co. betrieben.

Die Magdeburger Adressbücher von 1925 und 1928 weisen Gröpler ebenfalls als Besitzer der Dampfwäscherei „Aegir" aus. Die Straßburger Straße existiert seit 1945 nicht mehr, ebenso das damalige Haus an der Hohepfortestraße. Auf dem Areal ist heute eine Grünanlage. Damals befand sich die Straßburger Straße

---

[62] Breloer, Heinrich; Königstein, Horst, Blutgeld – Materialien zu einer deutschen Geschichte, Köln 1982, 149 Seiten, S. 75.

[63] Becher, Johannes Robert, Gesammelte Werke, Berlin 1966, S. 201.

[64] Siemens, Daniel, Metropole und Verbrechen – Die Gerichtsreportage in Berlin, Paris und Chicago 1919-1933, Stuttgart 2007, S. 140.

östlich des damaligen Staatsbürgerplatzes zwischen Listemannstraße und Rathenaustraße.

Im Morgengrauen des 2. Juli 1931 wurde der 48 Jahre alte Serienmörder Peter Kürten, der „Vampir von Düsseldorf", der sich einmal selbst als „wildes Tier" bezeichnet hatte, im Kölner Gefängnis Klingelpütz mit dem Fallbeil hingerichtet. Die Hinrichtung vollzog Scharfrichter Gröpler. Das Fallbeil, das er zur Vollstreckung aus Magdeburg mitgebracht hatte, war seit fünf Jahren nicht benutzt worden.

In den letzten Jahren der Weimarer Republik war Scharfrichter Gröpler chronisch unterbeschäftigt gewesen, und so begrüßte er den Machtantritt der Nationalsozialisten, die am 19. Februar 1933 den Vertrag mit ihm erneuerten. Zusätzlich zu seinem Jahresgehalt von 1500 Reichsmark vom preußischen Staat erhielt er vertraglich 50 Reichsmark pro Hinrichtung in Preußen sowie 450 bis 500 Reichsmark pro Hinrichtung in anderen deutschen Ländern, von denen er kein Jahresgehalt bezog. So profitierte er beträchtlich von der rasch wachsenden Zahl von Hinrichtungen, die er ab Mitte 1933 vorzunehmen hatte. Wie zu erwarten, beeilte sich Gröpler, seine Begeisterung für das neue Regime unter Beweis zu stellen. Er ging dazu über, bei Hinrichtungen den Hitlergruß zu zeigen und überhaupt seine Aktivitäten auf der Richtstätte immer wieder mit einem markigen „Heil Hitler!" zu unterbrechen. Die Ministerialbeamten waren pikiert. Zwar sei es „nicht zu beanstanden", wenn Gröpler den zuständigen Staatsanwalt beim Betreten und Verlassen des Hinrichtungsraums auf diese Weise begrüße; aber über andere Aspekte seines neuen politischen Übereifers waren sie weniger glücklich. „Fraglich kann es sein", gaben sie zu bedenken, „ob jede einzelne Zwischenmeldung, z. B. über die Vollzugsbereitschaft, über die vollzogene Vollstreckung usw., ebenfalls mit erhobenem Arm oder gar dem Zusatz ‚Heil Hitler!' erstattet werden sollte." Gröpler wurde daher ermahnt, seine Begeisterung zu zügeln und diese Praktiken einzustellen.

Am 13. Juni 1933 wurde unter den Fenstern von 800 politischen Gefangenen im Hof der Strafanstalt Plötzensee zur Abschreckung der Gegner des Regimes eine Hinrichtung an den Kriminellen Paul Rohrbach und Hermann Wittstock vollzogen. Ein Augenzeuge, der ins Ausland entkam, berichtete: „Am Richtplatz erscheint mittlerweile der fette, aufgedunsene Scharfrichter Gröpler, in seinem Privatberuf Wäschereibesitzer, mit ihm zwei hagere Henkersknechte. Gröpler hat das Jackett ausgezogen und trägt zur feierlichen Handlung einen eleganten Frack. Den Richtblock umstehen Richter, Staatsanwalt, Pfarrer und ein Tross SA- und SS-Leute. Rohrbach ist nun bis an das Schafott geschleppt, in wenigen Minuten ist das Urteil verlesen und die Ablehnung der Begnadigung verkündet."

Es ist vorgekommen, dass Gröpler sich durch seinen ersten Gehilfen Ernst Reindel, Abdeckereibesitzer in Gommern, vertreten ließ.[65] Außerdem fungierte da-

[65] Gerber, Horst, Osterburgs letzter Henker war in ganz Deutschland gefragt, in: Altmark Heimatverein, Osterburg im 20. Jahrhundert – Beiträge zur Stadtgeschichte, Osterburg 2005, S. 273 ff. Ernst Reindel war von 1938 bis 1943 selbst Scharfrichter.

mals noch der Abdeckereibesitzer Alwin Engelhardt, Schmölln, mit Ernst Reindel verschwägert, als Scharfrichter.

Vor diesem Hintergrund sind die Angaben im 1937 veröffentlichten Roman „Das Beil von Wandsbek“ anzuzweifeln, wonach ein verschuldeter und unerfahrener Schlachtermeister aus Altona die Enthauptung der vier zum Tode Verurteilten Bruno Tesch, Walter Möller, Karl Wolff und August Lütgens (wegen angeblich gemeinschaftlichen Mordes an zwei SA-Männern) am 1. August 1933 in Altona übernommen habe.

Dass es auch diesmal Carl Gröpler war, legen die Angaben in der „neuen Weltbühne“ Nr. 13/1934 auf Seite 403 nahe: „Einige Wochen nach der Exekution in Plötzensee fuhr Herr Gröpler mit seinem Handbeil nach Altona, um dort einige antifaschistische Arbeiter abzuschlachten. Reisende sahen ihn, wie er im Speisewagen saß; das Futteral mit dem Beil hing am Tisch. Als er in Altona eintraf, hatte er so viel getrunken, daß er beinahe vergaß, das Beil mitzunehmen. Dann kam die Abschlachtung der sechs kommunistischen Arbeiterjungen in Köln. Beim Zuhauen blieb das Handbeil mehrmals in den Wirbelsäulen stecken – Gröpler hatte die Nerven verloren. Bald danach gab er seinen Beruf auf. Wer ihn in seiner stattlichen Leibesfülle hantieren sah, kann kaum glauben, daß seine Nerven versagten. Er hat mehrere Dutzend Menschen in wenigen Monaten geköpft und ist ein reicher Mann geworden. Kein Wunder, daß sich um das freigewordene Amt viele Dutzend Bewerber stritten.“[66]

In der Folge wurden immer mehr Menschen vom Volksgerichtshof in den Tod geschickt. Neben der Guillotine wurde in Deutschland bis 1936 auch mit dem Handbeil hingerichtet. In Berlin blieb die Enthauptung mit dem Beil bis 1938 die übliche Art der Todesstrafe. In der Mitte des Gefängnishofes von Plötzensee stand das berüchtigte, hölzerne Schafott, auf welchem bekanntlich die Enthauptungen durchgeführt wurden.

Am 19. Mai 1934 wurden vier Männer von Carl Gröpler mit dem Handbeil enthauptet. Wegen Mordes hatten sich an jenem Tag die sechs Arbeiterjungen Johnny Dettmer, Hermann Fischer, Fred Wehrenberg und Arthur Schmidt von der „Roten Marine“ in dieser Reihenfolge verantwortet.

Richard Krebs alias Jan Valtin beschreibt das Szenario:[67]

(...) Als letzter kam der Henker, ein untersetztes Individuum mit einem grobknochigen Gesicht und stumpfen Augen. Er zeigte nicht die geringste Erregung angesichts der Aufgabe, die ihm bevorstand. Auch er trug ein gestärktes weißes Hemd, gestreifte Hosen, einen Cut und den Zylinder. Mit kaum vernehmbarer

---

66 Vgl. Lang, Herbert, Jahrbuch für internationale Germanistik, Bern 1998, S. 128, 130. Dort heißt es auf S. 128: „(...) Ist das roh? Geschmacklos? Der Professor, der das schrieb, schrieb es „im Interesse der Wissenschaft“. Und auch der eigentliche Scharfrichter des Dritten Reichs, der Wäschereibesitzer Gröpler aus Magdeburg, der fünfhundert Mark für jeden Hingerichteten beanspruchen konnte – leider war er keineswegs eine nur literarische Gestalt! (...)“

67 Valtin, Jan, Tagebuch der Hölle, Köln 1957, S. 474 f. (Übersetzung des Originals: Out of the Night, New York 1941, S. 592).

Stimme gab er seinen vier Helfern Befehle. Einer von ihnen eilte jetzt zu einer Seitentür des Gefängniskrankenhauses. Wenige Sekunden später erschien er wieder mit dem Beil. Früher war eine Guillotine in Gebrauch gewesen, um Köpfe abzuhauen, aber Hitler hatte die Guillotine als französische Erfindung abgelehnt. Das Handbeil war wieder zu seinem Recht gekommen. Es besaß einen Griff aus poliertem Holz und war etwa 1,20 Meter lang, breit und schwer. Sein Rücken bestand aus einem massiven Stück glänzenden Stahls. Der Helfer des Henkers legte es in ein Futteral aus Metall und Leder, etwa einen Meter vom Schafott entfernt, auf den Boden. Staatsanwalt Jauch holte Papiere aus seiner Aktentasche. Die Gefangenenreihe längs der Mauer schien zu schwanken, aber vielleicht waren es meine Augen, die schwankten. Der Henker war bereit.

Am 27. Oktober 1934 in der Frühe wurden auf dem Hof des Gerichtsgefängnisses in Dessau vier Todgeweihte von dem Magdeburger Scharfrichter Gröpler mit dem Handbeil enthauptet (Lehmann, Gehre, Wolf und Rolle).[68]

Im Morgengrauen des 17. Januar 1935 wurde die Giftmörderin Henny Meyer in den geschlossenen Hof des Gerichtsgefängnisses am Graalwall in Lüneburg geführt. Der Scharfrichter Gröpler beendete mit einem Schlag seines Handbeils das Leben der Frau aus Betzhorn.[69]

Unter den letzten Opfern der grausamen mittelalterlichen Praxis des Köpfens waren die Baronin Benita von Falkenhayn-Berg und ihre Freundin Renate von Natzmer, beide aus Berlin. Sie waren am 16. Februar 1935 vom Volksgerichtshof wegen „Verrats militärischer Geheimnisse" verurteilt worden und wurden bereits zwei Tage später vom Scharfrichter Gröpler in Plötzensee mit dem Beil enthauptet. Mit einem Axthieb trennte Scharfrichter Gröpler morgens um 6 Uhr zunächst den Kopf vom Rumpf der Benita von Falkenhayn. Etwa zwanzig Minuten danach wurde die zweite Frau in den Gefängnishof der Strafanstalt Plötzensee geführt. Im traditionellen Frack, mit Zylinder und weißen Handschuhen soll Gröpler die Hinrichtung vollzogen haben.

Richtblock und Handbeil, von Carl Gröpler bei der Hinrichtung am 18. Februar 1935 in Plötzensee verwendet. Entnommen aus: Mortimer, John F. (Pseudonym von Dr. Eike Pies, Düsseldorf), Henker – Dokumente menschlicher Grausamkeit, Selbstzeugnisse, Tagebücher und zeitgenössische Berichte, Genf 1976, S. 291. Foto vom Foto: Blazek

Zeitgenössisch wurde Gröpler im Zusammenhang mit diesen Geschehnissen als „54jähriger mittelgroßer Mann mit rotblondem Schnurrbart und langen rotblonden Koteletten" beschrieben. Er sei im Zuchthaus Plötzensee kein Unbekannter

[68] Krüger, Wolfgang, Kriminalchronik des Dritten Reiches in zwei Bänden, Band I: 1933-1937, Berlin 2008, S. 70.

[69] Krüger, a. a. O., S. 49.

gewesen. „Er brauchte bei seiner Ankunft den Beamten seinen Namen nicht zu nennen, und sie wußten, daß er sich sofort in den Hof 4 begeben würde, um dafür zu sorgen, daß alles auch richtig funktionierte. – Auf ihn wartete seine eigene Zelle, in der er seinen meist hellgrauen Reiseanzug mit der schwarzen Berufskleidung, die dort stets bereithing, vertauschen konnte.“

Am 5. März 1935, frühmorgens, wurde der Brockenmörder, Gustav Büker aus Bielefeld, der durch seine Taten wochenlang Angst und Schrecken unter den Harztouristen verbreitet hatte, von Scharfrichter Carl Gröpler hingerichtet. Gröpler, der sich seines Fracks und seines Zylinders entledigt hatte, nahm das schwere, quecksilbergefüllte Richtbeil, das bislang unter einem schwarzen Tuch verborgen war, in beide Hände, hob es ein wenig über Kopfhöhe und ließ es dann niedersausen. Ein Blutschwall ergoss sich über den Block, während der Kopf in einen Korb fiel.[70]

Am 6. Juni 1935 wurde in aller Heimlichkeit der Hamburger Werftarbeiter und Arbeiterführer Fiete Schulze, KPD-Landesleitung, im Hof des Hamburger Untersuchungsgefängnisses mit dem Handbeil vom Scharfrichter Gröpler enthauptet.

Am 27. August 1935 wurde in Plötzensee die 24 Jahre alte Charlotte Jünemann durch Carl Gröpler hingerichtet. „Das Kleine Blatt“ in Wien berichtete am Tag nach dem Ereignis: „**Zwei Hinrichtungen an einem Tag. Berlin**, 27. August. Im Gefängnis Plötzensee fanden heute früh zwei Hinrichtungen statt. Zuerst wurde die 24jährige Charlotte Jünemann geköpft, weil sie ihre Kinder dem Hungertod überantwortet hatte, dann wurde der 23jährige Mörder Willy Gehrke, ein Raubmörder, enthauptet.“

Im Oktober 1936 heißt es in einem Bericht, Gröplers „Beilhieb habe nicht die Mitte des Halses, sondern oberhalb des Haaransatzes getroffen“. Tatsächlich habe der Scharfrichter, „als er am Tage der Hinrichtung bei dem OstA vorsprach, stark nach Alkohol gerochen“.

Am 4. November 1936 um 6 Uhr wurde der 40 Jahre alte Hamburger Hitlergegner Etkar Josef André ungeachtet einer internationalen Protestbewegung von den Nazis hingerichtet. Scharfrichter Gröpler trat in Andrés Zelle im Hamburger Untersuchungsgefängnis, er waltete seines Amtes und richtete André hin.[71]

Am 12. Januar 1937, zwei Tage nach seinem 24. Geburtstag, wurde Otto Krepp durch Scharfrichter Gröpler hingerichtet. Die Rechnung des Scharfrichters belief sich auf 331,12 Reichsmark. Die Enthauptung war zunächst für den 7. Januar 1937 angesetzt gewesen, sie musste aber auf den 12. Januar verlegt werden, weil Scharfrichter Gröpler „dienstlich im Rheinlande“ zu tun hatte.

Danach sind keine weiteren Enthauptungen durch den „roten Richter“ Carl Gröpler aus Magdeburg mehr vorgenommen worden. Da er das Pensionsalter

---

[70] Krüger, a. a. O., S. 91 f.

[71] Vgl. Beuys, Barbara C., Vergesst uns nicht – Menschen im Widerstand 1933-1945, Reinbek 1987, S. 336.

längst erreicht hatte, wurde er seiner Pflichten entbunden und mit einem Jahresgehalt von 1500 Reichsmark in den Ruhestand geschickt. 1937 verschwindet Gröpler für immer aus den Akten des Justizministeriums.

Als die Beamten entdeckten, dass Gröpler vom New Yorker Rundfunk ein lukratives Angebot für seine Lebensgeschichte erhalten hatte, zwangen sie ihn zu einer Verpflichtung, das Angebot nicht anzunehmen.

Im Magdeburger Adressbuch von 1942 findet sich der „Privatmann“ Carl Gröpler noch immer an der Straßburger Straße 8. Sohn Georg, Kaufmann, erreichbar an der Königgrätzer Straße 19, Eingang Straßburger Straße, unter Telefon 20162 f., betrieb nunmehr die „Dampfwaschanstalt Gröpler“, und zwar „für verwöhnteste Ansprüche“. Im Angebot: Nass-Mangel-Plätt-Gardinen, feine Herrenwäsche. Geschäftsinhaberin war E. Gröpler.

Im Herbst 1945 wurde Carl Gröpler in seinem Haus in Magdeburg – also in der sowjetischen Besatzungszone – von sowjetischen Einheiten festgenommen und in Halle inhaftiert. Er war möglicherweise ins Visier der Sowjets geraten, weil er im Zuge des Rote-Marine-Prozesses 1934 mit seinem Handbeil die Hinrichtungen der vier Kommunisten vollzogen hatte. Er wurde nicht vor Gericht gestellt, sondern starb am 30. Januar 1946 im Gefängnis. Am 27. Februar 1946 erfolgte auf dem Magdeburger Westfriedhof, Grabstelle D VI 666/8, in der Stille die Beisetzung der Asche des früheren Scharfrichters und jetzigen Privatmanns.

Der Journalist Knut Alex, Erfurt, geht davon aus, dass Carl Gröpler in der Strafanstalt „Roter Ochse“ in Halle gestorben sei und dass die Akten wahrscheinlich von den Sowjets mitgenommen seien. Im Magdeburger Adressbuch von 1950/51 steht eine Ella Gröpler, Wäschereiinhaberin, Kleine Schulstraße 18/22, und ferner noch eine Ella, Rentnerin, Kahnstraße 1. Apothekenbesitzer Dr. Ralf Gröpler, Magdeburg, berichtet: „Ich erinnere mich nur, dass meine Oma mal die Ella Gröpler mit der Wäscherei in Magdeburg erwähnt hatte.“

Quellen:

GStA Berlin Rep. 84a/4594, Bl. 44, 47, 51 (Notizen des Reichsjustizministeriums); BA Koblenz R22/1314, Bl. 400: RJM an Oberstaatsanwalt Breslau, 15. Oktober 1937; HStA Düsseldorf Rep. 126/82: Preußisches Justizministerium (Crohne) an Gröpler, 14. April 1934

BA Berlin R 3001/1323, Bl. 66: „Übersicht über die zur Zeit amtierenden Scharfrichter“

Ebenda, Bl. 152, 160: „Vermerk: Neue Verträge mit den Scharfrichtern“; und ebenda, Bl. 184: Reichsjustizministerium an Reichsfinanzministerium, April 1937 (Entwurf)

Ebenda, Bl. 218: Gröpler an den Oberstaatsanwalt in Naumburg, 26. August 1937

Helmut Ebeling: Schwarze Chronik einer Weltstadt – Hamburger Kriminalgeschichte 1919 bis 1946, Hamburg 1980 (1967)

Hans-Joachim Kruse: Zur Geschichte des Bremer Gefängniswesens, Band I bis IV, 2001-2006

Fritz Treichel, Glückstadt (Schleswig-Holstein): Legende um Nazi-Henker, Der Spiegel 37/1982 vom 13.09.1982, S. 10

Johann Caspar Glenzdorf; Fritz Treichel: „Henker, Schinder und arme Sünder“, Wilhelm Rost Verlag, Bad Münder am Deister 1970. Erster Teil (A-M), Zweiter Teil (N-Z). 5800 Scharfrichter und Abdeckerfamilien. S. 366

http://www.hot.ee/gifindus/faust/kimo.htm

Magdeburger Adressbücher 1906-1950/51

Theodor Lessing (1872-1933)

Der deutsche Schriftsteller und Philosoph Theodor Lessing (* Hannover 08.02.1872, † Marienbad 31.08.1933) gründete bereits 1907 einen „Antilärm-Verein", der auf die gesundheitlichen Gefahren durch den Lärm verwies. Er lehrte als Privatdozent für Pädagogik und Philosophie an der Technischen Hochschule Hannover und ab 1919 auch an der Volkshochschule. Mit seinen Artikeln, Essays, Glossen und Feuilletons in republikanisch-demokratischen Tageszeitungen, wie dem „Prager Tagblatt" und dem „Dortmunder Generalanzeiger", wurde der Sohn eines jüdischen Arztes einer der bekanntesten politischen Schriftsteller der Weimarer Republik. 1925 erschien seine Studie über den Serienmörder Friedrich Haarmann („Die Geschichte eines Werwolfs"). Nachdem Lessing am 25. April 1925 mit einem Artikel im Prager Tagblatt vor der Wahl des in Hannover lebenden Paul von Hindenburg zum Reichspräsidenten gewarnt hatte, erzwang die überwiegend nationalistisch eingestellte Studentenschaft Lessings Beurlaubung. 1930 erschien seine Schrift „Der jüdische Selbsthaß", die noch heute zu seinen bekannteren Werken zählt.

Mit seinen kritischen Schriften über das Haarmann-Verfahren sowie seiner Vision der möglichen Folgen einer Präsidentschaft Hindenburgs schuf Lessing Unmut bei farbentragenden Studenten und Teilen der Hochschullehrerschaft. Die Nazis, unter ihnen der spätere Propagandaminister Joseph Göbbels und der Chef der nationalsozialistischen Sturmabteilung SA, Ernst Röhm, verstanden es, weitere Massen gegen den Professor aufzuhetzen. Seine Vorlesungen an der Technischen Hochschule wurden von der nationalistischen Studentenschaft boykottiert. Konservative Professoren forderten den Abgang Lessings. Als eine Lawine von Protesten, Gegenartikeln und Streitschriften über die Familie hereinbrach, wurde das Leben in Deutschland für ihn und seine Familie immer schlimmer. Nach der Machtergreifung Hitlers rieten ihm Freunde zu fliehen, aber er weigerte sich, das Land zu verlassen. Erst als er im März eine konkrete Warnung erhielt, verließ er Hals über Kopf Hannover und fuhr nach Prag. In der Nacht vom 30. zum 31. August 1933 wurde Theodor Lessing in Marienbad von Nationalsozialisten ermordet und damit das erste prominente Nazi-Opfer im Ausland.

Lessings philosophische Arbeiten, etwa seine „Studien zur Wertaxiomatik", seine Sammlung „Philosophie als Tat" oder die kulturkritische Abhandlung „Europa und Asien", sind nur einem engen Fachpublikum vertraut. Weniger bekannt ist auch, dass der Philosoph zugleich als Mediziner, Pädagoge und Psychologe, als Dichter, als Theaterkritiker und -theoretiker sowie als politischer Publizist schriftstellerisch tätig war. Selbst an seine hochaktuelle Studie zum Lärmschutz und seine Initiative, eine Bewegung gegen den Lärm ins Leben zu rufen, erinnert sich kaum noch jemand, was nicht zuletzt daran liegt, dass sein außerordentlich umfangreiches, weit verstreut erschienenes publizistisches Werk – mehr als 500 Artikel, Essays, Glossen oder Feuilletons – bis heute nicht vollständig erschlossen ist und lediglich in einigen Auswahlausgaben vorliegt.

„Zur Frage der Todesstrafe“ –
Else Peerenboom-Missong sprach mit betroffener Familie

Plädoyer von Else Peerenboom-Missong

Else Peerenboom-Missong. Foto entnommen aus: Perau, Josef, Chronik einer niederrheinischen Familie – Wurzelgrund und Lebensraum, Perau, Eugen, Goch 2004

Unter den vielen Zeitzeugenberichten verdient auch der Beitrag einer verdienten Persönlichkeit Beachtung, die sich mit der Todesstrafe auseinandergesetzt und mit einer Familie gesprochen hat, die von Haarmann zerstört wurde.

Die Sozialpolitikerin Dr. Else Peerenboom-Missong (* Brauna/Sachsen 13. Oktober 1893, † Köln 31. August 1958), Wegbereiterin der Sozialen Frauenbildung in Südamerika, wo sie zwei katholische Soziale Frauenschulen ins Leben rief, nahm immer wieder auch Stellung zu politisch brisanten Themen. Als beispielsweise 1928 der neue Entwurf zur Strafrechtsreform die Todesstrafe beibehielt, griff sie in die vehement geführten Diskussionen zum Für und Wider der Todesstrafe ein.

In ihrem Aufsatz „Zur Frage der Todesstrafe“ stellte sie nach ausführlichen Erläuterungen der Argumente von Anhängern und Gegnern der Todesstrafe (in Vergangenheit und Gegenwart) abschließend die Frage: „Und wir als christliche Frauen, wie stehen wir zur Todesstrafe?“ Ihre Antwort darauf formulierte sie, wie folgt:

Versuchen wir einmal grundsätzlich an die Frage heranzugehen. Was ist Ziel und Zweck der Strafe? Die Strafe soll, so scheint es mir, eine subjektive Sühne sein, aber auch eine objektive Wiedergutmachung, eine Vergeltung. Die Strafe ist ein Schutz der Allgemeinheit und sie soll den Rechtsbrecher abschrecken und bessern. Erfüllt die Todesstrafe diese Bedingungen? Die Juden kannten als Sühne der Schuld jene im mosaischen Gesetz niedergelegte Auffassung: „Aug' um Aug', Zahn um Zahn“, und aus dieser Anschauung heraus verschrieb man für die Todesschuld den Preis des Lebens. Und seit 2000 Jahren halten wir Christen an dieser Lehre fest. Ist denn wirklich die Hingabe des Lebens die eigentliche subjektive Sühne für das geraubte Leben? Es scheint mir möglich aber durchaus nicht immer. Echte Sühne ist ein subjektiver Wiedergutmachungsakt der nur den freien menschlichen Wollen entspringen kann. Dieses Wollen aber richtet sich nach der Einsicht in die Größe der Schuld. Diese Einsicht jedoch ist letzten Endes das Ereignis der subjektiven Einstellung des persönlichen Gewissens. Erwächst in solchem Falle die Erkenntnis, daß nur durch die Hingabe des Lebens die Schuld zu sühnen ist, dann hat die Todesstrafe ihre innere Berechtigung als echte Sühne. Ob aber unsere Todesstrafe in der Mehrzahl der Fälle wirklich Sühne war! Und nun die weitere Frage! Ist die Todesstrafe eine objektive Sühne im Sinne einer Wiedergutmachung gegenüber dem Geschädigten? Wer verlangt vom Rechtsbrecher Wiedergutmachung? Der Gemordete, seine Familie, seine Frau, seine Kinder; die Allgemeinheit, wenn er keine Verwandten hat, denn auch die menschliche Gesellschaft läßt ein Unrecht gegen das Leben nicht ohne weiteres zu. Ein Beispiel möchte ich da einfügen, ehe wir eine Antwort suchen. Einer meiner Fürsorgegänge führte mich vor einiger Zeit in eine Handwerksfamilie, der Sohn hatte sich erwerbslos gemeldet und es oblag mir, die Bedürftigkeit nachzuprüfen. Der Vater empfing mich: er machte einen eigenartig stumpfen, indolenten und mutlosen Eindruck. Der Haushalt war sauber und verriet bessere Tage. Meine Frage nach den weiteren Kindern im Hause beantwortete der Mann so eigen: „Ich hatte noch einen Sohn; aber“ ... und er stockte. Auf meine helfende Frage, ob er nicht mehr daheim sei, erzählte er mühsam und tottraurig weiter, ... „nein, er war lange vermißt, – nicht im Kriege – eines Tages war er weg, wir haben uns sehr um ihn gegrämt, seine Mutter wurde elend und krank vor Sorge und dann – dann“ – er konnte es nicht über die Lippen bringen; es wurde mir schwer ihm zuzuhören und doch fühlte ich, er wollte mir sagen, was ihm doch die Kehle zuschnürte, „er ist durch – Sie wissen ja – er ist durch Haarmann umgekommen. Durch den Prozeß haben wir es erfahren. Meine Frau ist daran gestorben. Und für die Erziehung des anderen Jungen hatten sie und ich keine Kraft mehr. Es ist zu furchtbar gewesen. Mir ist nun alles gleich“. Mich hat damals der so schwer abgerungene Bericht eines Vaters tief gepackt und ich habe mich oft gefragt, war die Todesstrafe für Haarmann die rechte Wiedergutmachung. Was nützte es dieser Mutter, die vor Leid starb, dem unglücklich hingemordeten Sohne, der zerrütteten Familie, wenn dieser Haarmann da auf irgendeinem Gefängnishof Norddeutschlands geköpft wurde? Konnte da man von Vergeltung reden? Mir scheint weit eher, daß die Todesstrafe im Bewußtsein der heutigen Generation wenig mehr den Sinn einer Vergeltung einer objektiven Sühne, der Wiedergutmachung hat. Und wenn selbst im ersten leidenschaftlichen Empfinden den Mörder der Todeswunsch trifft, wäre das christlich!? Ist es nicht Gleiches mit Gleichen vergelten!? Können das christliche Frauen wollen und wünschen!? – Es steht weiter vor uns die Frage des Schutzes der Allgemeinheit vor dem gemeingefährlichen Mörder! Ganz gewiß ist die sicherste Form der Unschädlichmachung, gerade auch mit Rücksicht auf den oben angeführten Fall, seine Vernichtung durch den Tod, so wie man auch den Bazillus vernichtet, der die tödliche Krankheit bringt. Aber zwischen dem mordenden Menschen und dem tödlichen Krankheitskeim ist ein tiefgehender Unterschied, eben der gleiche, den wir sonst zwischen Mensch und den übrigen Lebewesen auch aufstellen. Die Notwehr freilich läßt den Menschen so-

wohl gegen seinesgleichen dieselben Formen der Abwehr finden. Und trotzdem sind für die Notwehr gegen das Tier wie gegen den vernünftigen Menschen andere Maßnahmen notwendig und möglich wie gegen das seelenlose Lebewesen. Ist nicht unsere Zeit allmählich reif geworden für die christliche Forderung die Keller aufstellt? Unsere Notwehr sollte sich erstrecken auf die Ergreifung des Mörders, dann sollen wir ihn fest halten unter dem christlichen Gedanken, daß Gott nicht den Tod des Sünders will, sondern, daß er sich bekehre und lebe; und es scheint mir weit mehr unserer Zeit und den neugewonnenen Erkenntnissen zu entsprechen, daß man diese grundtiefe Besserungs- und Erziehungsarbeit leiste, als daß sich diese Gesellschaft, die doch in den meisten Fällen mitschuldig ist an dem moralischen Elend dieses Rechtsbrechers, sich durch ein kurzes Todesurteil eines lästigen, oder, wie man sich altruistisch ausdrückt, gemeingefährlichen Individuums entledigt. – Damit kommen wir zu den weiteren Zweck der Strafe: der Besserung. Bessert die Todesstrafe? Auch hier wieder die wenig eindeutige Antwort: Sie kann es, sie braucht es aber keineswegs. Die Möglichkeit der Besserung ist zweifelsohne für den noch sicherer gegeben, der durch ein längeres Leben Zeit zur Umkehr gewinnt. Hat überhaupt eine christliche Gesellschaft von sich aus das Recht diese von Gott zugemessene Zeitspanne, die wir Leben nennen, ohne Rücksicht auf eine erfolgte Besserung, die doch mit im Wesen jeder Strafe, als auch der Todesstrafe, liegt zu verkürzen, abzuschneiden, willkürlich zu begrenzen? Müssen wir uns nicht auch hier wieder in allem Ernst das Bibelwort vorlegen: Gott will nicht den Tod des Sünders, sondern, daß er sich bekehre und lebe! Dürfen wir da die Todesstrafe um jeden Preis zulassen und damit vielleicht eine Besserung verhindern? Aber die Todesstrafe soll vom Morde abschrecken. Es soll fest und unumstößlich im Bewußtsein des Volkes leben, wer mordet, der ist des Todes. Und wieder muß ich in unsere heutige Generation hineinfragen: Steht das Leben so hoch heute im Kurs, warum werfen es denn so viele müde und überdrüssig von sich? Der Tod schreckt heute den Menschen nicht mehr! Die Statistiken der Selbstmorde in Preußen reden eine nur allzu deutliche Sprache ... Und die Gründe dafür sind nicht selten banalster Art ... Nein, das Leben hat kein Ansehen, der Tod keinen Schrecken mehr ... Die Todesstrafe schreckt nur mehr ganz wenige. Weit mehr schreckt den Menschen der heutigen Zeit die Aussicht auf dauernde – nennen wir es ewige Freiheitsberaubung. Keine Zeit hat in den breiten Massen ein solches Freiheitssehnen gekannt wie die unsere. Und ist nicht vielleicht gerade der Rechtsbrecher, der doch den Zwang der Sittennorm im Freiheitsdrang abschüttelte, doppelt gestraft, d. h. abgeschreckt, durch die Freiheitsberaubung. Das ist seine Abschreckung, das ist auch weit eher seine Sühne und Vergeltung.

Quelle:

Else Peerenboom-Missong: „Zur Frage der Todesstrafe", in: Die Christliche Frau, 26. Jahrgang, 1928, S. 27 ff. (Historische Quellen zur Frauenbewegung und Geschlechterproblematik, HQ 45)

Die Gedenkstätte in Stöcken

Die sterblichen Überreste der Opfer des Serienmörders wurden nach einem mehrjährigen Kampf der Eltern der getöteten Jungen mit der hannoverschen Stadtverwaltung um den Wortlaut der Grabinschrift im Jahre 1928 auf dem Stadtfriedhof in Hannover-Stöcken in einem Ehrengrab bestattet.

Wie wenig die Interessen der Angehörigen der Haarmann-Opfer beachtet wurden, zeigte sich beispielsweise in der Entscheidung für die Grabstein-Inschrift. Auf dem Stöckener Friedhof wurde das Grab errichtet, das bis heute dort von der Stadt gepflegt wird. Auf dem gesamten dreigeteilten Grabstein taucht der Name Haarmann nicht auf. Genannt werden 27 in der Verhandlung benannte Opfer und ihr Alter. Interessanterweise ist nicht das Alter der Opfer zum Zeitpunkt ihres Verschwindens und damit des Todes angegeben, sondern zum Zeitpunkt des Prozesses. Dadurch erscheinen die Opfer älter als sie zum Zeitpunkt der Morde waren, nämlich als junge Erwachsene oder zumindest als Jugendliche. Zudem heißt es auf dem Grabstein, dass dieser dem Gedächtnis der „verstorbenen Söhne“ dienen solle. Das klingt unspektakulär, das Wort „verstorbene“ euphemistisch. Ergänzt wurden die Worte durch zwei Symbole, das Feuer und die Rose.[72]

Selbstverständlich hat man Fritz Haarmann kein Denkmal gesetzt, auf dem Stöckener Friedhof steht stattdessen auf dem Massengrab eine Gedenkstätte für seine Opfer: Grabstelle 49 D, Nr. 189-192. Alle 27 Namen sind darauf geschrieben. Das Mahnmal wird von der Stadt gepflegt, nachdem es angeblich schon lange nicht mehr von Angehörigen besucht wird.
Foto: Adrian Lesch

[72] Die kritische Beschreibung ist entnommen aus: Brückweh, Kerstin, Mordlust – Serienmorde, Gewalt und Emotionen im 20. Jahrhundert, Frankfurt am Main 2006, S. 79.

Ignaz Wrobel, Die Weltbühne, 21. August 1924:
„Der Fall wird nicht aufzuklären sein."

Haarmann

In Hannover haben sie einen gekriegt, der hat vielen jungen Leuten die Kehle durchgebissen. Der gemütvolle Berliner prägte bei dem Frauenmörder Großmann das Wort: „die Braut auf der Stulle". Hier waren es andre Irrungen des Triebs, und das mögen die Ärzte unter sich ausmachen. Aber da ist noch etwas: Dieser Haarmann war offenbar Polizeispitzel.

„Die Pressestelle beim Oberpräsidium Hannover teilt mit: Die von Berliner Zeitungen gebrachte, neuerdings auch von hannoverschen Zeitungen übernommene Nachricht, der Polizeipräsident von Hannover, v. Beckerath, habe im Zusammenhang mit der Sache Haarmann sein Rücktrittsgesuch eingereicht, ist falsch. Der Polizeipräsident hat sein Rücktrittsgesuch nicht eingereicht." Aha!

Der Fall wird nicht aufzuklären sein. Gegen die Sache spricht höchstens, dass Gustav Noske den Polizeipräsidenten deckt. Aber ganz abgesehen von diesem Lokalskandal, bei dem behauptet wird, die Polizei habe ihre Pflicht nicht getan, muß doch auf eins wieder aufmerksam gemacht werden.

Es gibt keine Polizei der Welt, die nicht mit Spitzeln arbeitet. Die Unmöglichkeit, in illegalen Schichten mit legalen Mitteln zu arbeiten, hat nur die Oberste Heeresleitung im Kriege nicht eingesehen. (In Rumänien forderte einmal der Generalstabsoffizier einer Division die von einem Spion unterzeichnete Quittung für erhaltene 500 Lei.) Die letzten, feinsten Fühler der Polizei sind unsauber – das wird immer so sein. Der echte Wunsch, aufzuklären, Rücksichten auf die Karriere, Vorsicht und Furcht, durch zu frühen amtlichen Eingriff alles zu verderben, schafft die Achtgroschenjungens. Bis dahin ist die Sache nicht sehr schön, aber schließlich entschuldbar.

Faul wirds erst, wenn die Aussagen solcher Individuen, die pekuniär und manchmal auch anders an der Untersuchung interessiert sind, für voll genommen werden. Es ist vielleicht noch allenfalls zu verstehen, dass höhere Polizeibeamte die Methodik ihrer eignen Maschinerie nicht preisgeben.

Daß aber Richter in schwarzem Talar und weißer Unschuld nicht zu wissen vorgeben, wie Polizeiprotokolle zustande kommen, ist ein Skandal, den man in allen größern – vornehmlich politischen – Strafprozessen beobachten kann. Die Aussagen des Angeklagten: „Ich bin geschlagen worden", „man hat mich nicht schlafen lassen", „ich war schon so erschöpft, dass Ich alles zugegeben habe" – werden gar nicht geprüft. (Irgendwelche Rechtsgarantien vor der Polizei bestehen bekanntlich nicht.)

Niemals aber – mit Grund: niemals – wird von einem Gericht geprüft, wer der Anzeiger, wer der „Zeuge" war, auf den sich die polizeilichen Beobachtungen stützen, wer das Gespräch abgelauscht hat, wer die Zusammenkunft gesehen haben will. Die Polizeibeamten werden immer gedeckt und sagen nichts aus.

Der Richter, das Lämmchen, sitzt auf seinem Sessel und ahnt nichts. „Durch die Aussage des Herrn Kriminalkommissars ist festgestellt ... " Der Hintermann bekam drei Mark achtzig die Stunde, oder wie der Tarif sonst lautet. Man stelle sich in einem Strafprozeß einen Zeugen vor, der dem Angeklagten schwer verschuldet ist und nun gegen ihn aussagt ...

Wieweit von der Polizei Lockspitzel verwendet werden, ist schwer nachzuprüfen. Daß Spitzel verwendet werden, ist verständlich. Daß deutsche Richter niemals die Grundlagen eines Polizeiprotokolls prüfen, sondern dass diese dunkle Brühe ohne Sieb durch die Kanäle der Staatsanwaltschaften läuft, vor den Richter, dem sie klar wie dicke Tinte erscheint, das zwingt neben andern Gründen immer und immer wieder dazu, die Urteile, die von deutschen Gerichten in politischen Strafprozessen – und ganz besonders in Landesverratsprozessen – gefällt werden, mit dem äußersten Mißtrauen zu betrachten und aus den Ansichten des Gerichts keinerlei Rückschlüsse auf die tatsächlichen Vorgänge zu ziehen.

Kurt Tucholsky unter dem Pseudonym Ignaz Wrobel, Die Weltbühne, 21.08.1924, Nr. 34, S. 299. Wie in keinem anderen seiner Pseudonyme machte Tucholsky als Ignaz Wrobel auf politische Missstände aufmerksam und warnte vor der Zukunft. Mit einer schonungslosen, ja fast schon beleidigenden Offenheit, versuchte er die Menschen aufzuklären.

Die Weltbühne war eine deutsche Wochenzeitschrift für Politik, Kunst und Wirtschaft.

„Früher habe ich nur mit Mädchen poussiert." – „Ich will von diesem Gelde ein Denkmal haben."

Ein Brief für den Gutachter

Das Schreiben, das Haarmann in den ersten Septembertagen des Jahres 1924 für Professor Dr. Erich Schultze zu Papier brachte, hat folgenden Wortlaut:

früher habe ich nur mit Mädchen Pußirt, aber als ich vom Militär als Invalide kam, ging das nicht mehr & da lernte ich schwule Leute kennen & ich habe seitdem nur noch mit Jungens Pußirt ich ließ bei mir Maßiren & ich tat es bei den Jungens auch die Jungens mußten aber immer 16-20 Jahre alt sein sonst macht es mir keinen Spaß mit den Jahren wird mein kleiner Mann nicht mehr steif & dann lernte ich das Küssen & das geht gut bei allen Geschlechtsverkehr ist Küssen das beste welche Jungen wollen haben das mann lutschen tut an den Puthemann macht ja auch spaß wenn es nicht in den Mund kommt aber meistens führen die Bengel einen an & lassen einen alles in Mund kommen. Ich habe in der Cellerstr. Friedel umgebracht wir haben Pußirt des Morgens lag Friedel tot im Bett & ich hatte Fridel tot gebissen ich habe sehr geweint & wußte nicht was ich machen sollte & dann habe ich Fridel Beerdigt & kaput geschnitten & dann habe ich keine Jungens mehr umgebracht weil Emma aufpaßte. Als ich Hans kennen lernte ging es auch noch aber als ich meine strafe abmachen mußte & wieder kam hatte ich mich sehr geärgert weil Hans alles verkauft [hatte] & dann brachte Er immer die Weiber mit & Alles Geld ging flöten & immer hat mich Hans geärgert dann wird mann Nervöß & Krank ich wollte ja keinen Umbringen aber immer ab [&] zu war wieder einer Tod wenn ich nun geköpft werde schadet es auch nichts ich freue mich dann hatt ich Ruh. Ich wollte immer Hans sollte aufpassen das sowas nicht wieder vor kommen sollte aber als Hans merkte was mit mir los war da nutzte er dieses aus & Hans brachte immer dann Jungens erst recht mit & wenn dann wieder einer Tod war dann Verkaufte Hans das Zeug ich wollte mich ja in Acht nehmen aber die Jungens liefen hinter mir her & wollten immer mit oder Hans brachte welche mit & wenn die sich satt gegessen hatten dann habe ich diese immer wieder fortgeschickt diese Jungens kamen aber immer wieder & wenn ich auch noch so schimpfte sie wollten bei mir schlafen oder Hans tat die jungens alles sagen wie sie mit mir Pußiren sollten & Küssen & wenn die Jungens so scharf waren dann wurde ich Krank denn manchmal 3-5 mal ist sehr viel Pußirt im Tage & wenn ich noch so bat laß mich in Ruh die kamen wieder & dann werde ich nervös & dann war wider was Paßirt Hans holte das Zeug ich bin ein Guter Junge ich wollte es ja nicht aber es ist doch schrecklich diese Angst wenn einer Tod ist & wegbringen Hans ich bin doch ein Mensch mit zwei Selen habe ich dann gesagt wie ist dieses möglich Hans Küßte mich dann wieder ich weinte warum paßte Hans aber auch nicht auf ich muß einen Freund haben der Aufpaßt & nicht so leichtsinnig sein Du hast mich doch nur ausgenutzt hast mir alles genommen Geld & Gut & wenn ich Schimpfte Dich herausschmiß ließt Du mich keine Ruh ich meinte es Gut mit Dir & ich wollt einen Freund haben der in meinen Alter für mich sorgte damit die Kinder nicht alle hinterher liefen. Ich habe für Hans mein Herzblut gegeben Betteln & Stehlen gegangen & Du hast alles durchgebracht ich sterbe nun bald tue Buße ich bete für Dich Dich soll keiner was tuen denn Du hast ja keinen umgebracht tue ändern ein treuer Freund sein & nicht so wie bei mir alles weg nehmen & stehlen hättest Du mann nach mir gehört & alles Geld gespart & nicht Verhurt lieber Hans sei lieb & Gut zu mir ich will auch alles für Dich tuen nur sei Ehrlich zu mir ich habe doch keinen Menschen als Dich aber Du warst mir ein Kuckucksei an meinem Busen eine Schlange das habe ich Dir doch schon oft gesagt Hans warum Verfolgst Du mich & richtest mich zu Grunde sei doch Ehrlich zu mir ich gab Dir doch alles nun geht es bald loß das Koppen dann bin ich bei Mutter ich freue mich ich bin doch berühmt so weit die Welt ist Emma ärgert sich & Adolf & Henny & Willi schadet nichts die haben mich auch um mein Mütterliches Erbteil gebracht. Ich schreibe Dir diese Tage einen Brief Hans oder ich komme mit Herr Retz nach Dir mal hin heute habe ich genug geschrieben ich weiß heute nicht mehr morgen fange ich wieder an.

Ich könnte noch sehr viel schreiben aber Herr Professor will heute dis schreiben haben lebt alle wohl ich will von diesem Gelde ein Denkmal haben groß 4 bis 5 Meter hoch mit meinem Bilde auf den Stöckener Kirchhof darauf soll stehen zum Ewigen Andenken an den Massenmörder Fritz Haarmann & seinen Opfern die Knochen sollen alle mit Beerdigt werden & alle Welt soll noch in 1000 Jahren von mir sprechen. Ein guter Mensch war Fritz doch die Bücher bringt Herr Professor zum Verkauf ich will auch eines davon haben zum Lesen wegen den dummen Briefe von Menschenfresser ist schlecht von Euch & Fliegen fangen schämt Euch & Aufhengen [Aufhängen] hättet Ihr wohl spaß an wenn ich es machte Dummheit tut Ihr Euch doch Aufhengen Hans soll soviel Geld haben das Er ein Geschäft damit Anfängt von Herr Professor von den Büchern & soll jedes Jahr mir einen Kranz bringen auf mein Grab bloß Ihr sollt nicht alle so viel Lügen was nicht war [wahr] ist war [wer] zu meiner Beerdigung kommen soll sage ich noch sagen nochmals Allen besten Dank für Alles Guter Herr Retz Herr Oberstaatsanwalt Herr Untersuchungsrichter Herr Profesor & meine Herren Schweimler, Reich, Lange & Sermont Alle Alle habt Dank der Scharfrichter soll sein Messer scharf machen ich bin bereit Mutter ich komme zu Dir Du warst die beste Emma & Adolf Grüße ich Ihr mußtet so Ehrlich sein wie ich es zu Euch war ich hatte Bruder lieb zu Euch Ihr habt mich aber immer Belogen & Betrogen um mein Erbteil schämt Euch denn Ihr könnt es vor Gott nicht Verantworten das der Alte Haarmann so schlecht war zu mir wußtet Ihr & nachher habt Ihr mit Ihm unter einer Decke gesteckt das Pfluche ich Euch bis in Ewigkeit Amen.

Mit Gruß an Alle
Fritz Haarmann

Anstalt in Göttingen wurde 1866 gegründet –
Er, letztlich, brachte Haarmann auf die Guillotine:

Der Gutachter: Ernst Schultze (1865-1938)

Die Provinzial-Heil- und Pflegeanstalt in Göttingen wurde 1866 als „Königliche Landesirrenanstalt zu Göttingen“ gegründet. Nach Ludwig Meyer und August Cramer übernahm der am 22. März 1865 in Moers geborene Ernst Schultze die Leitung der Heil- und Pflegeanstalt, in der damals etwa 500 Patienten betreut wurden. Wie seine Vorgänger hatte Schultze in Personalunion auch das Ordinariat für Psychiatrie und Neurologie an der Georg-August-Universität in Göttingen inne, ferner die Leitung der von Cramer begründeten „Klinik und Poliklinik für psychische und Nervenkrankheiten“ in der Innenstadt von Göttingen.

Ernst Schultze studierte in Bonn zunächst kurz Mathematik und Naturwissenschaften, dann Medizin. Nachdem er 1890 in Bonn mit einer Dissertation mit dem Titel „Über den Einfluß der Nahrung auf die Ausscheidung der amidartigen Substanzen“ promoviert hatte, wurde er in der Psychiatrie tätig, und zwar zunächst als Anstaltsarzt in Bonn, dann in Grafenberg bei Düsseldorf und schließlich in Andernach. 1895 strebte er die Venia legendi für Psychiatrie und Neurologie in Bonn an. Im Oktober des Jahres 1904 erhielt er einen Ruf als außerordentlicher Professor an die Universität Greifswald, der verbunden war mit der Aufgabe, die dort im Bau befindliche psychiatrische und Nervenklinik zu vollenden und ihre Direktion zu übernehmen, was 1906 mit dem Ordinariat des Faches verknüpft wurde.

Nach der Übernahme der Göttinger Heil- und Pflegeanstalt gab Schultze die Leitung des „Provinzial-Sanatoriums für Nervenkranke Rasemühle“ bei Göttingen ab, das sein Vorgänger Cramer begründet hatte. Schultze galt auf dem Gebiet der forensischen Psychiatrie als besonders erfahren. Sein Nachfolger, Gottfried Ewald (1939), schreibt in seinem Nachruf auf Ernst Schultze: „Es ist wohl kein Zufall, daß sich die Interessen Schultzes sehr bald an das Gebiet der gerichtlichen Psychiatrie hefteten. Neben seiner gründlichen Anstaltsausbildung kam dem eine ganz ausgesprochen juristische Ader entgegen, die ihn zuweilen fast mehr als Jurist wie als Mediziner erscheinen ließ.“

Zu Beginn von Schultzes Zeit, 1913, entstand zur Erweiterung der arbeitstherapeutischen Maßnahmen ein Werkstattgebäude, das eine Schlosserei, eine Maler- und Schneiderwerkstatt, eine Schuhmacherei und eine Tischlerei enthielt.

Dem Neurologen Ludwig Edinger (1855-1918) in Frankfurt a. M., eines der Gründer der Frankfurter Universität und Inhabers des ersten Lehrstuhls für Neurologie in Deutschland, gratulierte Schultze (Rosdorferweg 54 in Göttingen) am 11. April 1915 mit einem Brief zum 60. Geburtstag:

„... Ich kann Ihnen nur sagen, dass ich noch recht viel und oft mit großer Dankbarkeit an die Frankfurter Zeit zurückdenke, die ich bei Ihnen und Weigert mit seinem sonnigen, unversieglichen Humor verleben durfte. Von der reichen und mannigfachen Anregung, die mir dort ... vor allem von Ihnen zu teil wurde, zehre ich heute noch ...

Ich habe mich inzwischen hier gut eingelebt. Freilich ist die Last der Arbeit recht groß, zumal zur jetzigen Zeit. Vorübergehend hatte ich von meinen 12 Assistenten nur 1 ... Sehr leicht war es mir nicht, in diesem Winter in dem Lehrbuche von Binswanger-Siemerling das Kapitel der toxischen Psychosen, der Epilepsie und Hysterie zu schreiben ... Das Krankenmaterial ist recht groß und ungemein vielseitig; dasselbe gilt auch von dem Gutachtenmaterial. Vor allem freue ich mich, daß ich hier mehr mitten im Leben stehe als es in Greifswald der Fall war ..."

1926 wurde auf Schultzes Vorschlag vom Ministerium und der Provinz Heil- und Pflegeanstalt eine Enzephalitis-Station (Station für Patienten mit entzündlichen Gehirnerkrankungen) angeschlossen. Neben der Versorgung der Kranken sollten hier postenzephalitische Symptome (Symptome nach abgelaufener Gehirnentzündung) wissenschaftlich erforscht werden. 1918/19 führte Schultze das Dekanat seiner Fakultät. 1928 richtete er in der Heil- und Pflegeanstalt einen Sektionsraum mit angeschlossenem Laboratorium für feingewebliche Hirnuntersuchungen ein. Einige Jahre war er im Vorstand der Gesellschaft Deutscher Nervenärzte tätig.

Aufgrund eines Ohrenleidens mit Schwindelsymptomen trat Schultze 1933 das Direktorium der Heil- und Pflegeanstalt ab, 1934 das Ordinariat für Psychiatrie und Neurologie und die Leitung der Klinik für psychische und Nervenkrankheiten. Auf Wunsch des Personals der Anstalt erhielt eine Straße in der Nähe des Anstaltsgebäudes Schultzes Namen. Am 4. Mai 1935 hielt er in der Versammlung des Vereins der Irren- und Nervenärzte Niedersachsens und Westfalens in Bad Pyrmont einen Vortrag zum Thema „Unterbrechung der Schwangerschaft aus eugenischen Gründen". Am 3. September 1938 verstarb er an den Folgen einer Lungenembolie. (Gruber 1956, Wellmann 1984)

Quellen:

Ewald, Gottfried: „Ernst Schultze †", Zeitschrift für die gesamte Neurologie und Psychiatrie, Bd. 164, Berlin 1939

Gruber, Georg B.: „Zur Geschichte der Psychiatrie in Göttingen", in: Sudhoffs Archiv für Geschichte der Medizin und der Naturwissenschaften, hrsg. von Paul Diepgen, Edith Heischkel, Hans Schimank, Johannes Steudel, Rudolph Zaunick, etc., Wiesbaden 1956

Mueller, B.: „Ernst Schultze †", Deutsche Zeitschrift für die gesamte Gerichtliche Medizin, 30. Bd., Berlin 1938, S. 10 f.

Wellmann, W.: „Der Bau des Niedersächsischen Landeskrankenhauses – Eine ‚Trutzburg' für menschenwürdiges Leben", Göttinger Monatsblätter, Mai 1984

Christine Pozsár, geboren 1959, ab 1992 Oberärztin an der Abteilung Forensische Psychiatrie des Landeskrankenhauses Göttingen, setzte sich in dem Taschenbuch „Die Haarmann-Protokolle" inhaltlich mit den Gesprächen mit Erich Schultze auseinander und schrieb dazu einen psychiatrischen Kommentar. Darin ging sie auf den Gutachter, die Rahmenbedingungen, die Gutachtengespräche und das Gutachten ein.

Ernst Schultze †.

Am 3. IX. 1938 ist der Mitherausgeber unserer Zeitschrift, Geheimer Medizinalrat Professor Dr. *Ernst Schultze* von uns gegangen.

Ernst Schultze wurde am 22. III. 1865 in Mörs im Rheinland geboren. Er studierte Medizin in Berlin und Bonn und promovierte im Jahre 1890 mit einer ernährungsphysiologischen Arbeit. Er widmete sich dem Fachgebiet der Psychiatrie und war zunächst Assistent, dann Oberarzt an den Heil- und Pflegeanstalten Bonn, Düsseldorf-Grafenberg, Andernach und dann wieder in Bonn. Im Jahre 1895 habilitierte er sich hier. Im Oktober des Jahres 1904 erhielt er einen Ruf auf den Lehrstuhl für Psychiatrie in Greifswald. Seine organisatorischen Fähigkeiten und seine Anstaltserfahrungen kamen ihm hier besonders zugute, als es galt, die neue Klinik fertigzustellen und in Betrieb zu bringen. Im Jahre 1912 folgte er einem Ruf nach Göttingen als Nachfolger von *Cramer*. In Göttingen hatte er die Doppelstellung inne als Ordinarius für Psychiatrie und Neurologie und Direktor der neurologischen Klinik sowie als Direktor der Landes-Heil- und Pflegeanstalt, die das psychiatrische Material für Forschung und Unterricht lieferte. In dieser Stellung kamen seine Fähigkeiten in Verwaltungsangelegenheiten voll zum Ausdruck. Nach erfolgter Emeritierung im Jahre 1933 erhielt auf den Wunsch des Personals der Anstalt eine Straße in der Nähe des Anstaltsgebäudes seinen Namen.

Nach Verlassen der ihm lieb gewordenen Dienstwohnung in der Anstalt zog sich *Ernst Schultze* in das von ihm und seiner Gattin mit viel Liebe gebaute und eingerichtete Heim zurück. Obwohl er durch ein Augen- und Ohrenleiden bis zum gewissen Grade behindert war, beschäftigte er sich bis zu seinem Tode wissenschaftlich, er war in den Kreisen der Göttinger Fakultät bis in die letzten Jahre hinein der immer

Aus dem Nachruf in der Deutschen Zeitschrift für die gesamte Gerichtliche Medizin.

Anhang: Der Hindenburg-unfreundliche Artikel im Prager Tagblatt, 25. April 1925, S. 3: „Sie sind eingespunden im Fasse des Ich."

Weil er im Prager Tagblatt vor der Reichspräsidentschaftswahl eine kurze Studie über den ehemaligen Generalstabschef des kaiserlichen Heeres Paul von Hindenburg veröffentlicht hatte, verlangte man den Ausschluss Theodor Lessings aus der Technischen Hochschule Hannover. Hier folgt der ganze Artikel:

Vom Tage.

Hindenburg.

*Von **Theodor Lessing** (Hannover)*

Wenn man in das gute väterliche Antlitz des alten Hindenburg blickt, so fällt zunächst auf: die fast furchtbare Schwere dieses Antlitzes. Henrik Ibsen gebraucht von solchen Menschen, die nicht loskommen können von der Begrenzung ihres Selbst, die Formel: „Sie sind eingespunden im Fasse des Ich". Solch ein Eingespundener, die schwere Masse der Erde, der gewiß nicht ferner liegt als alles leichte Spielen und Tänzertum, solch ein Ernster und Gediegener ist der alte Hindenburg. Ich kenne dies Antlitz und kenne sein Leben seit früher Jugend. Ich habe es oft mit Lächeln, oft mit Ehrfurcht, immer mit Rührung betrachtet. Bismarck hat von sich selber das schöne Wort gebraucht: „Ich bin mit vollem Bewußtsein auf einer gewissen Stufe der Entwicklung stehen geblieben". Das hatte Hindenburg nicht nötig. Die Natur hat ihn so einfach, so gradlinig und selbstverständlich gewollt, daß es überhaupt nichts zu entwickeln gab; nur die unbedenkliche Entfaltung eingeborener Vorurteile. Deutscher, Preuße, Christ, Monarchist, Soldat, Kamerad, zugehörig nach Lebensschnitt und Gesichtskreis der sauberen und gehaltenen Menschenschicht, die im „Kleinen Gotha" und in der „Rangliste" ihre Normen hat, das war alles so zweifelsohne und selbstverständlich, daß Menschen, die anders fühlen, eben anmuten wie ein Chinese oder wie ein Anbeter des Buddha. Das mag es geben; aber: „es gehört doch nicht mit dazu". Und wenn er „Wir" sagt und „Wir Deutsche", dann setzt er treu und warmherzig gesinnt voraus: im normalen Falle müßten alle richtiggehenden Menschen eben auch so sein wie die im Gotha und die in der Rangliste. – Wenn man gewöhnt ist, die ungeheure Allseitigkeit und irre Buntheit des Lebens mit der Kraft wissenden Geistes zu bewältigen, dann blickt man mit der Rührung und dem Lächeln, mit dem man auf die Blume und den Vogel blickt, auch auf eine Mannesgestalt, die mit der ganzen Schönheit der Unwissenden durch Meere von Blut, durch Ströme von Galle, über Berge von Hindernissen kinderleicht hinschreitet von ungeheuren Verantwortungen bedrückt, und doch im Kerne unverantwortlich, weil sie nicht einmal imstande, das Recht der anderen Seite und die Doppelnatur alles Lebendigen auch nur zu sehen. Welcher Mensch eignete sich besser zum Fetisch, zur Statue, zum Symbol? Als Hannover noch Königreich war und der König immer in England weilte, da hat man statt seiner in der Hofburg den leeren Thronstuhl seine Reverenz und sein Defilé gemacht. Und man hatte damals nicht einmal eine symbolische Puppe …

Obwohl ich die Gestalt des Helden, der mehr Menschen um der „Ideale" willen in den Tod schicken konnte als Alexander, Cäsar und Attila, obwohl ich das gute, schwere, demütig treue Antlitz, dank vielerlei zufälliger Verknüpfung aus naher Nähe seit früher Jugend kenne, so habe ich doch die volle Einfalt und Heiligkeit dieser geschichtlichen Person erst später begreifen gelernt. Es war an einem Jahrestage der Schlacht von Tannenberg. Ich war aushilfsweise an einem Gymnasium der Stadt als Lehrer tätig, und die Schulen sollten, „Deutschland über Alles!" singend, an Hindenburgs von der Stadt geschenktem Hause vorüberziehen. Die vielen hunderte von hellbegeisterten Kindern gingen unter Führung der Lehrer froh jubelnd an dem alten Mann vorüber; der stand schwer und ernst auf der Vortreppe seines Hauses; wir hatten das Glück, gerade unmittelbar vor ihm zu stehen, als er die Hand hob und seine herzenswarme Ansprache an die Jugend begann. Ich möchte diesen Augenblick wohl noch einmal erleben; diese Mischung der Gefühle, Komik und Ergriffenheit, vollkommene Vereinsamung und Einssein mit allen Kindern; herzliches Lachen des Übermutes und geheiligte Demut; vor allem aber mein Erstaunen, denn diesen Grad von Kindlichkeit hatte ich doch nicht für möglich gehalten. Hindenburg (wir standen Auge in Auge) sagte voller tiefsten Ernstes:

„Deutschland liegt tief danieder. Die herrlichen Zeiten des Kaisers und seiner Helden sind dahin. Aber die Kinder, die hier „Deutschland über alles" singen, diese Kinder werden das alte Reich erneuern. Sie werden das Furchtbare, die Revolution, überwinden. Sie werden wiederkommen sehen die herrliche Zeit der großen siegreichen Kriege. Und Sie, meine Herren Lehrer, Sie haben die schöne Aufgabe, in diesem Sinne die Jugend zu erziehen." (Die Bengels stupsten mich an und feixten.) „Und Ihr, meine lieben Primaner, werdet siegreich, wie die Väter waren, in Paris einziehen. Ich werde es nicht mehr erleben. Ich werde dann bei Gott sein. Aber vom Himmel werde ich auf Euch niederblicken und werde mich an Euren Taten freuen Euch segnen."

Dies alles in tiefstem, heiligstem Ernste! Man fühlte: dieser alte Mann glaubt Wort für Wort alles, was er da sagt: da ist kein unlauterer Klang. Das glaubt er allen Ernstes: nach dem Tode kommt er zu Gott; sitzt auf einer Wolke; betrachtet sich von bevorzugtem Sitze aus Deutschland und segnet meine siegreichen Jungen. Der keckste von ihnen zeichnete nach diesem „historischen Erlebnis" ein Bild: Hindenburg als Engel auf der Wolke schwebend und unsere Prima segnend. Es wäre leicht gewesen, solchen Spott zu stärken; aber (und dies ist merkwürdig) es war keiner unter uns, der ihn nicht beleidigt verwarf. Wir fühlten, es ist nicht ritterlich, es ist gemein, dort mit Waffen des Geistes zu kämpfen, wo überhaupt gar keine Macht und Möglichkeit gegeben ist, mit ähnlichen Waffen zu erwidern. Aber selbst im altpreußischen Adel und in jenem Junkertum, dessen geistige Ansprüche vollauf gedeckt sind durch „wochentags die Kreuzzeitung und sonntags eine gute Predigt bei Herrn Pastor," selbst in jenem ganz von Traditionen und Außenschliff lebenden Beamtenklüngel, der aus den feudalen Korps der Universitäten oder aus den für standesgemäß geltenden bevorzugten Regimentern seinen geistigen Nachwuchs bezieht, dürfte die gleiche Geistes-

ferne und Geistesfremde doch wohl nicht häufig sein. Als Hindenburg als Kommandeur in Oldenburg stand, hielt der Freund meiner Jugend, Wilhelm Jordan, einer der besten und größten Männer Deutschlands, dort in der „Literarischen Gesellschaft" eine Rhapsodie aus den Nibelungen. Hindenburg wurde gebeten, diesen Abend zu „protegieren". Er antwortete mit einem Brief, in welchem es heißt: er habe als Militär leider nicht Zeit gefunden, sich mit Literatur zu beschäftigen, und könne daher die Nützlichkeit und den Wert des Abends nicht beurteilen. Es gehört doch immerhin ein gut Stück Barbarei dazu, um als Deutscher die Bedeutung des Nibelungenliedes nicht zu kennen; aber es bezeugt eine seltene Klarheit und Ehrlichkeit, daß ein braver Soldat das eingesteht. Aber wenn man die Anzahl der Bücher, die er in seinem Leben gelesen hat, gewiß zählen kann, er hat eine Beziehung zu den bildenden Künsten, die merkwürdig ist, er sammelt Madonnenbilder; es kommt nicht etwa darauf an, von wem sie sind, es kommt nicht darauf an, woher sie sind. Er sammelt sie, wie andere Briefmarken sammeln, und keineswegs etwa aus religiösem Triebe: ein Zimmer seiner Villa ist dazu bestimmt, nur Madonnenbilder aufzunehmen. Diese Erscheinung bietet dem Menschenbetrachter alle die Freude, die das eng in seiner Grenze beschlossene und seine Grenze naiv bejahende, unbekümmert sich selbst erfüllende Leben gibt. Klare, wahre, redliche und verläßliche Natur, ohne Problematik und Falschheit. So zeigt sich auch dieser Mann im Spiegel seiner Lebenserinnerungen. Aber man soll sich dennoch sehr hüten zu urteilen: das ist ein ganzer und voller Mensch. Ich will nicht sprechen von der Unmenschlichkeit und dem warmherzigen Egoistentum dieser naiven Selbstgerechtigkeit. Von dem Augenblick, wo dieser unpolitischste aller Menschen zu einer politischen Rolle mißbraucht wird, wird ein Anderes entscheidend: Dieser Mann ist durch und durch Mann des Dienstes. Hier sind noch nicht einmal die Ansätze zu einer selbst entscheidenden und grübelnden und wägenden Persönlichkeit. Hier wird immer die Instruktion, die Überlieferung, der Consensus, das „Man muß doch", „Man darf doch nicht" das allein Wesentliche sein. Ein guter „treuer Bernhardiner" ist der „getreue Ekart", der „brave Hort und Schirm" doch nur gerade so lange, als ein kluger Mensch da ist, der ihn in seine Dienste spannt und apportieren lehrt; in Freiheit würde aus ihm ein führungsloser Wolf. Eine Natur wie Hindenburg wird bis zum Tode fragen: Wo kann ich dienen? Es ist gewiß ergreifend und rührend, daß während des Weltkrieges eine der übelsten und bösesten Naturen der Weltgeschichte gerade diese einfältigste und treugläubigste seinem Ehrgeiz und seinem Machtwillen dienstbar machte, gedeckt von der Flagge der nationalen Ideale. Aber da zeigt sich auch die Gefahr! Nach Plato sollen die Philosophen Führer der Völker sein. Ein Philosoph würde mit Hindenburg nun eben nicht den Thronstuhl besteigen. Nur ein repräsentatives Symbol, ein Fragezeichen, ein Zero. Man kann sagen: besser ein Zero als ein Nero. Leider zeigt die Geschichte, daß hinter einem Zero immer ein künftiger Nero verborgen steht.

Die Österreichische Nationalbibliothek hat mehrere Jahrgänge des Prager Tagblatts online gestellt. Der Originalartikel ist zu sehen auf folgender Seite: http://anno.onb.ac.at/cgi-content/anno?apm=0&aid=ptb&datum=19250425&seite=3&zoom=2

762

- 53 -

Blatt 51 d.A.

Auszug

aus dem Strafregister der Staatsanwaltschaft Hannover.

Familienname: Haarmann

Vornamen: Fritz

ledig

Des Vaters Vor- & Zunamen: Fritz Haarmann

Der Mutter Vor- und Geburtsname: Johanne Claudius.

Geburtstag: 25.10.79 Geburtsort: Hannover Wohnort: Hannover

Stand: Kaufmann

ist ausweislich des Registers verurteilt:

Nr	nach Mitteilung von	Aktenzeichen	am	durch	wegen	auf Grund von	zu
1.	A.G.Hannover	6 A. D 444/05	7. 7.05	Sch.G.H.	Diebstahls	§ 242 St.G.B.	6 Wochen Gef.
2.	StA.Hannover	5 L.28/05	12.9.05	L.G.H.	schweren Diebstahls	§ 242, 243,1 St.G.B.	4 Mon. Gef.
3.	A.G.Hannover	6 A.D. 629/o5	22.9.05	Sch.G.H.	Diebstahls, & Untersch.	§ 242, 246, 73	6 Wochen Gef.
4.	STA.Hannover	11 L. 49/05	19.10.05	L.G.H.	schweren Diebstahls	§ 242, 243,2, 47	6 Mon. Gef. einschl. 3
~~5~~.	ad 2.3.4	"	21.11.05	Beschl. des L.G.H.	Gesamtstrafe		7 Mon. Gef.
5.	A.G.Hannover	6 C.D. 631/06	22.10.06	Sch.G.H.	Betrugsversuchs	§ 43, 263,	2 Wochen Gef.
6.	"	6 C D 631/06	22.~~10~~.07 4.	"	Diebstahls	§ 242	6 Wochen Gef.
7.	"	6 C D 352/07	24.6.07	"	Körperverl	223,2	1 Mon. Gef.
8.	StA.Hannover	6 J. 342/08	5.5.08	L.G.H.	Diebstahls i.w.R.in 3 F.	§ 242, 244, 74	6 Mon. Gef.
9.	"	6 J. 588/09	20.7.09	"	Rückfalldiebstahls & Sachbeschädigung	§ 242, 244, 304 73,74, 47,57 32	1 Jahr 6 Mon. Zuchthaus 5 Jahre Ehrverl.

Nr.	nach Mitteilung von	Aktenzeichen	am	durch	wegen	auf Grund von	zu
10.	St.A.Hannover	6 J. 187/11	4. 4.11	L.G.H.	Rückfall-Diebstahls & Sachbeschädigung	§ 242, 244,245 304, 73	9 Mon. Gef.
11.	"	6 J. 1627/12	25.2.13	"	schweren Diebstahls i.R.	§ 242, 243,3, 244,43	5 Jahren Zuchthaus 10 Jahr Ehrverlust & Pol.Aufs.
12.	"	6 J. 1585/12	8.3.13	"	Beleidigung	§ 185,194	5 Jahren 2 Mon. Zuchhaus einschl. Die Nebenstrafen bleiben bestehen.
13.	"	13 J. 1692/18	28.4.19	"	" in 2 F.	"	9 Mon. Gef.
14.	A.G.Hannover	30 D. 57/21	~~Sch.G.H.~~ 25.4.21	Sch.G.H.	Bettelns	§ 361,4	3 Wochen Haft
15.	"	30 D L 788/21	24.10.21	"	Diebstahls i.R.	§ 242,244	5 Mon. Gef. Verbüsst 8.2.22

Hannover, den 5.7.24

gez. Unterschrift.

Ergebnis der Feststellungen des Bezirkskommandos über Krankheitszustand, ärztliche Behandlung und Erwerbsverhältnisse.	Will innerhalb des letzten Jahres dauernd krank gewesen sein und keine dauernde Stellung annehmen können. Ist z.Zt. Agent und verdient monatlich 25 Mark.
Urteil des untersuchenden Arztes.	Befindet sich besser wie früher, nämlich im Vergleich zu der Zeit in Langenhagen. Hat völlige Krankheitseinsicht, weiss, dass er damals geistesgestört war, hat im einzelnen aber keine Erinnerung. Seitdem kein Erinnerungsausfall, nur ab und zu Zustände von Aufregungen oder Verstimmung mit Selbstmordgedanken, Schwindel, Erbrechen. Kann ohne erregt zu werden nicht allein sein, bedarf steter Abwesenheit Angehöriger. Körperzustand gut, gesundes Aussehen, Ernährung gut, Organe gesund. Unterhaltung mit ihm ergibt gewissen Rededrang, leichte Erregung, dabei psychische Schwäche, kennt die Provinzen nicht, Würtemberg, Mecklenburg sind Provinzen von Deutschland, die Monatsnamen rückwärts aufzuzählen ist unmöglich, einfache Rechenexempel werden richtig, wenn auch nach Fehlern gelöst. Daher dauernd grösstenteils erwerbsunfähig. Erwerbsunfähigkeit 75 %. gez. Unterschr. Oberstabsarzt
Urteil des Vorsitzenden der Invaliden-Prüfungs-Kommission.	Einverstanden.
Prüfungsvermerk des Korps-Generalarztes.	Einverstanden. 75 %.

Tag und Inhalt der zuletzt ergangenen Entscheidung.

25.7.02. Dauernd ganzinvalide, zeitig teilweise erwerbsunfähig und dauernd untauglich zur Verwendung im Zivildienst. Invalidenpension 4. Kl. = 9 Mk. und Zulage für Nichtbenutzung des Zivilversorgungsscheins = 12 Mk. monatlich bis Ende Oktober 1904.

Hannover, den 27. Mai 1904.
I.A. gez. v. Dankbahr,
Oberstleutnant & 2. Stabsoffizier.

- -

Bl. 137 - 139 d.A.

Versorgungsamt Hannover, den 30.12.1921.

U.R. Herrn Friedrich Haarmann,

Hannover, Osterstr. 46.

Zum Zwecke der Umanerkennung Ihrer Versorgungsgebührnisse nach dem vom 1.1.1921 ab geltenden Altrentnergesetz wird gebeten, nachstehende Fragen eingehend und genau zu beantworten. Die hier geforderten Unterlagen (vergl. Erläuterungen zu den Fragen II B bis E, Fragen IV a, VII) sind auf alle Fälle beizufügen; die Erklärung am Schluss des Fragebogens ist unterschriftlich zu vollziehen.

Möglichste Beschleunigung liegt lediglich in Ihrem eigenen Interesse.

A.A. gez. Unterschrift.

Fragen:	Antworten:
Geburtstag & Ort des Beschädigten	25.10.79 Hannover
I. Beruf. a) welchen Beruf hat der Beschädigte vor seinem Eintritt in den Militärdienst (12.10.1900) zuletzt ausgeübt? Arbeiter haben genau anzugeben, welcher Art ihre Beschäftigung war und was sie in ihrem Beruf besonders [...]	Ich habe meiner Mutter, welche eine Zigarrenfabrik hatte, alle Arbeiten in die-

b) Angabe, ob der Beschädigte die Abschlussprüfung einer Fachschule etc. bestanden hat.	nein
c) Jetziger Beruf des Beschädigten und Arbeitsstelle. Seit wann wird dieser Beruf ausgeübt.	Zigarrenhandel seit 1918.
II. Familienstand:	ledig
Kinder	keine
An Kindesstatt angenommene Kinder	keine
Stief- & Pflegekinder	keine
Uneheliche Kinder	keine
III. Wohnsitz seit 1.7.1920:	Hannover. Neuestrasse 8 pt.
IV. War der Beschädigte in ärztlicher Behandlung?	nein
Ist Behandlung in einem Krankenhause erfolgt, evtl. in welcher Zeit?	nein
Welche Krankenkasse ist in Anspruch genommen?	keine
Angabe, ob der Beschädigte bettlägerig krank ist, sodass er einer Aufforderung zur ärztlichen Untersuchung beim Versorgungsamt nicht Folge leisten kann.	nein
V. Welche Kasse (Postamt) zahlt die Versorgungsgebührnisse?	Hannover, Postamt
Bezieht der Beschädigte eine Unfallrente der Reichsunfallversicherung?	nein
Ist der Beschädigte gegen Invalidität gesichert?	nein
Bezieht er bereits eine Invaliden bezw. Altersrente?	nein
VII. Einkommens-Berechnung für die Zeit vom 1.1. bis 31.12.1920.	Vorläufig in Strafhaft, daher keine Angaben möglich.

Jägerheide b/Celle, den 13. Februar 1922.

gez. Friedrich Haarmann.

- - - - - - - - - - - - - - - - - -

892

Auszug

aus der Strafakte des Amtsger. Hannover gegen Haarmann wegen Diebsthals i.R.

Aktenzeichen: 30 D. L. 738/21

Diebstahl im Rückfall.

Bl. 21 d.A.

Der Erste Amtsanwalt. Hannover, den 27. Sept. 1921

Anklageschrift

gegen den Kaufmann Fritz Haarmann in Hannover, z.Zt. hier in Untersuchungshaft, vorbestraft, unter anderen wegen Diebstahls

1) durch Urteil des Landgerichts Hannover vom 20.7.1909 wegen Diebstahls im Rückfalle mit 1 Jahr 6 Monaten Zuchthaus,
2) durch Urteil desselben Gerichts vom 25.2.1913 wegen schweren Diebstahls im Rückfalle mit 5 Jahren Zuchthaus,

wegen Diebstahls im Rückfalle.

Wesentliches Ergebnis der Ermittlungen.

Am 31. August 1921 entwendete der Beschuldigte der Ehefrau Selberg vom Hofe Bödekerstr. 67, 3 Oberhemden, 2 Damenhemden und 1 Kissenbezug. Die Wäsche hing auf dem Hofe zum Trocknen. An demselben Tage entwendete er vom Hofe eines anderen Hauses 2 Damenhemden. Der Beschuldigte gibt diese beiden Diebstähle zu.

Weiter hat der Beschuldigte am 19. August vom Hofe des Hauses Zwinglistr.6, 2 weisse Voilekleider und 1 weissen Batistunterrock gestohlen. Er bestreitet zwar, diesen Diebstahl ausgeführt zu haben. Die Geschädigte Marie Hentschel erkennt jedoch in ihm den Täter wieder.

Haarmann wird danach angeklagt, zu Hannover durch 3 selbständige Handlungen

1) am 19. August 1921 der Haustochter Marie Hentschel Wäsche im Werte von 700 Mk.
2) am 31. August 1921 der Ehefrau Salberg 3 Oberhemden und 1 Kissenbezug,

3) an demselben Tage einem unbekannten Eigentümer 2 Damenhemden, fremde bewegliche Sachen, in der Absicht rechtswidriger Zueignung weggenommen zu haben und zwar unter den Voraussetzungen des strafschärfenden Rückfalls.

Verbrechen nach §§ 242, 244 St.G.B.

Beweismittel: I. Teilweises Geständnis,

II. Zeugen: Haustochter Marie Hentschel, hier, Zwinglistr. 6-

Vermerk: Die Rückfalldaten werden noch gebracht werden.

Es wird beantragt, das Hauptverfahren vor dem Schöffengericht in Hannover stattfinden zu lassen.

gez. Unterschrift.

- -

Bl. 27 d.A.

An das Amtsgericht 30.

Höflichst auf die Anklage zu erwidern habe ich Folgendes:

Ich wurde Ende Juli, da ich feste Wohnung und Stellung hatte, von der Polizei 4 Beamte des Morgens aus dem Bette verhaftet, es stellte sich aber sofort heraus, dass ich garnicht in Frage kam. Da solche belästigung schon mehrere male vorgekommen waren und ich Stellung und Wohnung dadurch habe einbüsen müssen, sah ich mich veranlasst mich zu beschwerden und das bei den Herrn Comissar Müller. Herr Comissar Müller machte auch gleich anstalten und hat bei Herrn Wiedemann wo ich wohnte und arbeitete den in Kenntnis gesetzt das ich überhaupt nicht in Frage und ein Versehen vorlege. Da aber ein Beamter Getke schon vorher Herrn Wiedemann über mein Vorleben unterrichtet hatte, so war ich wieder Brot und Wohnungsloss. In meiner Not habe ich dann gehandelt mit Seife, ging dann nach Hamburg und kam am 30. August hier mittellos an. Da ich Leuse hatte und ich an den Garten vorbei kam da wollte ich mir dann einige Hemden für mich nehmen. Sie sehen Herr Richter ich habe mich Jahrelang keinen Diebstahl zu schulden kommen lassen, aber durch dumme Verhaftung alles verloren. Ich bitte Herrn Comisar Müller zu fragen.

Ich zeichne hochachtungsvoll

gez. Fritz Haarmann.

- -

Bl. 29 d.A.

Hannover, den 24. Okt. 1921.

Die Staatsanwaltschaft beantragte: 5 Monate Gefängnis.

Der Angeklagte beantragte; milde Strafe und Anrechnung der Untersuchungshaft.

Es wurde das Urteil dahin verkündet:

Der Angeklagte wird unter Freisprechung im übrigen wegen Rückfalldiebstahls in 1 Fall zu einer Gefängnisstrafe von 5 Monaten und in die Kosten des Verfahrens verurteilt. Die Untersuchungshaft wird angerechnet.

Der Angeklagte und die Staatsanwaltschaft verzichten auf Einlegung von Rechtsmittel.

Urteilsgründe.

Der Angeklagte hat am 31. August 1921 zu Hannover nachm. vom Hofe des Hauses Bödekerstr. 67 Wäschestücke der Frau Ferdinand Salberg, die zum Trocknen aufgehängt waren, nämlich 3 Oberhemden, 2 Damenhemden, 1 Kissenbezug entwendet. Bei seiner Festnahme fanden sich noch 2 Damenhemden in seinem Besitz. Der Angeklagte gibt unwiderlegt an, dass er diese 2 Hemden gleichzeitig mit der Wäsche dér Frau Salberg gestohlen habe; diese Stücke hätten auf dem Nachbargrundstück, das von dem Hofe des Hauses 67 nur durch ein niedriges Staket getrennt sei, gehangen, sodass er sie in derselben Wegnahmehandlung sich habe zueignen können. Der Eigentümer der 2 Damenhemden ist nicht ermittelt.

Dass der Angeklagte am 19.8. die der Haustochter Marie Hentschel gehörige Wäsche vom Hofe des Hauses Zwinglistr. 6 entwendet hat, ist trots erheblicher Verdachtsmomente nicht mit Sicherheit festzustellen gewesen. Von der Anklage wird er daher in diesem Falle freigesprochen.

Der Angeklagte ist rückfälliger Dieb und war daher nach §§ 242, 244 St.G.B. zu bestrafen.

Er ist wegen Diebstahls schwer vorbestraft; doch liegen diese Strafen länger als 8 Jahre zurück. Mildernde Umstände können daher angenommen werden. Wegen der Dreistigkeit, mit der der Angeklagte vorgegangen ist, erschien eine Gefängnisstrafe von 5 Monaten angemessen.

gez. Unterschriften.

- - - - - - - - - - - - - - - - - - -

Sitzt die Strafe ab in Müggenburger Moor b/Celle.

1.8.1996

Lieber Herr Blasek,
haben Sie vielen Dank für Ihren Beitrag im „Wattlinger Boten" und den Rückblick auf den Juni 1924 aus der „Chronik des 20. Jahrhunderts"!
Ich habe mich sehr darüber gefreut. Interessant ist, daß etwas von der Atmosphäre in der Jägerheide spürbar wird. Insgesamt finde ich es nämlich ziemlich schwierig, sich in die damaligen Lebensbedingungen einzufühlen.
Herzliche Grüße aus Göttingen sendet Ihnen

Christine Pozsár

Brief von Dr. med. Christine Pozsár an den Autor.

Literatur

Simon Benne: „Haarmanns Gehilfe“, in: Hannoversche Allgemeine Zeitung vom 19.08.2008

Horst Bieber: „Mit dem Hackelbeilchen – Nachruf auf den Massenmörder Friedrich Haarmann“, Die Zeit, 29.01.1993, Nr. 05

Matthias Blazek: „Fritz Haarmann vor 80 Jahren in Großmoor inhaftiert / Massenmörder wegen Wäschediebstahls verurteilt“ (Sachsenspiegel 30, Cellesche Zeitung vom 28. Juli 2001, Kurzversion zuvor in: „Burgdorfer Umschau“, September 1997, S. 6)

Matthias Blazek: „Die Ergreifung des Serienmörders Haarmann / ‚Er schätzt die Zahl der Getöteten auf etwa sieben' – Mordopfer Erich de Vries war bei Bäcker Wilhelm Schulze an der Blumlage 31 in der Lehre“ (Sachsenspiegel 43, Cellesche Zeitung vom 25. Oktober 2008)

Ich beantrage Freispruch – aus den Erinnerungen des Strafverteidigers Prof. Dr. Dr. Erich Frey, Blüchert Verlag, Hamburg 1960

Horst Giesemann: Vor 60 Jahren starb in Hannover Friedrich Heinrich Karl Haarmann unter dem Fallbeil – Genealogische Ergänzungen zu Veröffentlichungen in niedersächsischen Tageszeitungen (1985)

Maren Hoffmeister: „Autopoiesis und Lustmord – Materialität des Rechts im Spannungsfeld zwischen dem Rechtssystem und populären Ideen“, in: Diehl, Paula (Hrsg.): Performanz des Rechts – Inszenierung und Diskurs, Berlin 2006, S. 100 ff.

Hans Hyan: Massenmörder Haarmann – Eine kriminalistische Studie, Berlin 1924

Thomas Kailer: Die Stadt und der Mörder – Der Fall Haarmann aus sozial- und kulturhistorischer Perspektive, 2005, http://www.thomaskailer.de/pdf/haarmannstadt.pdf

Kathrin Kompisch: „Der Fall Fritz Haarmann (1924)“, Aufsatz in: Hannoversche Geschichtsblätter, Neue Folge Band 55/56, Hannover 2001/2002, S. 97 ff.

Theodor Lessing: Haarmann – Die Geschichte eines Werwolfs, Hannover 1925, Neuauflage München 1989/1995

Rainer Marwedel: Theodor Lessing 1872-1933 – Eine Biographie, Frankfurt/M. 1987

Christine Pozsár, Michael Farin (Hrsg.): Die Haarmann-Protokolle, Hamburg 1995

Dieter Tasch: „Ein Brief im 'Anzeiger' rettete ihn vor dem Henker. Der Komplize des Massenmörders Haarmann lebt noch heute in Hannover“, in: Hannoversche Allgemeine Zeitung vom 19.06.1974

Friedhelm Werremeier: Haarmann: Nachruf auf einen Werwolf – die Geschichte des Massenmörders Friedrich Haarmann, seiner Opfer und seiner Jäger, Köln 1992

Friedhelm Werremeier: Haarmann, Der Schlächter von Hannover – die grauenvollen Verbrechen des berüchtigten Serienmörders, München 1996

Im Buch verwendete Abkürzungen:

a. a. O.	am angegebenen Ort
BA	Bundesarchiv
Bd.	Band
Bl.	Blatt
Dr.	Doktor
ff.	folgende
GStA	Geheimes Staatsarchiv
nachm.	nachmittags
H.	Haarmann
hrsg.	herausgegeben
Hrsg.	Herausgeber(in)
Nds. HptStA	Niedersächsisches Landesarchiv -Hauptstaatsarchiv Hannover-
HStA	Hauptstaatsarchiv
KZ	Konzentrationslager
Nr.	Nummer
NS-Zeit	Zeit des Nationalsozialismus (1933-1945)
PJM	Preußisches Justizministerium
Prof.	Professor
Rep.	Repertorium
S.	Seite
StGB	Strafgesetzbuch
u. a.	unter anderem
v.	von
W.	[Seite 18 f.:] Witzel
ZDF	Zweites Deutsches Fernsehen
z.B.	zum Beispiel
z. T.	zum Teil

Matthias Blazek:
Von der Landdrostey zur Bezirksregierung – Die Geschichte der Bezirksregierung Hannover im Spiegel der Verwaltungsreformen

Sie bestanden etwas über 180 Jahre: die niedersächsischen Bezirksregierungen. Zum 31. Dezember 2004 wurde das Ende der traditionellen Mittelbehörde besiegelt. Erstmals liegt nunmehr ein ausführliches Werk zur Geschichte der Bezirksregierung Hannover vor.

Matthias Blazek, geboren 1966 in Celle, Abitur 1987 an der Lutherschule Hannover, Studium an der Fachhochschule für Allgemeine Verwaltung in Hildesheim, verheiratet, drei Kinder, Publizist, Verfasser zahlreicher Dorf- und Verbandschroniken und Autor des „Sachsenspiegels" der Celleschen Zeitung, hat sich in mühevoller Archivarbeit einem Thema gewidmet, das nunmehr auf 100 Seiten abgedruckt ist und einen interessanten wie fundierten Einblick in die Geschichte der Behörde und der Landeshauptstadt selbst gewährt.

Alles in allem liegt hier ein Nachschlagewerk für Verwaltungsmitarbeiter und Heimatkundler vor.

ISBN: 3-89821-357-9

ibidem, Stuttgart 2004, 102 S., 14,90 €

Die Hinrichtungsstätte des Amtes Meinersen

Inwieweit die in alten Karten eingezeichneten „Gerichte" auch zwingend Richtstätten waren, auf denen „arme Sünder" vom Leben zum Tod befördert wurden, ist nicht immer mit Bestimmtheit zu sagen, da die Quellenlage in Bezug auf die Kriminalgerichtsbarkeit in den Ämtern allgemein recht spärlich ist.

In Bezug auf Ohof ist die Aktenlage eindeutig. Diese Hinrichtungsstätte stellt in den Lüneburgischen Landen einen Sonderfall dar. Hier, an der Grenze Meinersens gegen Peine, war die Hinrichtungspraxis enorm. Bis zum Jahre 1829 wurden dort vermutlich fast 70 Kriminelle ins Jenseits befördert.

Matthias Blazek hat sich in mühevoller Archivarbeit einem Thema gewidmet, das nunmehr auf 150 Seiten abgedruckt ist und einen interessanten wie fundierten Einblick in diesen Abschnitt der niedersächsischen Landesgeschichte gewährt. Ein Register hilft dem Leser bei der Suche nach Angaben aus den 46 Dörfern des Amtes Meinersen. Auch das Amtsgericht Meinersen (1852-1959) ist ausführlich beschrieben.

Alles in allem liegt hier ein Nachschlagewerk für Chronisten und Heimatkundler vor.

ISB N: 978-3-89821-957-0

ibidem, Stuttgart 2008, 150 S., 19,90 €

Danke:

Knut Alex
Mario Bolte
Andreas-Andrew Bornemann
Jutta Federmann
Dr. Bärbel Fest
Gerhard Haase
Rainer Hoffschildt
Dr. Holger Lüning
Thomas Mielke
Christoph Veltrup
Friedhelm Werremeier

***ibidem*-Verlag**

Melchiorstr. 15

D-70439 Stuttgart

info@ibidem-verlag.de

www.ibidem-verlag.de
www.ibidem.eu
www.edition-noema.de
www.autorenbetreuung.de

FSC
www.fsc.org
MIX
Papier | Fördert gute Waldnutzung
FSC® C083411

Zeitfracht Medien GmbH
Ferdinand-Jühlke-Straße 7
99095 Erfurt, Deutschland
produktsicherheit@kolibri360.de